盧佳宜——譯

西方不認識、資源大轉移的
四個新世界顛覆力量

非典型破壞

NO ORDINARY
DISRUPTION
THE FOUR GLOBAL FORCES BREAKING ALL THE TRENDS

理查・道博斯　RICHARD DOBBS

詹姆士・曼宜伽　JAMES MANYIKA

強納生・渥策爾　JONATHAN WOETZEL

——合著——

這四大力量正同時發威，而這意味著世界將徹底改變，並影響到我們做決策所依賴的直覺⋯⋯

Contents

開場白：重設我們對世界的直覺

我們相信受到四個主要的顛覆性趨勢影響，
目前世界大體上正處於戲劇性的轉變。

即便在最佳時期，管理一間複雜企業都不是件容易的事。更何況是在不斷有新聞訊息提醒你：「過去你所認知的每件事情以及世界運作的方式可能⋯⋯錯了！或至少不再如常」的時候。許多從不知名的地方引發的劇烈變化，可能隨後波及到各地。即使我們小心謹慎，還是會有出乎意料的大變化──剛開始變動緩慢，然後突然間一夕巨變。

當前產業、企業、產品、技術，甚至國家及都市的命運，都可能在完全無法預測的情況下，突然大起大落。我們只要去思考類似以下一些事件以及其所帶來的某些影響，便會發現它們打亂了你我對全球經濟是如何運作的認知，這些認知也包含著我們長期持有的假設前提、預測及基本信念：

- 多年來，全球零售業曾將世上最強大且族群豐富的美國消費者視為健康的全球購物者代表。在網購星期一（Cyber Monday）──感恩節周末後的第一個星期一──媒體會提供電子商務業者滿版的篇幅，以刺激年度消費熱潮。在 2014 年 12 月 1 日，美國消費者創下 26.5 億美元的線上購物記錄。[1] 不過，就在幾週前，另一個更顯眼的購物震撼彈也被引爆。「11 月 11 日」是中國的光棍節（又稱「雙十一節」）──雖然不是國定假日，但已迅速被網購業者宣傳為購物節日。此節日源自 1990 年代，當時的單身大學生將該日視為反情人節，目前則成為全球第二大經濟體著名的線上購物節日。在

2014 年 11 月 11 日，中國最大電子商務零售商阿里巴巴的購物網站，寫下超過 93 億美元的銷售記錄，也是全世界最佳的單日銷售成績。[2]

- 2013 年 10 月，「美國能源資訊署」（US Energy Information Administration）發表一項驚人聲明。一向是能源消耗大戶的美國，直到最近才在減低化石燃料的生產政策上進行掙扎，但其產量仍將超越俄羅斯，成為 2013 年世界最大的碳氫化合物生產國。沒錯，天然氣和石油之所以能快速開採，都要歸功於「油壓裂解技術」（fracking）的問世，只不過開採技術進步的速度令美國能源資訊署感到咋舌。才不過在一年前，該署預測直到 2020 年之前，美國的生產量將不會超過俄羅斯。單以北達科塔州來說，石油產量在 2004 ～ 2014 年之間就增加 12 倍，這項技術的進步有助於扭轉近十年來該州人口數的下滑。[3]

- 2014 年 2 月 19 日，臉書（Facebook）收購了 WhatsApp 行動通訊軟體公司，這是間僅成立五年的新創公司，但收購價卻高達 190 億美元。WhatsApp 在 2009 年中由兩位前雅虎（Yahoo）員工所創辦，迄今已有 4.5 億的用戶─超過推特（Twitter）以及整個美國的人口。[4] 不過，許多華爾街銀行家並不熟悉這家公司。這套免費的行動通訊軟體在新興市場上有其莫大的吸引力─以及最多的使用者。臉書願意輕鬆負擔這筆高額收購金，全因 WhatsApp 在行動通訊上的成功，將有助臉書將主力市場拓展到行動族群。臉書在 2012 年初，行動廣告收益從零開始一路成長，至 2014 年第 3 季，行動廣告收益已占總廣告收入的 66％。[5]

- 2014 年 9 月 24 日，全世界又看到一個熟悉的場景：一群歡欣鼓舞的科學家在某個任務指揮中心慶祝技術上的大躍進。但這次有些不同，該任務指揮中心是位於印度南部，而非美國德州南部，而且當中有許多科學家是穿著色彩鮮豔的「沙麗服」（印度婦女的傳統衣著）。這個 屬「印度太空研究組織」（Indian Space Research Organization）的科學家團隊正在慶祝他們將飛行器成功推入環繞火星的軌道。印度總理納倫德拉・莫迪（Narendra Modi）讚揚：「我們已經超越了人類冒險和創新的界限！」他這番話應是源自於《星艦迷航記》（Star Trek）影集中的經典台詞：「我們勇於航向前人所未至的世界。」這項冒險任務最令人驚訝的一點可能在於，它僅僅花費 7400 萬美元。莫迪在發表聲明中提到，這個任務的花費成本低於好萊塢拍攝科幻電影《地心引力》（Gravity）的費用。處在太空中近乎一年，火星軌道探測器「火星飛船」（Mangalyaan）是印度節儉創新文化的具體展現。該探測器所使用的輕量儀器，是利用具有其它用途的元件所改造而來的，科學家們同時還藉由其工程實力來降低成本，使印度成為世界上第四個設有太空單位，並能成功將飛行器推入環繞火星軌道的國家──而且也是第一個首次嘗試就成功的國家。[6]

上述這些受到注目的重要事件，結合了「令人眼花撩亂」與「令人歡喜」這兩個共通點。在龐大的全球市場上，技術的發展速度、出乎意外的驚喜，以及突然在經營管理上的變化，經常會影響到公司發展的命運，同時也會為市場新進入者帶來機會。

事實上，我們已經處於「近乎恆定的不連續性世界」，競爭對手可以在幾乎未被察覺的狀況下增多並且突然崛起。那些具備堅強壕溝保護的企業發現，自身的防守其實很容易被攻破。巨大的新興市場正從看似無物中生成，科技和全球化都已加速促使市場的競爭更加劇烈。長期趨勢線的走勢曾是平穩可靠的，但現在更趨向於鋸齒的山脊、曲棍球棒（在平穩的高原走勢後，緊接著是陡峭的上升曲線），或者是富士山的輪廓（即穩定的上升走勢，然後接著下滑），任何主題要談到「五年」都看似是個無止境的時間。

這種世界新秩序──中國引領全球假期消費、美國成為最大石油生產國、全球有個價值 190 億美元的行動通訊軟體、印度躍身成為太空探索的領導者之一──常對企業、組織、城市及國家的領導者帶來困難且既存的挑戰。

目前許多資深領導者的經驗養成期間，都是在全球經濟處於太平盛世之時，這也為 25 年來的平穩、卻造成眾所皆知的

「2008 金融風暴」找到一個好理由。套句經濟學家詹姆斯・史塔克（James Stock）及馬克・華特生（Mark Watson）所說的，這是個「大穩健時期」（Great Moderation）。[7]

這個時期的現象是：

> 利率下降有助於資產價格的提升，不管是股票、債券還是房屋；自然資源（因開採技術進步）也變得更為充裕且便宜；就業機會多，同時訓練有素的工作者似乎源源不絕隨時填補勞動缺口。當科技和商業的變化干擾並打亂了產業發展，多數受到影響的勞動者依舊能在不同的產業找到工作。這就如同黑夜跟隨白晝而來的篤定，我們的家園和投資價值每年相互伴隨著成長。
>
> 在已開發的國家，父母普遍認為自己的孩子在長大成人後，會比他們自己這一代更為富有。消費者或政府沒辦法用現金購買商品，但卻都可以用借貸來的資金支付。雖然在金融市場上出現忽上忽下的顛簸走勢，但可以確信的是，總體來說「大穩健時期」保持著連續及持續性的趨勢。

然而，這個熟悉的世界不再了。2008 年的金融危機是「經濟大蕭條」（Great Depression，發生在 1929 至 1933 年間）以來最為嚴重的經濟緊縮，而且一群顛覆性的技術、潮流及發展已密謀如何平息這場風暴。在大穩健時期，許多長年趨勢曾令投資者和管理者（藉著投資得利）過著快活的生活，但如今全然被打破了。

在利率下降的近 30 年後，資金成本無法更為便宜，相反的，
在未來的 20 年，它可能還會上升。在經過一段長時期的自然資
源價格下滑且趨於平穩後，所有物品成本，舉凡穀物到鋼材正變
得愈來愈不穩定。全世界因人口過剩享有勞動年齡人口（法定可
工作年齡的人口）的增長，在受到中國加入全球貿易體系後，可
能轉而變成人口赤字，抑止了人口成長以及使全球勞動年齡老
化。

儘管各國間的不平等差距持續縮小，在世界上有許多地方，
特別是那些具備低階工作技能的勞動者，正處於隨著年齡增長，
將會過得比他們父母更窮困的風險。

但，這只是開端而已！

一個全然不同的世界正在形成，全球經濟的運作模式正被改
寫成如我們所描述的內容，而且它不會以頗受好評的版本呈現。
它是逐漸形成、展現的，但有時也會忽然乍現。

非典型破壞：四大顛覆力量

我們相信受到四個主要的**顛覆性趨勢影響**，目前世界大體
上正處於戲劇性的**轉變**。在這當中的任何一個顛覆性力量，力道
最大的可能就是全球經濟體——包含已開發國家的工業革命——
已見證過的經濟力量。雖然我們都知道這些顛覆性的力量正在發
威，但絕大多數的人無法理解這些力量將帶來什麼樣的影響。這
些影響會相互助長，當這些力量同時發生、相互作用及助長彼此

時，也同時在匯集實力、力道的強度及影響力。總合來說，他們正在產生巨大的變化。

　　首先是經濟活動中心及動態活力（dynamism）轉移到像是中國這樣的新興市場以及在這些新興市場中崛起的城市。這些新興市場正同時經歷工業及都市的變革，而這些變革早在 19 世紀就發生在已開發國家。平衡全球經濟的力量，正以前所未見的速度移往東方及南方國家（亞洲、非洲及拉丁美洲）。直到 2000 年，《財星》世界 500 大（the Fortune Global 500），即全球最大的跨國企業，包含殼牌石油（Shell）、可口可樂、IBM、雀巢（Nestlé）及空中巴士（Airbus）等都將總部設在已開發國家。

　　到了 2025 年，當更多大型企業將中國視為比美國、歐洲更重要的市場根基時，我們預期全球將有半數的大型企業——在此定義為「營收至少 10 億美元以上」的企業——是來自於新興市場。[8] 前德國德意志銀行的執行長喬瑟夫・艾克曼（Josef Ackermann）說：「這些年來，公司總部設在法蘭克福的工作者開始跟我抱怨：『我們不常在這裡見到你！』為什麼會這樣？有個理由：經濟成長的地方已經移往他處——移到了亞洲、拉丁美洲還有中東。」[9]

　　或許同樣重要的是，經濟活動的中心正轉向至這些市場。全球都市人口一直持續增加，在過去 30 年間，平均增加了 6500 萬人，相當於在這些年間每年固定增加七個芝加哥市的人口量。[10] 在 2010 ～ 2025 年間，全球 GDP（本地生產總值）有一半的成長將來自新興市場中的 440 座城市，其中有 95％ 是屬於中小型城市；這些城市可能連西方的行政官員（或高階經理人）都不曾聽過，甚至無法在地圖上指出其位置所在。[11]

　　是的，像孟買、杜拜及上海等城市，以及位在台灣北部的新竹，它已是大中華地區第四大的先進電子及高科技的生產重鎮。還有，巴西的聖塔卡塔林那州，位於聖保羅及烏拉圭邊境中間，現在不僅成為電子產品及汽車生產製造的區域級中心，也是年營收達數十億美元的企業總部所在地（如 WEG 電機公司）。此外，尚有位於北京東南方約 120 公里的天津市。我們曾預測天津 2010 年 GDP 大約有 1300 億美元，其產值幾乎與瑞典首都斯德哥爾摩一樣。到了 2025 年，我們預估天津的 GDP 將增加至約 6250 億美元，這幾乎是瑞典全國的 GDP。[12]

　　第二個顛覆性的力量是指，科技的發展加速它在範圍、規模上帶來的影響，以及經濟上的衝擊。新技術從早期的印刷機到蒸汽機，再到近年的網際網路，一直是顛覆現況的強大力量。只是，今日科技在我們的生活中無所不在，還有它飛快的變化速度。在麻省理工學院教授艾立克・布林優夫森（Erik Brynjolfsson）及安德魯・麥克菲（Andrew McAfee）所共同撰寫的暢銷書《第二次機器時代》（The Second Machine Age）中，將現今這個時代稱為「下半面的棋盤」（the second half of the chessboard）。

　　這兩位作者對這老生常談的科技話題（視技術為爆炸性成長的力量），賦予現代風味。中國皇帝對象棋的發明感到高興，允許象棋發明者自行選擇獎賞。最初，那位發明者請求皇帝將 1 粒米放在棋盤的第 1 個方格內、2 粒米放在棋盤的第 2 個方格內、4 粒米放在棋盤的第 3 個方格內，以及 8 粒米放在棋盤的第 4 個方格內，每移動一格所放的米粒數就變兩倍。棋盤的上半面看起來平淡無奇，但接著下來，這個發明者收到的是幾湯匙的米，再來是以碗、桶子來盛裝的米。

　　這個故事的另一個版本是，到最後皇帝破產且被發明者取而代之；因為以 2 的 63 次方來計算，將會是 18X10 的 18 次方粒米，排列出來的面積足以覆蓋地球的表面。未來學家暨電腦科學家雷蒙·庫茲威爾（Raymond Kurzweil）指出：「第一部可程式化計算機是在第二次世界大戰期間所發明的，其已具備略多於 2 的 32 次方之運算能力。」近年來，隨著電腦創新速度的加倍以及應用的普及，它有望以指數般成長的速度再變化及進步，展現出更優於人類直覺的能力。

　　處理能力和連結性還只是科技進化發展中的一環，其所帶來的影響與伴隨而來的數據革命兩者相乘下，在消費者及企業手中產生前所未有的資訊量以及大量的新興技術。這些產出使得商業模式由線上零售平台，如阿里巴巴，轉變為行動裝置軟體開發，如 Uber 叫車服務。由於這些顛覆性力量的相互加乘效果，愈來愈多人享受使用這些即時通訊裝置和資訊無限取用的黃金時代。在行動網際網路興起之前，我們難以想像如此全新的技術，能夠提供新興市場數十億規模的經濟成長。

　　約 20 年前，不到世界 3％ 的人口擁有手機，而且不到 1％ 的人口有使用網際網路的習慣。[13] 現在，全世界二分之二的人口使用手機，而且有三分之一的人口能夠透過網際網路通訊進行溝通。[14] 技術能讓企業用很少的資金草創，並以驚人的速度達到一定規模的成長，WhatsApp 便是一例。企業家和創新公司現在經常享受那些原屬於大型企業的優勢，密集的技術引進及創新的速度，正縮短企業的生命週期，並迫使管理階層得更快做出決策與配置資源。

第三個改變世界的力量是人口特性（demographics）的變遷。簡單來說，全球人口正趨於老化。生育率下降而且全球正急劇走向老齡化，在已開發國家，人口出現老化的現象已有一段時間。日本及俄羅斯的人口在過去幾年間持續下滑，現在人口赤字已蔓延到了中國，將來勢必會橫掃拉丁美洲。老年人是多數國家的最大族群，這還是人類歷史上的頭一遭。

30 年前，全球只有一小部分人口生活在少數生育率低的國家，所謂生育率低是指，其生育率大幅低於需要每位婦女生育 2.1 個孩子才能取代每一個世代。不過，但到了 2013 年，全世界大概有 60％ 的人是居住在生育率低於替代率的國家，[15] 這可是一個巨大的變化。歐盟執委會（The European Commission）預估到了 2060 年，德國的人口將會大幅衰減五分之一，且勞動年齡人口將從 2010 年的 5400 萬下滑至 3600 萬人。

根據推測，德國這項人口衰減幅度可能還比法國的情況來得好。[16] 受到收入增加而帶動人口發展的趨勢，中國的勞動力在 2012 年來到高峰。而泰國的生育率自 1970 年代的 5％，持續下滑至今日的 1.4％。[17] 縮減的勞動人口，將使得生產力階層得擔負起更大的推動經濟成長責任，而且可能會使我們重新思考經濟的潛力。照護大量的老年人，將對政府的財政帶來嚴峻的壓力。

最後一個顛覆性的力量是指世界各國間的連通程度，包括貿易往來及資金、人民與資訊間的流通，也就是我們所說的「流動」（flows）。商業及金融一直是推動全球化發展的主力，但近幾十年來，已有了顯著轉變。全球貿易體系由早期串聯歐洲和北美洲的主要貿易樞紐，擴展成一個更為複雜、精細且龐大的網路。

　　亞洲正成為全世界最大的貿易區，在過去十年間，新興市場內的「南南」流動（south-south flows）已使其交易比重在全球貿易中翻漲一倍。[18] 中國與非洲的交易額在 2000 ～ 2012 年間，從 90 億元增加到 2110 億元；[19] 全球資本流量在 1980 ～ 2007 年間擴增 25 倍。在 2009 年，有超過 10 億人出境至他國，這個數量是 1980 年的五倍。[20] 但到了 2008 年全球經濟衰退時，這三種流通往來（貿易、資金及人民）的型式也隨之停頓，之後情況僅有稍微恢復而已。但是受到技術快速發展的牽引，迎向我們的是全球化充滿活力的新階段，此階段不僅創造無與倫比的機會，還激起意想不到的波動。

重設直覺

　　以上這四種顛覆性的力量已加快了規模成長，並共同對 21 世紀的全球經濟產生重大影響。現在，這些力量正在打亂每個市場長期建立的模式，以及全球經濟的各個產業部門──正好也是我們生活會接觸到的每個層面。我們目光所及之處，都可看到它們造成某些趨勢退去、瓦解或直接中止。

　　這四大力量正同時發威，而這意味著世界將徹底改變，並影響到我們做決策所依賴的直覺，而這些直覺都是我們從小到大，伴隨著成功經驗所養成的。這些干擾可以被視作艱難阻力，但把眼光拉長來看，這樣的想法卻是錯的。的確，曾讓 10 億人在 1990 ～ 2010 年脫離極度貧困生活的力量，也將有助於在接下來的 20 年內，推動另外 30 億人躋身進入全球的中產階級。[21] 改善人們的經濟狀況將能拯救更多生命，遠勝於「消滅天花」—— 20 世紀最偉大的醫學成就之一——所拯救的生命還來得多。

　　科技技術的快速散播，將使人們得以改善生活，並促使消費人口遽增至前所未有的數量。愈來愈多的企業將發現，技術發展會驅動新產品的發表、服務新顧客的機會，或者使交易的邊際成本趨近為零。而且，隨著愈來愈多人與全球通訊及商業系統連結，網路效應所帶來的力量將使這些系統更有價值，並能為利用這些系統發掘到商機的人，創造出更多價值。

　　如此一來，新的世界將變得更豐饒、更都市化、更熟練且更健康。全世界的人將可以使用功能強大的創新技術來解決長期存在的困難、為新興的消費族群開發新的產品及服務，並提供全球企業家更多商機。就很多方面來說，我們是生活在一個奇蹟反覆出現的年代。

　　這些發展可能會打亂預測及形式計畫（也就是那類依目前的經驗推估近期及未來發展所簡單擬訂的計畫），許多曾被證實為非常成功的假設前提、傾向及慣性，突然間失去了支持後盾。老實說，我們不曾握有如此多的資訊和訊息。蘋果和三星手機能夠比原始的超級電腦儲存更多的資訊及更高的處理能力。

　　然而，我們所處的世界，或許特別對專業的預測人員來說，經常是措手不及的，有一部分原因是我們大多仰賴直覺來做決策判斷。這是人類的天性，而且我們的直覺是透過一套經驗法則以及對事情是怎麼進行、預期該怎麼做等想法所形成的，要修改得循序漸進，而且這麼做也是能夠預料的。

在過去，全球化的受益對象是那些已運作成熟且與他國建立良好互動的經濟體，他們相對容易開拓新市場，同時勞動市場運作變得可靠，資源價格也降低。但是，現今的運作卻不是那麼一回事，當然也不代表未來的運作會跟現在一樣。

如果我們從後視鏡來看這個世界，並依照過去經驗所形成的直覺來行事，那麼我們很可能會做出錯誤的決定。在新的世界，不論是管理階層、政策制定者還是一般人，都需要先審視自己的直覺，並在必要時重置直覺。這點對於已享受成功果實的企業組織來說，格外適用。

我們必須重新思考那些會影響我們在重要議題上做出決策的假設前提，這些重要議題包含消費、資源、勞動力、資本及競爭。我們不該拋棄既有的經驗及本能，反而應該多利用並加以調整，以適應我們眼前所見。我們必須用不同角度去思考策略、擬定商業計畫、進入市場、評估競爭對手及分配資源。

在過去，已開發國家習慣刺激消費，當那些已開發的大國如日本、美國及歐洲出現衰退時，便去刺激並增加消費者支出，但今日這麼做的成效卻不復見。現在，新興市場的中產階級消費大軍正推動全球消費成長。自 2003 年來，中國線上零售市場的年複合成長率已增加至 110％，成為僅次美國的第二大市場。到了 2020 年，藉由「阿里巴巴」帶領的「光棍節」消費大軍，中國線上零售市場規模將和今日美國、日本，英國、德國及法國的總和一樣大。

與 20 世紀實質的商品價格相比，商品價格幾乎已掉了一半；

不僅如此，還有一項驚人的發展，在全球人口增加四倍及全球經濟產出大概擴增 20 倍的影響下，也大幅提高各國對不同資源的需求。[22] 為什麼會這樣？資源取得方法獲得技術上的突破，同時資源萃取的效率也提升，企業因而享有更低的原料成本，使得愈來愈多的家庭能夠取得相對廉價且大量的能源及食物。

只不過，這個趨勢自 2000 年起已不復在。過去 100 年間的物價下跌，在 21 世紀初的十年裡，全都因為新興市場對原料需求大增，再加上許多資源即將用盡、枯竭，而使得物價恢復原先水準。儘管美國的油壓裂解技術迅速發展，但從穀物到銅，再到石油的提煉，都顯示人們需要在資源的發掘、培育及收成上花費更多成本。

對政府、企業及消費者來說，由於各國央行所採取的行動，在已開發國家出現許多的抑制通貨膨脹壓力、投資減緩，以及儲蓄率上升等現象，使得 30 年來的資本成本已逐漸下滑。[23] 在 1982 ～ 2013 年期間，美國「10 年期政府債券」收益由 14.6％跌至 1.9％，降幅高達 87％。[24]

容易賺錢的時代，非常可能結束了。「美國聯邦儲備委員會」（the US Federal Reserve）已經開始實施貨幣緊縮政策，新興經濟體正處於資本密集型的基礎建設熱潮，其辛勞程度超越二次世界大戰後重建毀壞的經濟體。當今日世界的儲蓄隨著人口老化而減少，政府不得不借貸更多的錢，致使對資金的需求出現激增現象。

新市場上的新攻擊者

過去幾十年來，一般趨勢是全球勞動力增加，而且有更多的全球勞動力與世界接軌。更重要的是，基於新興市場的經濟快速成長，社會新鮮人的確能夠找到工作。一般來說，全球的雇主能夠找到具備適當工作技能的員工。在 1980 ～ 2010 年間，全球有 11 億的人口邁入 20 ～ 64 歲的年齡層，並投入勞動力市場。[25] 但受到許多人口因素的影響，預估到了 2030 年，全球勞動力的成長將會減少近三分之一。[26]

同時間，技術的發展正前所未有地打亂勞動市場。過去電腦取代了手工及事務性文職人員，如速記員及銀行出納員；現在開始，電腦將取代知識及技術工作者，如記者及股票分析師。至 2025 年，電腦能夠從事 1.4 億名知識工作者的工作，機器人可以從事另外 7500 萬人的工作。[27]

不僅如此，屆時對於工程、軟體開發及健康照顧等技術領域仍有大量的人力需求。根據麥肯錫（McKinsey）調查，有五分之二受訪企業表示他們目前找不到所需的人才，這意味著，我們可能看到一種對人力需求的奇怪二分法。依照目前的狀況，到了 2020 年，企業可能缺少 8500 萬名具備大專學歷或受過專業職業訓練的工作者，同時，將有 9500 萬的低階技術工作者面臨失業危機。[28]

在過去，企業管理階層通常知道他們主要的國內外競爭對手，而且往往能夠在新的競爭出現時，迎頭趕上。不過，目前競爭的激烈程度已來到一個新的境界，由於技術的發展，反而提供小型、創業中的企業更多的優勢。反之，成立多時的企業來說，則需負擔較高的固定成本。

　　今天，新的競爭來自於一波快速成長的新進入者──在他們還沒取得市場地位時，根本不會讓人察覺到。這些新進入者所打的是一組不同的策略，他們享有更低的成本基礎、能加快產品上市時間、對西方的競爭對手抱持著堅決必勝決心，並且樂於接受較低的報酬率。

　　聯合利華（Unilever）的「OMO 洗衣精」產品在肯亞的銷售市場地位不為所動，不受寶僑（Procter & Gamble，簡稱 P & G）的攻勢影響，但卻受到 Toss 的攻擊而有所損傷。Toss 是由卡帕煉油廠公司（kapa Oil Refineries）所生產的衣物清潔劑，該公司已從工業用產品轉型為消費產品的生產。

────────────

　　即使這個時代處處充滿機會，但仍舊令人深感不安，還有許多工作得做──在面臨突如其來的趨勢時，我們得「重置」（reset）那些根據過去經驗共同累積形成的直覺、針對高度成長的市場發展新的應對方法，並且要能更敏捷地察覺環境變化。

　　本書接下來的章節內容，源自於麥肯錫全球研究所（McKinsey Global Institute, MGI）針對全球趨勢發展所做的瞭解，該研究院是麥肯錫管理顧問公司（McKinsey & Co.）旗下的經濟及商業研究部門。作者群的想法源自於下列四點：

- 麥肯錫與世界各地之企業、組織合作的成果；
- 部分意義深遠、與企業、政府及非政府組織（NGO）領袖談及關於世界所面臨之挑戰和機會的言論；
- 過去 25 年由 MGI 所負責的深入且定量研究；
- 廣泛且多樣的個人經歷。

在本書作者群中，有一人在中國居住超過 25 年，有一人自 1993 年起便持續以矽谷為主要活動基地，還有一人從 1988 年起在倫敦、孟買及首爾等地進行經濟研究及觀察，三位作者都被迫不斷重設自己對世界的直覺。以下章節將分成兩大篇：在前 4 章，作者將介紹正在改變全世界的四大顛覆性力量。在後 6 章，將就現代領導角度，說明你我可以及應該如何回應這些顛覆性力量所帶來的挑戰。

分析這些不同來源及經驗的智慧，已是未來十年在管理上所必須要做的事。你必須了解到，很多我們自認知道這個世界是怎麼運作的觀念，其實是錯誤的。同時也要知道掌握改變全球經濟的顛覆性力量，區分長期存在但已被打破的趨勢，具足勇氣和先見之明，剔除先入為主的想法並準備作出回應。

這些經驗教訓多數適用於政策制定者及企業管理階層，畢竟，都市化、技術發展及全球的緊密連結，都帶給政府在商業議題上相同的壓力。在勞動、財務規畫、貿易、移民及資源與技術管理等多元領域，新興世界將對政治、政府及非政府組織領袖身上施加壓力，並迫使他們重設自己的直覺。

我們不想只是藉由本書提醒讀者可能面臨危險，或者批判指正我們眼前所見的美好機會。相反的，我們將提供如何重置讀者決策思維模式的導引。

不可諱言，這個過程也許不能很快地展開。為了順應新的經濟現實，我們在書中就世界經濟所探討的所有領域，都提出一件刻不容緩得去做的事情。然而，就人類的獨創性、創造力及想像力來說，我們往往比較慢才能適應改變。行為經濟學者到處提出了一些專有名詞，如「近期偏差」（recency bias；偏重最近獲得之數據或經驗的傾向）及「定錨效應」（anchoring；對於腦中既有的觀念、想法，大腦會特別倚重）；物理學家則點出了強大的慣性力量；好譏諷的分析者則可能愛去搬弄那類「為滿足結論而找證據」的形式說辭，像是——「為過去三年看起來是這種走勢，所以未來五年的發展趨勢可能會大致相同。」

無論我們怎麼區分，人類總是有著這類強烈傾向——我們想要未來看起來像剛過去發生的情況。被這些陷阱所害，許多大型企業已接連不斷地倒閉。因此，我們應該重新審視生活中的假設前提，如果什麼都不做，會讓我們更容易受傷。相對地，若能用更具備洞察力的角度來審視變化中的環境，將有助我們準備迎向成功。

顛覆世界的四大力量

THE FOUR DISRUPTIVE FORCES

PART **1**

1

不只在上海：全球經濟活動中心的移轉

像上海、聖保羅及孟買這類位於新興國家的「超大型城市」（megacities），都已在跨國企業急欲拓展的市場版圖上現身。但真正具有驚人消費成長潛力的城市，直到目前仍難在地圖上找到，就像「庫馬西」。

庫馬西（Kumasi），一個位在迦納首都阿克拉（Accra）西北方約 160 英里處的城市。對西方已開發國家人士來說，現在前往此處的交通已經比前幾年方便許多。

庫馬西機場每天有 13 個航班飛往首都阿克拉，單程機票 20 美元起跳，包括安戳科（Antrak Air）、迦納飛翔 540（Fly540 Ghana）、非洲世界（Africa World Airlines）及史達博（Starbow）都提供了航線服務。[1]

庫馬西是阿散蒂（Ashanti）地區首府，也是前聯合國秘書長科菲・安南（Kofi Annan）的故鄉，人口約 200 萬人，雖然面積只有休士頓的大小，但人口密度卻接近紐約（每平方英里有 2.1 萬人）。[2] 它有著花園城市的別名，一直以來都是木材與黃金生產中心。

庫馬西目前消費主力仍在於便宜的日常用品，而非中高價位的全球知名品牌。居民的消費活動主要集中在凱吉夏（Kejetia），這兒鬆散地匯集了 11,000 個錫製屋頂攤位，是西非最大的露天市場。跨國企業在這邊非常稀少，有一棟由法國羅浮集團（Groupe du Louvre）所經營的金色鬱金香造型建築，是當地最高檔且符合國際標準的頂級旅館。

在庫馬西有一間渣打銀行迦納分行以及八間來自奈及利亞的富達銀行（Fidelity Bank）分行。只有少數幾家已開發國家的公司在庫馬西設有據點。（星巴克在美國販售產地來自庫馬西的咖啡，但在庫馬西當地卻不見星巴克的分店。）為什麼是這樣的情形呢？因為庫馬西位處貧窮國家的荒僻之處，去年（2014）每個迦納國民的年收入約為美金 3,880 元，在全世界人均收入排行榜排名第 163 名。[3]

　　但是，庫馬西以及其他成千上萬個像它這樣位處新興市場的新興城市，將在未來成為許多企業拓展業務的新據點，只是絕大多數的城市目前還不自知而已。正如許多開發中國家的城市，這類城市將坐享經濟結構急速轉型下所帶來的邊際效益。

　　來自新興國家勢不可擋的工業化過程，已將全球經濟的重心遷往東方和南方。而在這些國家內部，從農場村莊移居到城市的現象，也以前所未有的驚人速度快速成長。這些城市發展正帶動了爆炸性的需求成長，迫使我們得改變原來的的直覺印象。

　　像上海、聖保羅及孟買這類位於新興國家的「超大型城市」（megacities），都已在跨國企業急欲拓展的市場版圖上現身。但真正具有驚人消費成長潛力的城市，直到目前仍難在地圖上找到，就像庫馬西。

移轉中的經濟重心

　　從西元 1 年至 1500 年，在這段以地理位置衡量經濟實力的期間，世界的經濟重心 * 位於中國及印度兩國之間，而這兩國恰好是全球人口最多的國家。而後由於都市化以及伴隨而來的工業革命，這一波新的發展浪潮從英國開始，橫掃到歐洲大陸再到美國。因此，世界經濟重心也無可避免地轉移到北方和西方——先歐洲再移往北美。

　　在第一次世界大戰期間，金融中心移往大西洋地區，亦即從倫敦到紐約。這個變遷也深受兩次世界大戰影響，經濟大蕭條重創歐洲，共產主義思想在俄羅斯和中國廣為流傳。因而當以美國為首的西方世界快速前進時，東方世界卻出現了停滯狀態。到了1945年，美國幾乎獨占鰲頭，成為世界第一的經濟強國，這個基礎也奠定了二次世界大戰後的數十年發展。

直到20世紀下半葉，經濟鐘擺逐漸擺回東方。從1950年代開始，歐洲經濟復甦，日本著手展開重建計畫、復興產業。其計畫成果顯著，隨著經濟成長，日本在1980年代晚期成為世界第二大的經濟體，韓國也很快地與日本一起加入經濟成長的行列。正當發展加快時，亞洲沉睡的巨人（中國、印度）開始蠢蠢欲動。最後，經濟改革終於在世界上人口最多的兩個國家發酵。

中國自1978年開始實施經濟自由，並在接下來的30年間享受顯著的經濟成長。印度在1990年代開始加入全球市場，並且靠著快速成長的資訊技術產業，加速與全球經濟接軌的速度。從1990年代，已開發國家仍舊主導全球產業的脈動。美國是世界最大的製造國，而日本及西歐國家則控制了製造業巨頭的排名。

到了2000年，占世界總人口4%的美國，其境內的經濟活動就占了全球三分之一，而且設立在當地的所有上市公司的市場價值（market capitalization）將近占了全球上市公司總市值的二分之一。但事實上，這些數據掩飾了全球力量的轉變。

在1990年至2010年間，世界的經濟重心比過去任何時間都還更迅速地移動。[4]從2008年的金融危機及後來發生的全球經濟衰退，經濟活動快速移往新興區域。就在歐洲仍身陷經濟衰退、

---

* 世界的經濟重心是以GDP來衡量三維空間裡各地區的影響力，並以離地球表面最近的點（東、南、西、北方）選作為區域中心。

日本極力掙扎欲擺脫過去十年的經濟停滯、美國處於低經濟成長的混沌期間，開發中國家迅速地繼承經濟領導的衣缽。在 2013 年全球經濟活動所新增的 1.8 兆美元產值中，光是中國就貢獻了 1 兆美元，占總產值的 60％。現在，中國已躍升成為全世界最大的製造國。[5]

其實不只是中國，印度、印尼、俄羅斯及巴西等新興經濟體，都是目前全球生產製造的主力國家。自 1990 年，製造業產值實際上已從 5 兆美元增加到今日的 10 兆美元，相當於翻了一倍。同時，過去 10 年來，由大型新興經濟體所新增貢獻的產值占比，從 21％成長至 39％，也將近翻了一倍。[6]

新興市場的全球外國直接投資（foreign direct investment，簡稱 FDI）比例從 2007 年的 34％增加至 2010 年的 50％，到了 2013 年更成長至 60％。[7] 但，這個成長只是個預兆。從現在到 2025 年，這些新興經濟體將比已開發國家更迅速成長 75％，且年消費量將達到 30 兆美元，幾乎占了全球消費總量的一半。[8] 到了 2025 年，世界的經濟重心預期將回到中亞。而在西元元年，當時的經濟重心就在它的北方。[9]

經濟成長的步伐，以及其力量所帶來的規模是很驚人的。英國花了 154 年才讓每人的經濟產出成長兩倍，而且（在一開始）人口只有 900 萬人。[10] 美國花了 53 年的時間，以（剛開始的）1,000 萬人口，達到跟英國相同的產出水準。中國及印度則各別花了 12 年及 16 年（但人口大約是美國的 100 倍），就達到了一樣的產出水準。[11] 換句話說，像中國及印度這樣的經濟加速度，大概是英國工業革命帶動英國國內經濟成長的 10 倍、經濟規模

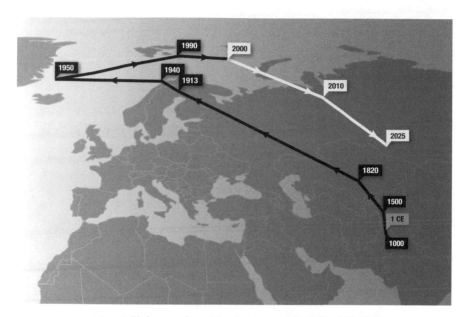

全球經濟重心的移動軌跡

1 CE[1]

印度及中國包辦了全球三分之二的經濟活動，而且有長達 1500 年的時間，一直是全球經濟重心

1950

自英國的第一次工業革命，在接下來的三個世紀，全球經濟重心移往歐洲，之後轉向北美

2025

從 2000 年開始，在接下來的 25 年內，中國、印度及其它新興國家的崛起，將促使全球經濟重心移回最初的起點

1. 西元 1 世紀

資料來源：麥肯錫全球研究所的分析，資料取自荷蘭格羅寧根大學（University of Groningen）榮譽退休教授女格斯・麥迪森（Angus Maddison）。

的 300 倍—其經濟力是英國的 3,000 倍。

都市化的世代

　　為什麼是現在？都市化是今日支撐並促使世界繼續發展的基本浪潮。數世紀以來，受到更高收入、有更多機會及過更好生活等可能性的吸引，人們不斷地搬遷至都市。而現今都市化的規模及速度是史無前例的（下頁圖顯示出都市化程度愈高的國家，其人均國內生產總值也會隨之成長）。就歷史上來看，我們正處於從鄉間大舉移居到都市的期間。

　　在過去 30 年，全世界都市人口平均每年增加 6,500 萬人，相當於英國人口總數。同時在中國及印度，由於都市化的快速發展，其境內都市的人口成長更加迅速猛烈。[12]歐洲及美國在 18 至 19 世紀開始都市化，拉丁美洲也在 20 世紀下半進入都市化發展。

　　就在此時，中國與印度這兩個各超過 10 億人口的國家，也正經歷都市化過程。中國國務院總理李克強提到：「都市化並不單是都市人口的增加或都市面積的擴大而已。更重要的是從農村完全轉變成都市的風貌，這些變化包括產業結構、求職就業、居住環境及社會安全等面向。」[13]

　　對許多中國人民來說，這個改變浪潮不可能立即席捲至各地。舉例來說，位於秦嶺的大坪村是個只有 103 位村民的小村落，但距離它 90 分鐘車程之遠的繁華城市西安，就有 40 碼寬的柏油路，且路旁兩側有著數十間紅陶瓦屋頂房子。大坪村的房子外牆

人均國內生產總值 (Per capita GDP)
隨著各國都市化的速度呈同步的成長

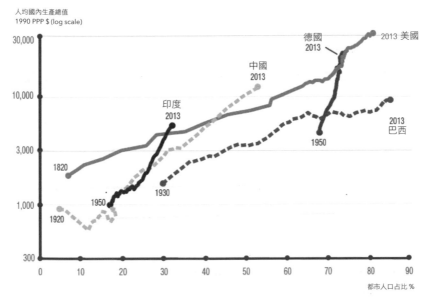

人均國內生產總值
1990 PPP $ (log scale)

資料來源：聯合國人口數據；美國經濟諮商理事會（The Conference Board）；麥肯錫全球研究所的分析。

掛著成串風乾的玉米，屋內僅有簡單的燈泡、柴燒的磚爐、泥地板及電視，這些景物在當地村落都很稀鬆平常。在這兒有 28 戶人家過得很窮困，因為身強力壯的人到都市謀生活。剩餘的人留在山裡採草藥、種植黃豆及玉米，或者靠著極其微薄的退休金（每月 80 塊人民幣）艱苦地生活。

「我怎麼能快樂得起來？」24 歲的譚林登自問。他又接著說：「我很窮，而且父母都病了。」這位年輕的譚先生沒有讀完小學，在一間位於羅安（靠近城市）的製磚廠工作，每日賺取

70 塊人民幣。他因為賺不了多少錢，成家的機率渺茫。他也無法離開家鄉到沿海城鎮去找一份高薪的工作，因為他必須照顧父母。[14]

在中國，約有 4 億人都過著上述類似生活，而政府正規劃著讓他們搬到都市。任教於耶魯大學，被中國摩根史坦利（Morgan Stanley China）長期受聘為專家的史蒂芬・羅奇（Stephen Roach）提到：「都市化是構成『下一個中國』不可或缺的關鍵因素。」[15]

為響應鄉村人口流入都市，中國在 2014 年 3 月 17 日宣佈一項新計劃。根據中國政府預估，2020 年將有超過 1 億人搬至都市，屆時將有 60％的人口居住在都市。[16] 中國承諾在不久的將來，針對人口超過 20 萬的都市，將透過鐵路及高速道路相互連接；而針對人口超過 50 萬的都市，將會迅速興建高速鐵路網路，促使其與其他人口規模相同的都市銜接。[17]

隨著中國的發展，也接連帶動亞洲及其它開發中國家的發展。到了 2025 年，亞洲有將近 25 億的人將居住在都市，換句話說，全世界每兩個人之中，就有一個是都市人。[18] 現今美國的都市人口數約為 2.5 億人，再過十年多，中國的都市人口數可能超過目前美國都市人口數的三倍，印度則可能是美國的兩倍。

這點是非常重要的，因為都市是人民接觸現代世界及全球經濟的門戶。都市能把貧窮的農夫，轉變成更有生產力的工作者，並成為世界公民及消費者。在這當中，都市化的浪潮扮演了重要角色，因為它幫助 7 億人脫離貧困（這 7 億人當中，有絕大多數是居住在中國）。如此一來，便能達成千年發展的目標，亦即減

2025 年，在世界前 200 大都市中，
有 46 個位於大中國區

以國內生產總值預估，2025
年躋身進入全球 200 大都市
的大中國境內城市

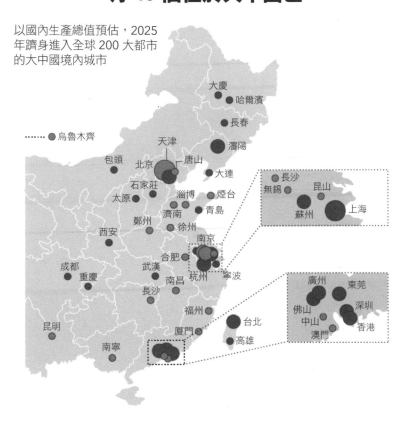

圓圈大小代表其 2025 年國內生產總值
將超過下列都市 2010 年國內生產總值

■ 全球 200 大都市　　⃝ 洛杉磯
　（新入榜者）

■ 全球 200 大都市　　⃝ 新加坡
　（2010 年已入榜者）

　　　　　　　　　　⃝ 杜拜　資料來源：麥肯錫全球研究所使用 Cityscape 資料庫

少一半處於赤貧的人們，而且還能夠提早在五年內完成。[19]

　　在 1990 年至 2025 年間，全球有 30 億人口將成為消費族群，他們每日可支配收入超過 10 美元。這個族群絕大多數居住在新興國家的都市，享有他們父母那一代所無法想像的機會。[20] 在過去，從來沒有這麼多世界人口加入全球經濟行列，像是第一次看電影、第一次吃速食、第一次連上網際網路、第一次做全身健康檢查、第一次到銀行開戶…等，這些都是生活在都市裡會經歷的活動。

　　徐先生在上海郊區農村長大，他還記得小時候會到田裡抓青蛙到市場上去賣。他從小生長的農村早已被劃入陸家嘴區，現在這裡是上海閃閃發亮的金融貿易區，到處是林立高聳的大廈、公園及購物商場。在 1990 年初期，徐先生曾在肯德基舉辦結婚慶典，現在他已成為北京某間智庫的資深人員，太太則是上市公司行銷主管，他開的是本田高級進口車。像徐氏夫妻這樣事業成功的案例，在當地算是獨特但非典型。筆者預測，在新興國家裡，像徐先生這種新都市消費族群，自 2010 年起，每年貢獻 12 兆美元的消費額，2030 年將達 30 兆美元。[21] 換言之，他們將貢獻全球一半的消費支出。

都市帶來的利益

　　都市有什麼好呢？綜觀歷史，當人們離開農村到都市工作，他們的產出通常加倍。隨著世代交替，年輕後輩的收入也增加了。不過可以確定的是，陋巷、貧民區及貧民窟仍會是都市街景的一角。都市貧窮問題是一個真實且具有潛在危險的現象。但經濟歷史學家告訴我們，幾百年來，居住在都市享有比居住在鄉間還要好（一點五至三倍）的生活水準。

　　為何都市能夠帶動經濟成長呢？這當中有很多因素。因為都市人口密集，透過規模經濟、勞動專業化、知識交流及貿易，都可提高生產率，同時在網路推波助瀾下，生產力更是大幅提升。近期研究指出，都市密度能夠以超線性速度，促使生產力提升，因為它提供更多社會互動及經濟交流機會。

　　人力和技術會吸引企業投資，而這又會吸引農村移民前來尋找就業機會。企業會吸引其它想要拓展業務或者想要共享公路、港口等公共設施的企業，甚至會吸引大學的設立，以提供（當地企業）迅速獲得人才的管道。同時，他們也帶來獨特及嶄新的商業模式。

　　「牛奶愛好者公司」（Fan Milk International）是目前西非最大的冷凍奶製品生產商，它在阿克拉、庫馬西等都市都設有據點並不斷成長。為符合當地民情，這家公司開創了新的銷售模式：騎著腳踏車的小販載著幾個用小箱子包裝的商品（可以不用冷藏）穿梭在擁塞的街道上。這家公司還增加了結合推車及摩托車的販售工具，這個工具可搭起嵌有太陽能電板的涼篷（太陽能電板在多數市場裡是不可靠的），以確保優格及牛奶處於保冷狀態。牛奶愛好者公司的業務已擴展到非洲七個國家，銷售額約為 1.6 億美元，利潤也很不錯。在 2013 年，達能集團（Danone Group）以 3.6 億美元買下其 49％的股權。[22]

　　同時，都市規模也關係著都市人口在其它方面的受益。比起鄉村，都市擁有較多元的教育資源，而且位居都市的企業及其員工都能享有高效率及高成本效益的基礎設施建設與公共服務。根據印度資料顯示，在提供基本的公共服務，如飲用水、居住及教育上，大都市可以比人口稀疏的鄉村地區節省 30％~50％的成本。[23] 這樣的良性循環，確保成功的都市可以藉由吸引更好的基礎建設、創新、人才及經濟活動的多樣性，進一步提高其生產力。

　　高等教育，也是另一個促進經濟發展的關鍵要素。在英國及美國，不難發現設於鄉間的大專及大學；但在開發中國家，高等學校幾乎設在都市裡。庫馬西是克瓦米恩克魯瑪科技大學（Kwame Nkrumah University of Science and Technology）的所在地，該校是西非地區頂尖的科技大學之一。它在 1950 年創立之初，僅是一間技術學校，目前發展成為一所完整大學。在八平方英里的校園內，設有包含商業、法律及醫學在內的六個學院，吸引來自其它西非國家（包含迦納）聰穎且具抱負的學生前來就讀（前聯合國秘書長科菲·安南在 1950 年晚期曾在此校就讀，之後再到美國深造）。

適應都市化

　　都市的存在，已經長達數千年了。一個到過歐洲、中東、非洲、拉丁美洲或亞洲旅行的人，將會在不同城市看到以下相似景物，如：中央廣場、圍牆、行政管理及政府大樓、大型的宗教建築、市場等。

　　然而，在今日都市化的快速發展之下，則完全改變了城市的定義及概念，同時，都市也正以無法預知的方式持續發展。在 1950 年，全球超過 1000 萬人的大型都市只有紐約及東京；但現在具有 1000 萬以上人口的都市則超過 20 個。[24] 光是中國就有兩個都市—上海有 2,000 萬人、北京有 1,600 萬人—這兩個都市的人口幾乎等於荷蘭總人口數。[25]

新興國家都市未來的經濟發展，將促使企業領導人必須重新思考企業管理與企業成長。新興的都市化浪潮中開啟了前所未有的機會，企業不僅能夠接觸到新的消費者、新的商機發展，還有創新的可能，同時也迫切需要基礎建設、智慧城市技術及都市公共服務。都市裡的人才大軍正加入全球就業市場，而這些密密麻麻的市場就像是企業的實驗室，可以試驗不同的商業模式、技術、產品及策略。

想在成長中的新興市場獲利絕非易事，因為它需要熟知都市商機、明確的資源分配，以及風險檢視與規避能力。但對企業領導人而言，他們得開始將這些新興都市市場視為發展機會，而非危機。這絕不是嘴上說說而已，因為善用機會調整資源人才、防範危機這兩種做法具有極大差異，這也是攻與守的差別。

了解新興都市

在過去，許多大型企業著力於已開發國家市場及新興國家超大型城市的市場，且成果都相當豐碩。這樣的經營策略，在今日（或許）能為他們締造出 70％ 的全球國內生產總值。但到了 2025 年，若還是採取這樣的經營策略，這些大型企業在全球國內生總值的貢獻度將滑落至三分之一，而且這樣的表現不足以讓他們維持成長趨勢。[26] 相較之下，在 2010 年至 2025 年間，全球國內生產總值的成長，將近有一半是來自於開發中國家的 440 個都市。[27]

不過，在這些都市之中，我們耳熟能詳的大概只有 20 個都市，如上海、孟買、雅加達、聖保羅或拉哥斯（Lagos；譯注：奈及利亞的最大都市，也是非洲的第二大都市），其餘 420 個都市名字可能連正確唸出都不容易。有多少人已經注意到蘇拉特（Surat）、佛山或阿雷格里港（Porto Alegre）在經濟戰略上的重要性？儘管這三個都市的人口都已經超過 400 萬人，而且在經濟快速成長的國家中，它們的經濟實力都不容小覷，但恐怕注意到這些都市的人並不多。蘇拉特位於印度西部，居住在此地的人口數量占全印度人口的五分之二。就國內生產總值來看，佛山是中國的第七大都市。而阿雷格里港是巴西第四大州南大河州（Rio Grande do Sul）的首府。這三個都市正快速成長，而且都具有活躍且不斷增加的基礎消費者。從現在至 2025 年，他們將比馬德里、米蘭及蘇黎世等都市貢獻更多，更能帶動全球經濟成長。

環顧這嶄新的經濟發展局勢，想要每一步都走得安穩已經不是那麼簡單的事。許多經濟繁榮的新興都市對於本國以外的發展狀況都不甚了解，在某些都市的營運成本將遠超過本地市場的成本。在國與國之間、城市與城市之間，甚至在單一城市當中，人民收入及人口結構的發展都存在著差異。未來將會按照不同收入水準，提供不同的產品服務。企業若想做出最佳決策，必須依賴大量市場情報，才能確定該把方向瞄準哪些都市（或具有相似特質的都市群）。

創造新的服務

目前，顧客擁有權（customer ownership）模式正在發生變化，而都市正是造就此變化的關鍵。居住在都市的人通常有較高的可支配收入，但在許多都市裡，居民卻越來越傾向於租借而非購買資產（如房子），尤其是年輕的一代。若企業能夠察覺到這股風氣，便能獲得新的商機。

拜科技發展及密集都市網絡之賜，居家服務及公共運輸也許是創新服務中最顯著的例子。在 2011 年，韓國零售連鎖企業 Homeplus（為英國零售商 Tesco 所有）在首爾某個地鐵站開設全球最大間虛擬超市。只要使用其所開發的行動裝置軟體，地鐵通勤族便能在月台掃瞄牆壁（或車廂門）上跟商品實際大小一樣的圖片及條碼，並在當天收到宅配到家的商品。這項服務在一年內受到熱烈迴響，Homeplus 緊接著在超過 20 個公車站開設虛擬商店。

美國創投公司 Instacart 目前在全美 10 個都市提供消費者網路購物服務，消費者可透過單一網站選購不同店家的商品，並在交易完成的一個小時內收到商品。而 Zipcar、Lyft 等車輛共享或共乘服務提供業者，以及 Uber 公共運輸服務業者，更讓不想購車的都市居民趨之若鶩。

這類日益普及的共享服務，可能很難成功移植到非密集都市的地區，但在已開發國家中，提供這類服務的公司並不算特別。

在許多新興國家的都市裡，相似的服務已自然而然透過夫妻或家庭共同經營的小型商店及服務業者，定期提供給當地社區及鄰近地區。隨著收入的增加，都市居民為了享受更高品質的服務，將會更樂意支付較多的金額。

舉印度的例子來說，醫生出診是上一代常見的服務，但在都市變得擁擠時，這個服務反而不那麼普遍了。現在，Portea Medical 在印度的 18 個都市裡提供家庭保健，該公司利用地理空間資訊有效地指派離患者家最近的醫生進行府上看診。除此之外，還會擷取患者的健康資料並上傳至電子平台，藉此預測分析，以提供整體健康趨勢及改善建議。

發掘都市裡的人才及創新點子

都市正吸引愈來愈多有能力且具備高學歷的年輕人，而且大型都市比小型都市更能吸引及留住人才。麥肯錫研究指出，若比較歐洲 GDP 與美國 GDP 的三季差異，會發現有較多的美國人生活在大都市，甚至美國的中型都市往往也比歐洲大型都市來得大。

這一點很重要，因為較大的都市通常能比鄉村能發揮更大的網路效應及更高的工資加成。愈是人口密集的都市，愈能吸引創新人才及創業者前來，使他們能有更多機會結識志同道合者、前輩，並能與金融機構、合作夥伴、潛在客群接觸。都市具有「超線性縮放比例」的特性，亦即隨著都市人口成長一倍，每個居民會比之前更富有（平均財富增加 15％）、更具生產力且更有創新能力。[28]

　　想要在大都市挖掘人才的企業，常會擔心在都會區拓展業務的成本，而目前這樣的成本考量與挑戰變得更加複雜。因為過去市中心是整個商業生態聚集的核心，擁有優秀工作技能的人則居住在郊區。但如今，愈來愈多的白領專業人士渴望住在都市核心，因此有許多都市在市中心與商業區外圍，積極尋求發展結合住宅、綜合用途的空間，以回應專業人士的需求。

　　座落在市中心外緣的企業，通常受惠於低廉成本，能找到廠房、倉庫等大型資產，但他們可能也發現若想吸引技術人才並不容易，尤其有愈來愈多的技術人員想居住在鄰近市中心的住宅區。

　　位在市中心的企業反而能享受多元且持續增加的人力資源，設置在都市裡的大學也受惠於優秀人才的匯集，進一步促使企業欲在校園周遭設立據點。2014 年 6 月，輝瑞（Pfizer）藥廠在麻州劍橋、靠近麻省理工學院附近，成立規模 1,000 人的研發中心。位在美國匹茲堡的卡內基梅隆大學協同創新中心，至今已吸引谷歌（Google）、蘋果（Apple）及英特爾（Intel）等企業在其校園內設立研發單位。

　　已開發國家的大都市正看到創新產業園區所帶來的成長，這類園區不僅能吸引到高科技創投公司，還能招來小型、以設計為導向的製造商入駐。倫敦的科技城（TechCity）、芝加哥的 18/1 創業育成機構、華盛頓哥倫比亞特區的 1776 創業園，以及巴塞隆納的「22@ 計畫」等，都是都市協同創新空間的案例。

　　2010 年在舊金山成立的非營利組織 SFMade，致力推動當地製造商永續經營、活絡地方經濟；在紐約，「Made in NYC」組織也具有類似 SFMade 的目標，對當地近 7,000 家小型的製造商進行協助。而在歐洲，像是設計製造論壇（Design for Manufacturing Forum）等組織連結了工業設計師、工程師及製造商，在快速成長的「製造者」市場脈動下，建立一個分散且圍繞於都市四周的集群產業生態環境，就像荷蘭鹿特丹一樣。

把都市當成實驗室

對想進行服務測試的私營企業及公共部門來說，都市是一個非常適合作為觀察人口結構特色及政治立場的縮影。與鄉村地區領導人相較，都市地區領導人通常具有更大的測試（管轄）範疇，不論是學校改革還是自行車管理規範。現今，無論是企業領導人還是公共部門的管理者都增加其與研發機構的合作，尋求創新的解決方案，以符合不斷發展的都市需求。因此，企業若想將新產品服務推展至當地市場，並為打入國際市場鋪路，都市無疑是企業越來越重要的創新合作對象。

在都市創新中，某些試驗是藉由新科技對於既存設施的再利用所展開。例如：奧地利電信公司（Telekom Austria）將維也納數百個廢棄的電話亭改裝成汽車充電站，讓司機可以透過手機簡訊的傳送來支付汽車電力燃料電池的充電費用。在紐約，思科公司（Cisco）與其全年無休的合作夥伴已將全市 250 個未使用的公共電話亭改裝成互動式的資訊觸碰螢幕。[29] 從技術發表到行銷活動，都市可以吸引眾人目光，提供豐富且多樣的環境，並在可管理的規模下，讓企業用來測試新的點子及商業模式。

　　同時，都市管理者也可受惠於這些創新試驗方案。以基礎建設為例，在秘魯首都利馬的郊區，本地工程及科技大學（University of Engineering and Technology）的工程師創新研發出能解決乾淨飲用水短缺的方法：管理潮濕的沿海空氣，這也是全市最豐富的資源。基本做法如下：安裝濕度收集器，將濕度轉變成水蒸氣，並使其與水冷凝器的冷卻界面接觸，以凝結成液體狀態，然後再收集至架設在大型廣告看板上方的水淨化器。

　　這個系統每天幾乎可產生 100 公升的乾淨飲用水，只要透過基本管線的安裝，便可將乾淨的水從水管引至水龍頭，供人們取用。[30] 瑞典的於默奧（Umea）是一個冬天長期缺乏陽光、受到黑夜壟罩的城市，但這卻激發當地公司 Umea Energi 在 30 個巴士站裝設有療效的紫外光（UV），此舉讓巴士站的通勤人數大幅增加 50%。[31]

　　麻省理工學院的可感知城市（Senseable City）實驗室展示了智能城市技術的未來潛力，該實驗室專注在透過新型態的感應器與手持電子裝置來研究城市及都市的生活。在位於新加坡的新校區裡，該實驗室除了與新加坡陸地交通管理局（Land Transport Authority）維持密切合作之外，還發展了三套互動式軟體，提供使用者快速了解當地交通運輸的基本建設。[32]

經營管理的複雜性

　　對於想要在都市設立據點或拓展業務的企業來說，營運成本不僅高也快速攀升。像上海及孟買這類有著興盛市場的超大型都市，其中的某些地區早已成為全世界最為昂貴的商業地段。在建築物林立的地區，公共建設附近的交通可能很容易擁塞，這進一步增加了做生意的成本及不可預測性。

　　一些位於拉丁美洲及亞洲的都市，受到交通阻塞、都市擴張、污染及犯罪率高升的影響，過去促進經濟繁榮的力量正慢慢流失。任何曾去過雅加達的人都熟知，原來道路使用量設計為100萬輛，但實際卻湧入150萬輛的車潮，造成嚴重的交通癱瘓問題。單單是交通擁塞問題，預估造成印尼首都每年10億美元的生產力損失。[33]

　　根據美世諮詢公司（Mercer）的生活成本調查，經商最為昂貴的都市既不是東京，也不是舊金山，而是安哥拉的首都羅安達。原因在於該市欠缺辦公及居住用的硬體設施，公共服務及供應鏈也相當匱乏，加上未開發商業及實體基礎建設，這些都會為企業帶來巨大的成本負擔。[34]

　　在達到土地成本高峰之時，不論是處於新興市場或是已開發市場，企業都面臨了其它挑戰，例如嚴格的分區規範、土地使用法規及環保法規等。對於提供服務的公司來說，這些規範可能還容易遵照辦理，但對於需要重型機械、土地或倉儲空間的企業來說，將會遭遇到營運成本過高的問題。

　　雖然許多大型的新興都市依舊維持工業重鎮的生產運作，但隨著商業及住宅空間的需求不斷增長，也壓縮、排擠了工業製造商的發展空間。孟買佩羅地區的紡織廠已具有超過百年的歷史，但在過去30年間，這些紡織廠都已搬遷，變成由高檔餐廳、高級商辦中心、豪華飯店及公寓入駐，其中包括一棟將於 2015 年完工，預計將成為全世界最高的住宅大樓之一的建築物：世界第一（Word One）。

面對這些壓力，企業正嘗試採取一系列的解決方案，並尋求新的機會。2014 年 3 月，Panasonic 集團決定給予中國分公司的外派人員紅利獎金，以彌補他們在工作環境中接觸到高污染源。[35]2014 年 7 月，谷歌為了擴展位於舊金山市中心的辦公室空間，買下 8 層樓建築並在附近租借 250,000 平方英尺的面積，目前谷歌在舊金山濱水區已擁有群聚辦公室。

設置在印度資訊產業重鎮班加羅爾的企業，為了確保其商業活動不會受到不可靠的公共運輸及電力供應影響，不僅提供員工交通車服務還自備發電機設備。而且為了提供當地更好且可靠的貨物運送服務，物流業者正投資興建兩層樓高的配送中心，同時添購搭載即時無線通訊系統裝置的智能卡車，希望能縮減交貨延誤、降低不可預測性。

企業也正試圖與市政單位合作，提供上述問題的解決方案，其中包括基礎建設的融資及興建。在這類公家單位與私營企業的成功合作案例中，包含印度首都新德里所新興建的捷運系統、新加坡現代化的供水系統、哥倫比亞麥林的公共纜車系統，以及溫哥華斥資 35 億美元的公共運輸系統改善工程。2014 年 3 月，庫馬西地方政府為提高運輸系統品質、紓解長期的交通問題，宣佈了輕軌建設的計畫。為此，南非標準銀行提供 1.7 億美元的融資。[36]

此外，科技及智慧行動裝置軟體也是大型企業、創投公司與市政單位合作的另外一個領域。倫敦的公共運輸單位願意與企業分享資料，以鼓勵行動裝置軟體的創新開發，以 BusIT London 軟體為例，只要使用者提供目前所在位置，便能針對想前往的地點提供最佳的公車轉乘路線。

　　而 NextBus 這套軟體，則提供美、加兩國數個都市的即時公車資訊。舊金山的交通運輸局（Municipal Transportation Agency）與科技公司、停車計時器廠商共同合作開發 SFPark，作為停車問題的解決方案。此方案結合了內嵌感應器的新型停車計時器、行動裝置軟體及浮動的停車費率，用來減少停車場擁塞與停車延誤的問題。

　　對於企業領導人來說，在他們快速瞭解庫馬西或其他數以千計逐漸嶄露頭角的開發中國家城市之後，可能容易有以下想法：自己的企業雖未處於這些城市之中，但我也沒有錯過太多商機就是了。然而，在一段發展快速且有驚人變化的期間中，只捕捉某一經濟片刻的發展概況，可能會導致嚴重誤解。

　　舉例來說，目前 Instagram 軟體盛行，多數人樂於透過它進行相片記錄及分享生活，但使用者並非全盤接收，而是要善用篩選器，選擇所需要的訊息。因此，我們的直覺（神經中樞將影像轉換成敘述的過程）必須進行重置，也就是拋開過去的既有印象，如此一來，才能更明智處理接收到的數據資料。

　　我們對於城市的描繪，必須建立在表象之下的動態呈現，並挖掘可發展的亮點，在此同時，也要降低風險發生的可能性。最重要的是，我們必須能預測這些都市未來的一舉一動。

Chapter 2

我們只看到冰山一角：
技術創新的加速度時代

全球經濟「代謝率」的加速現象已對所有
消費者、企業及政府帶來深遠的影響，科
技發展的快速變動縮短了生意構想、商業
模式及市場所處地位的生命週期。這迫使
領導者得重新思考他們自己對於處理及管
理資訊的方式；對於競爭的定義、監測及
回應的方式……

　　談起倫敦，幾乎所有人的印象都是「充滿人潮的知名景點」。不論是在大笨鐘、西敏寺、白金漢宮，都有絡繹不絕的遊客參訪，在彎曲的道路及小巷裡，也有著成千上萬輛的黑色計程車向人群招攬生意。

　　遊客及當地居民都一致認為，黑色計程車是倫敦的典型代表。而這些計程車司機都對其職業、存在已久的歷史，以及對街道瞭若指掌的能力感到自豪。要能勝任這份工作的人，必須通過一項以嚴格出名的多年訓練，簡稱為「知識」，也就是要求計程車司機必須記住超過 6 萬條的街道。[1] 平均而言，司機想通過訓練，得參加 12 次的期末考試。

　　然而，在 2014 年 6 月 11 日這天，倫敦的計程車司機覺得他們受夠這個規範了。[2] 當日下午，超過 1 萬輛的黑色計程車展開大規模的罷工活動，他們封鎖了倫敦最具代表的區域，癱瘓了特拉法加廣場、議會廣場及白廳等處。

　　他們為什麼要這麼做呢？簡單來說，癥結就在於 Uber 手機叫車服務軟體[3]。更精確地說，他們抗議倫敦政府對 Uber 這類新創運輸服務公司的處理態度。這類公司憑藉著裝有衛星定位（GPS）功能之行動裝置軟體的手機，以更低廉且有效的方式，讓有意共乘的客戶與司機取得連繫，而服務所收取的費用類似計程車車資計算的方式（費率往往比一般計程車還低）。對此，計程車司機認為，私人車輛法條（Private Vehicles Act）有明文規定：禁止私自雇用車輛從事計程車業務。[4]

　　受到數位化科技的發展，促使新一代競爭對手的崛起。他們對商機非常敏銳，都將目光投向利潤豐厚的倫敦計程車市場，並且極欲分一杯羹。[5] 倫敦計程車業者受到法令保護且有著高進入門檻，就算不願採納新科技，生意依舊興盛不衰。這當中原因就在於經年累月訓練下所累積的「知識」，足以讓他們無需使用 GPS 裝置；再加上多數計程車只收現金，且維持高費率。平均來說，每次載客的收益約有 27 英鎊。[6] 若真要談到新科技運用，Hailo 這套提供黑色計程車叫車服務的行動裝置軟體，一直到 2011 年底才正式推出[7]。

2014 年 6 月 11 日當天，倫敦黑色計程車司機結合歐洲數個都市的同業，一起向總部設於舊金山的 Uber 表達他們的憤怒。Uber 自 2009 年推出以來，已在全球 50 個國家、超過 230 個都市快速成長，發展極為成功。[8] 在谷歌創投基金（Google Ventures）及私募股權公司 TPG 等備受矚目的投資者支持下，Uber 在 2014 年 6 月取消了一輪融資，當時該公司估值為 180 億美元。[9] 自 2012 年 Uber 進入倫敦市場（被視為快速成長的市場之一），截至 2013 年底，累積有超過 7,000 位司機成為 Uber 的合作夥伴。[10]

Uber 的競爭對手包括了 Hailo、Addison Lee 及 Kabee，隨著這些叫車服務軟體的激增，倫敦黑色計程車生意已出現下滑趨勢。Hailo 最初是和黑色計程車獨家合作，但為了正面迎戰 Uber，該公司也對白牌車車主（私家車變相租賃車業務）開放服務，讓這些沒有計程車執照的駕駛也能載客營利。這個做法對合法的計程車司機而言，顯然是嚴重的背叛，Hailo 的辦公室也因此被蓄意破壞。[11] 在六月份抗議當天，Uber 同時宣布，歡迎黑色計程車加入他們的服務。[12]

並非只有倫敦計程車司機發現過去讓人尊敬且堅不可摧的商業模式，原來這麼容易受到影響，因為科技的進步總是打亂現狀，但卻從未跨越這麼多市場，也從未達到目前的發展速度和規模。當數位平台使得擴大商業活動的邊際成本降到幾乎為零時，這些平台便能促成新的商業模式、新的進入者，甚至是新的市場模式（如對等式網路交易及共享經濟）。

隨著進入市場的門檻降低，現在常可看到只雇用幾個職員的小公司在幾個月內，就能有關鍵性的成長。產業的界限已逐漸模糊，而且數位化經常是帶動產業及企業經濟價值的主力。

當企業身陷科技快速推陳出新的浪潮時，消費者會是最大的受益者，而且受益範圍遠超過官方所公布的數據。以網路搜尋引擎為例，提供此項服務的業者包括谷歌、微軟的 Bing 及蘋果的 Siri 等。為了使用這項服務，消費者應該很樂於支付多一點費用。這就如同在 80 年代，美國消費者若想使用 411 查號台的服務就必須付費一樣。但網路搜尋服務從一開始幾乎都是免費提供，因此它未被納入到像 GDP 等官方統計中。

全球經濟「代謝率」的加速現象已對所有消費者、企業及政府帶來深遠的影響，科技發展的快速變動縮短了生意構想、商業模式及市場所處地位的生命週期。

這迫使領導者得重新思考他們自己對於處理及管理資訊的方式；對於競爭的定義、監測及回應的方式；以及對於科技浪潮的來襲，下一步該怎麼走與因應辦法。而它也提供了重新創造、成長及差異化的機會。

加速創新

在工業革命導入機械化，再到電腦革命改變我們生活的這段時間，科技創新一直是支撐經濟蓬勃發展的基礎。但今日卻不同了，因為如同前言所述，我們正處於「下半場的棋盤」。

這個過程是既可喜又可怕的，就歷史上的突破性發展來看，其間隔時間變得愈來愈短。古騰堡印刷機（Gutenberg's printing press）的發明與第一台電腦印表機的出現，兩者相差了 500 多年。但在印表機出現後的 30 年，3D 印表機就問世了。在 1764 年發明的珍妮紡紗機（spinning jenny）與用於美國通用汽車公司（GM）生產線的世界第一台工業機器人 Unimate，兩者年代差距了 200 年，[13] 但之後卻只花了四分之一的時間（50 年），就發明了全球最先進的類人型機器人。

曾服務於史丹佛大學的經濟學家威廉‧布萊恩‧亞瑟（W. Brian Arthur）是研究正向回饋的先驅，在他所撰寫的《技術本質》（The Nature of Technology）中提到：「從 1760 年瓦特發明蒸汽機以來，隨著工業革命的興起，直到 1850 年之後，在機械廣為應用的年代裡，經濟的『肌肉系統』已大致發展成形，而現在則正在發展它的『神經系統』。」[14]

一直以來，摩爾定律（Moore's law）──電腦的處理能力每 18 個月會增加一倍──支撐了我們對科技發展的期望。[15] 速度更快、功能更強大且能夠存取倍增數據資料的電腦，已經改變我們對於「什麼是可能」的想像。在 1990 年代，執行人類基因組定序計畫相當於建造巴拿馬運河般，需要多年投入人力大軍及精良

歷史上突破性技術發展的
時間間隔已大幅縮減

─────────────── 行動網際網路 ───────────────

115
年

16
年

第一支電話
1876 年

第一個 WWW 網站
1991 年

第一代 iPhone
2007 年

─────────────── 進階的機器人 ───────────────

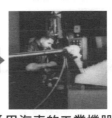

198
年

48
年

哈格瑞佛斯發明
的「珍妮紡紗機」
1764 年

通用汽車的工業機器人
Unimate
1962 年

谷歌的家用機器人
Schaft
2010 年

─────────────── 3D 列印 ───────────────

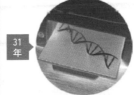

505
年

31
年

印刷機
1448 年

電腦印表機
1953 年

3D 印表機
1984 年

設備才能完成。一組科學家耗時 13 年並花費 30 億美元，才解開人類藍圖的奧秘。[16] 但預計不久之後，將有一台價值 1000 美元的機器，能在幾小時內將人類的基因組定序。[17]

12 項干擾源

　　科技變化的步伐日漸加快，「下一個注目焦點」（next big things）的可能清單變得愈來愈長。伴隨著好壞參半的索賠及反訴事件，在變化發展的技術上，總是有許多爭議和混亂。以下，我們精挑細選出 12 項可能會真正衝擊到現況的技術。[18]

　　它們所涉及的領域範圍，從大家所熟知的到令人驚訝的都有。根據我們的預估，到了 2025 年，從這些技術中所選出的應用將可能創造出 14 ～ 33 兆美元的潛在經濟價值。[19]（我們是以廣義角度來衡量其經濟價值，包括評估了收益、效能提高所省下的費用及消費者剩餘）。這 12 項技術可歸類為以下四種：

　　1. 改變一切的基石

2003 年，人類最早的基因組定序計畫成功完成。這項計畫集結來自全世界數個科學家團隊的力量，耗時 13 年並花費 30 億美元。科技的快速進展，也意味著基因定序的速度已超過摩爾定律所言。

2014 年 1 月，經過約 10 年時間，全球基因定序儀領導業者 Illumina 公司發表一款名為 HiSeq X 的儀器，該儀器每年以每單位 1,000 美元的成本完成 2 萬個基因組的定序。[20]

基因定序成本迅速下滑，有助於推動基因相關研究，包括基因如何決定人類的特徵、基因如何突變引發疾病的研究。愈來愈多人能夠負擔結合巨量數據（big data）分析的基因定序，並將之用於病症的快速診斷、針對性治療方法的精準選擇，以及透過合成生物學的方法創造有機體，以應用在農業、食品及醫療上。

材料科學的進展是另一個破壞性的創新，以分子結構處理材料的技術上，已能處理到奈米尺寸的範圍。這樣突破性的技術，已經可以將像碳、黏土等一般材料轉化成含有驚人的新特性，例如：更好的反應力、特別的電性及更大的強度等。奈米材料已應用在各式產品上，範圍從藥品、防曬用品至自行車的車框架等。現階段，正嘗試將新的材料加上高強度、高彈性等屬性，以及自我修復、自我清理等顯著功能。智能材料及記憶金屬（可恢復成原來的形狀）可以廣泛應用於不同產業，例如航太、醫藥及電子等。

2. 重新思考能源的時代來臨

在北美洲，藉由結合水平鑽井及水力壓裂的油壓裂解技術，已經啟動一場罕見的頁岩能源熱潮。不到 10 年的時間，美國天然氣的價格已從每單位（百萬英制熱量單位 million British thermal units）高於 12 美元的水準下跌到 4~5 美元。而且隨著天然氣供過於求的現象，天然氣的價格持續維持低點，生產商也正轉往北達科他州的巴肯頁岩層開採原油，其它包含煤層甲烷及甲烷水合物（methane clathrates）等非常規的能源也在開採中。

同時間，即使非常規石化燃料興起，利用再生能源發電的成本持續也快速地下降。自 1990 年以來，太陽能電池的成本從每瓦近 8 美元的行情大幅縮水了十分之一。全世界各國，包含中國、進度等大型新興國家，正積極計劃加快採用風力及太陽能發電裝置，提高其國內能源的生產量。到了 2025 年，在全球發電量中利用太陽能及風力資源的占比，將從目前的 2％增加至 15~16％，而每年將減少 12 億噸二氧化碳排放量。[21]

最後一點，能源儲存技術也將引起騷動，就像鋰電池及燃料電池的技術，已發展作為車輛及可攜式消費電子產品的供電裝置。到了 2025 年，提供車輛電力的鋰電池組，即使使用壽命增加，其價格可能會從每毫瓦時（MWh, MilliWatt hour）500 美元跌至 160 美元。能源儲存技術的進步，促使純電動車的成本更具競爭潛力。當用在電網的能源儲存技術可以提升可靠性、減少電力中斷，並做到分散式發電，那麼將可以大幅改善公用電網的效能，把電子輸送至全球偏遠及電力不足的地區。[22]

3. 機器為我們工作

工業自動化已經有幾十年歷史了，而使用於工廠生產線上的機器人正快速改變中。過去幾代的機器人和人類工作者是分離的，有些被固定在地面上甚至被安置在籠子內。這些機器人價值數十萬美元，而且需要工程師將設計好的程式嵌入到機器人內，而這個過程可能要花上數天。

如今，受惠於機器視覺（machine vision）、通訊、感應器及人工智慧等技術的提升，新一代功能愈來愈強，人類已開發出具備強化感知、靈巧及智能的機器人。例如，一個要價 22,000 美元的 Baxter 通用機器人，能夠與人類並肩工作並確保身旁工作者的安全。

此款機器人能夠接受人類指示，學會一套固定的動作，並透過運作機械手臂完成指定的任務。Baxter 機器人甚至還有「頭」，它會點頭示意，表示它已了解工作者所給的動作指示。不僅如此，它的「臉」還有一對眼睛，能夠做出不同的表情。

隨著功能的進化，機器人所能執行的任務曾被認為成本過高，或者太過嬌弱而無法自動完成任務。但如今他們的應用範圍從工業擴展到服務業，如醫療上的機器人手術，甚至也可增進人類機能，如協助殘疾人士的肢體功能。

無人駕駛運載工具在 10 年間已有突破性進展，這也算是另一項顛覆時代的技術。在 2004 年，美國防衛先進研究計劃署（Defense Advanced Research Projects

Agency, DARPA）資助名為「大挑戰」（Grand Challenge）的比賽，提供 100 萬美元的獎金給首輛能穿越 150 英里莫哈韋沙漠的無人駕駛自動車。結果無人贏得該獎金，而且成績最佳的無人駕駛自動車（由卡內基美隆大學研發改裝）僅行駛 7 英里多。

10 年後，谷歌的自動駕駛車隊已經在城市街道中行駛了 70 萬英里，過程中只發生過一次意外（與一台駕駛豐田 Prius 的車主發生碰撞）。現在新款的車提供了最新的駕駛輔助系統，如煞車、停車及避免碰撞發生等。到了 2025 年，地面及空中的無人駕駛運載工具的革命可能如火如荼地進行，也能隨著交通運輸規章制度持續不斷進行修訂。

最後，添加劑的製造技術可能為生產領域上帶來另一波顛覆性的力量。雖然 3D 列印不是最新問世的技術，但隨著更加成熟的技術及效能，加上新材料研發及價格下跌的影響，3D 印表機變得更為普及。

眾所皆知，3D 列印已應用在簡單消費性產品及接近正式產品的模型是，而今他們也開始運用於醫療及牙科用品上，如助聽器、牙套及義肢等。不僅如此，他們也開始被用在高複雜度、小體積的裝置上，如航太元件及渦輪機等，新的應用不斷湧現。

世界第一台 3D 列印的汽車 Strati（由新創公司 Local Motors 所製造）在 2014 年 9 月於芝加哥組裝、上路。3D 列印技術已可以輸出人造的人體器官，只要使用一種以糖為基底的凝膠，便能製成一個腎臟或身體其它部分的支架，然後根據患者自體的組織細胞，使用類噴墨印表機在該支架上噴印出幹細胞。在接下來的 10 年裡，這些應用會進一步地擴展，同時，製造流程將會更為「大眾化」，讓消費者及企業主都可以開始印製自己的產品。

4. 資訊科技以及如何使用這些科技

我們可能會認為行動網際網路只是一項我們熟悉的技術罷了，但對十幾億智慧型手機及平板裝置的使用者來說，該技術大大改變我們所看待與我們所互動的世界。試想快速崛起的物聯網（利用在機器或其它實體裝置中嵌入感測器及致動器，用來收集資料、遠端監測、決策制定及流程最佳化），已應用在各個領域，從生產製造到基礎建設，再到醫療保健。

例如，裝在石灰窯的感測器可以告知操作員如何做出最佳溫度的設定；裝在消費性產品上，可以讓製造商了解消費者是怎麼使用產品；裝在橋樑上，可以提醒市政管理者知道維護的需求。至今，仍有 99％的實體裝置仍未連接上物聯網，而這也突顯出龐大商機。[23]

愈來愈多經濟實惠、功能強大且能連接行動運算的設備，不斷促使服務及工作效率的創新，也因而在過程中產生巨大的「消費者剩餘」。這個趨勢將持續成長下去，因為在接下來的 10 年

12 項干擾源：
在接下來 10 年極可能引發騷動的 12 項技術

改變一切的基石

1. 下一代的基因組學

快速、低成本的基因定序、進階的巨量數據分析及合成生物學（「記錄」在 DNA 上）

2. 進化的材料

所製造出來的材料是具有較佳的特性（例如：強度、重量、導電性）或功能

重新思考能源的時代來臨

3. 能源儲存

用來儲存備用能源的設備或系統，包含電池

4. 先進的石油、天然氣探勘及再生

探勘及再生技術使得提煉非常規的石油及天然氣符合經濟效益

5. 再生能源

利用再生資源所產生的電力，可減少有害氣候的影響

機器為我們工作

6. 先進的機器人學

具有增強感官、靈巧及智慧等功能的機器人會愈來愈多，並投入在執行自動化作業及補足需要人力的工作上

7. 無人駕駛及近乎無人駕駛的運載工具

運載工具可以自行導航及行駛，降低甚至無須人類介入操控

8. 3D 列印

用來生產物品的添加劑製造技術，會依據數位模型來輸出數個材料層

資訊科技以及應用

9. 行動網際網路

行動運算裝置的上網成本愈來愈廉價，以及連接網際網路愈來愈便利

10. 物聯網

由低成本的感測器及致動器所構成的網路，可用於資料蒐集、監測、決策制定及處理最佳化

11. 雲端技術

可透過一個網路或網際網路來使用電腦硬體及軟體資源，常被視為一項服務

12. 知識工作的自動化

用來執行知識工作任務的智能軟體系統，能處理非結構化的指令及細微的判斷

裡，智慧行動科技將會創造 20 ～ 30 億用戶與世界接軌，開發中國家尤其顯著。[24]

　　雲端技術，也正強化這樣的資訊發展趨勢。該技術已讓數位化世界變得更為簡單、迅速、強大及更有效率，而且也改變了企業管理資訊科技的方式。在未來幾年，雲端技術將繼續推動輕資產、有彈性、機動性強且擴展性佳的新興商業模式。伴隨著愈來愈多有關機器學習、人工智慧及人機互動的進展，這些技術將繼續開花結果。

　　這些科技變革，將使得電腦能從事一些原以為只有人類才能做的工作。以 IBM 的超級電腦——華生（Watson）為例，它在電視益智問答節目（Jeopardy）中擊敗了人類的冠軍。印象中知識性工作只有一小部分是可以透過自動化處理，沒想到就在幾年前，已經成功實現法律實務上「自動化證據發現程序」（automated discovery processes），甚至是研發出能自動撰寫體育新聞的軟體。

數位化且資料豐富的浪潮襲捲而來

　　數位化是打亂許多技術的主因，基本上，數位化是一個簡單的概念，意即：將資訊轉換成 1 與 0 的形式，使資訊能夠被處理、傳送並儲存在計算機中。如此簡單的概念改變了我們過去 30 年來的生活方式；舉凡個人電腦，消費性電子產品及全球網際網路等皆是數位化的時代產物。如今，數位化又帶來了以下新改變。

　　數位化將資訊的揭露、處理及分享等成本，大幅削減到幾乎為零。在處理資訊時，它產生大量氾濫的資訊，亦即巨量數據。

在過去，資訊曾被視為寶貴且稀有。試想一本書，過去想閱讀時，只能從圖書館借閱幾週而已，但現在幾乎隨處都可取得該本書的內容。在微軟產品管理部門擔任資深主管的艾朗‧凱利（Eron Kelly）指出：「在接下來的五年內，我們產生的數據資料將比人類過去 5,000 年所傳承下來的還要多。」[25] 一個艾位元組（exabyte）的資料等同於超過 4,000 倍儲存於美國國會圖書館的資訊。[26] 到了西元 2020 年，資料量可能超過 40,000 個艾位元組，換言之，所新增的資料量幾乎是 2005 年的 300 倍。[27]

　　數位化正透過三種形式改變你我所處的世界，首先，它將實體商品轉變成虛擬商品。如電子書、新聞網站、MP3 音樂檔案以及其它數位媒體種類，都大幅影響了黑膠唱片、卡匣式錄音帶、CD、DVD 及印刷刊物的銷售。在未來，3D 列印可能會使實體商品的銷售及通路管道重新洗牌。像鞋子、珠寶及工具這類品項，將來可能是以轉印電子檔的方式來銷售，也就是讓買家在提出要求或物品用罄時，列印輸出所需的商品。

　　其次，數位化改進了許多例行交易的資訊內容，不僅使這些交易的內容更為豐富，還使其更有價值及使用效益。例如，貨物運輸使用無線射頻辨識（RFID）條碼來進行數位追蹤，商品包裝採用二維條碼來傳遞資訊給消費者。

　　第三，數位化正在建立有利於生產及交易的線上平台，並讓宛如小魚般的小本創業者與如鯊魚般的大型企業正面交鋒、相互競爭。像 eBay 及阿里巴巴這兩個被視作全球電子商務巨擘的線上交易平台，允許即便是最小的公司及個人商家都能成為微跨國企業。與平均不到 25％的傳統小型企業相比，在 eBay 有超過九成的專職賣家銷售商品至其它國家。[28]

　　資料突然多到無法應付的現象，在未來有可能愈演愈烈，尤其「開放資料（open data）」的觀念逐漸興盛。所謂的「開放資料」，是指資料開放給任何人使用，不限於原始的出處單位——包括政府及企業——以低成本的前提下，提供機器可讀取的格式。

　　全球超過 40 個國家，包含加拿大、印度及新加坡，都已致力在開放他們的電子資料，舉凡像是氣象記錄、罪犯統計到交通運輸資料等。令人感到興奮的是，開放資料的觀念已大幅推展至賦予公民權利及改善公共服務的層面上，議題範圍也從大眾運輸到個人化的醫療保健。我們預估，開放資料的應用將能帶來每年超過 3 兆美元的經濟價值——相當於全球 GDP 的 4%。[29]

　　在 2011 年，肯亞成為撒哈拉以南第一個發起開放資料倡議的非洲國家。此舉有望使政府的採購資料更為透明化，並能促使該國一年省下高達 10 億美元的費用。肯亞資訊及通訊部門的常任秘書彼譚‧戴蒙（Bitange Ndemo）表示：「我們正轉換成電子化採購作業模式，所以現在……我們採購筆的成本是 20 先令，不再是 200 先令，而且處理採購的支付作業時間更快了。」「但這並非只是取代人工作業而已。影響更深的是，開放資料正引起大眾的關注。」[30]

　　在印度的浦那市，為了改善當地的交通基礎建設，該市使用資料分析來辨別易於發生車禍意外的地點，並排除車禍意外的常見因子（如缺乏設置行人穿越道，或交通號誌切換週期過短等）[31]。海地在 2010 年發生大地震之後，著手進行開放街道地圖

（OpenStreetMap）的計畫，該計畫結合了不同來源的資料，已成為政府及私人援助機構在運送物資到醫院、醫療分流中心及難民營時的重要資訊重要來源。[32]

加速應用腳步

這些資訊科技的進步，這不完全只是電腦處理速度加快，消費者也是如此。在面對科技急速變化的新時代，作為消費者，其中一個最引人注目的觀點，便是加快採用新科技的步伐。從歷史上來看，新技術出現再到全球統一的標準制定，總是會有摩擦產生。人們必須花費一段時間才能將新玩意使用上手，製造商才能擴大生產規模、經銷商才能發展銷售通路，而其它同業才能激盪出更誘人的廣告說詞來吸引消費者購買。

在亞歷山大‧格拉漢姆‧貝爾（Alexander Graham Bell）發明電話後，又過了五十幾年，美國才有超過半數的家庭申裝電話，而廣播花了 38 年才建立 5500 萬的收聽人口。接受新事物的曲線在 21 世紀是更為陡峭，可見現代人對新發明物的接受速度愈來愈快。[33]

例如在智慧型手機上市的五年內，全美二分之一的人口便都擁有了手機；臉書（facebook）上線的第 1 年就有了 600 萬名的用戶，而且在接下來的五年內所累積的用戶數是首年的 100 倍（即六億）[34]；WeChat 這套由中國騰訊公司（Tencent）研發的手機簡訊及語音訊息通訊服務軟體，不到兩年的時間，其用戶就高達三億人——超過了美國的成年人人口數。[35]

　　對新事物的高接受度，也一舉加速了創新速度。在第一代 iPhone 發表後的兩年（即 2009 年），軟體開發商大概推出了 15 萬種行動裝置軟體。[36] 到了 2014 年，市面上則有 1200 萬種行動裝置軟體，而且行動裝置用戶總共下載了超過 750 億次的軟體——相當於地球上的每個人都下載了 10 次。[37] 網際網路作為數位化商品的銷售管道，是毫無阻力的，唯一會形成障礙的是消費者的興趣及好奇心。

　　數位化商品的接受曲線走勢，也描繪出實體商品及其製造流程的特性。新一代所研發出來的工業機械人，之所以具備了強化感知、靈巧及智能等特性，都要歸功於機器視覺與通訊、感應器及人工智慧等技術的提升。在 2009 ～ 2011 年這兩年內，工業機器人的銷售成長了 170％，而且預期到 2020 年，該產業年度收益將超過 400 億美元。[38]

　　這個變化速度也將持續加速，愈多上網的人口，人們就愈能取得連繫相互交流，如此一來，創新擴散的速度也會相對加快。2013 年全球上網人口約有 25 億，預計到了 2018 年，將會成長至 40 億。[39] 若能持續目前創新及接受新事物的趨勢，我們就有充分理由認為：當技術使用成本變得更經濟實惠時，其商品化產品就更容易在全世界普及。換言之，新的科技產品要在不到一年累積數億的使用人口，將是常見現象，而這也真的打亂了現況。

為何資訊科技如此重要

　　在本章所談及的資料、數位化及顛覆性技術應用，其所帶來

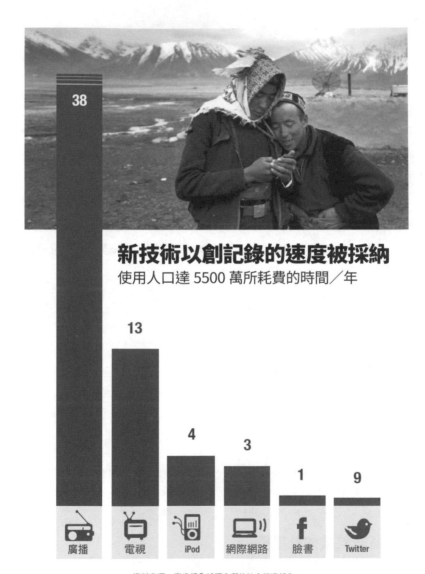

資料來源：麥肯錫全球研究所的社會經濟報告。

的利益是相當大的──試想你在接觸新商業模式所獲得的輕鬆和迅速感，以及從蒐集到的數據資料中所萃取到的價值，或者因擴大生產規模、產品及服務據點而享受到大幅銳減的邊際成本，抑或是因數量激增的平台、銷售管道及付款系統的幫忙，可以更快速地將產品資訊傳達給全世界的顧客。甚至是從現有資料中慢慢去蕪存菁，形成用來改善產品設計、定價、行銷推廣，以及公司營運的看法。

　　但要將這些技術的價值予以貨幣化絕非如此容易，根據麥肯錫研究指出，在科技時代消費者握有生殺大權。網際網路新產物所創造出來的價值，其中有三分之二多為「消費者剩餘」所主宰──表現在較低的價格、生產力的提升，或更好的選擇及便利性上。[40]

　　先前所討論到的顛覆性技術可能將它們大部分的價值貢獻給消費者，甚至提供企業充分的利潤，以鼓勵其採用新技術和繼續生產。為了解釋這個機會的大小，我們來細想以下變革：2013 年 7 月 31 日，美國經濟分析局（US Bureau of Economic Analysis）在所公布的 GDP 數據中，首次將「軟體的研究及發展」分類到「智慧財產商品」這個新類別中。隨著無形資產（試想谷歌搜尋引擎的演算法或亞馬遜的推薦引擎之價值）成為帶動全球經濟發展的主力，我們估計，目前在全球 GDP 成長中，數位資產大約貢獻了三分之一。[41]

　　無論是對企業或政府來說，一旦在今日科技浪潮中迷失方向，就意味著即將失去經濟發展的大好機會，而且在科技變革引發環境動盪時，還會增加自己受創的可能。數位化和科技的進步，可以在眨眼的瞬間就改變產業的命運，如黑莓公司（BlackbBerry Limited）就已學到慘痛的教訓，歷史上不乏這樣造成企業損傷的例子。

　　對消費者來說，屏息以待全新改款的智慧型手機，可能是一種享受的樂趣。不過，對企業來說，預測及防備下一波的技術海嘯，可能就是存亡的差別。產業先鋒會被質疑的科技對策，在於新技術五花八門、超乎想像的多樣性。以我們先前提出 12 項干擾源之一的添加劑製造為例，該領域就涵蓋了範圍廣泛的技術與材料如：使用金屬粉末的雷射燒結技術（laser sintering）、使用熱塑性塑料的熔融沉積式技術（fused deposition modeling）等。

　　而 3D 印表機的種類，若以尺寸及價位來區分，範圍包含了 1,000 美元業餘用機款，到價值數 10 萬美元的工業規模用的機台。即便你不是這個應用領域的帶頭先鋒，你也需要決定何時、如何以及是否能利用這些技術、材料的優勢，做好準備以因應接下來的快速發展。

　　總之，了解技術是現今每位企業領導者必須具備的核心能力。你不需要知道怎麼使用 SQL 結構化查詢語言（Structured Query Language）或者怎麼操作一台 3D 印表機；但更重要的是，不管客戶精通技術的多寡，你要清楚知道他們正在做些什麼。

　　身為領導者，必須建立與管理系統化的做法，以訓練員工具備最新的工作技能，同時確保管理團隊及董事會能對最新的科技發展有通盤的了解。另外，也需要重新思索長期建立的策略規劃流程，納入可靠的趨勢監控、規劃一系列的因應方案，以及拋棄潛在競爭與風險源的老舊假設。

適應科技發展所帶來的改變

在常春藤大學上課的第一天，常會聽到院長告誡學生：「看看你左右兩邊的同學。或許到了明年，你們當中的一人就不在這裡了！」[42] 在企業高層間，也同樣有類似的情況。在 1950 年，標準普爾公司（Standard & Poor, S&P）預測其所觀察的全美 500 家上市公司的股票平均指數（標準普爾 500 指數），能夠維持相同水準至少 60 年之久。[43]

到了 2011 年，該指數卻有 18 年都呈現下跌的走勢，而且沒有出現緩和的跡象。在目前動盪的局面下，新貴企業透過合併及收購公司迅速崛起，再加上經常有上市公司宣布倒閉，預期到了 2027 年，標準普爾 500 指數裡的 500 家公司，有 75％會不復存在。[44] 愈來愈多的企業發現，他們能在市場上穩坐霸主地位的時間是更像一名職業運動員的生涯，而非一名傑出大學教授的任教期──僅能持續幾年，而不是幾十年。[45]

雖然沒有一項技術能夠橫跨不同產業、部門及市場，有效成為保身求存的武器，但我們發現能遵守五大原則的企業領導者，都握有處於最高階層、重塑自己以及跟上「新常態」的最佳機會。

為你自己建立最大的數位資產

許多企業正開始意識到他們現有的非結構化資料能夠發揮兩項重要的功效，一是促使現行的流程更敏捷，另一個則是讓未來的商業策略更銳利。我們眼前所見的是，企業正運用數據資料來

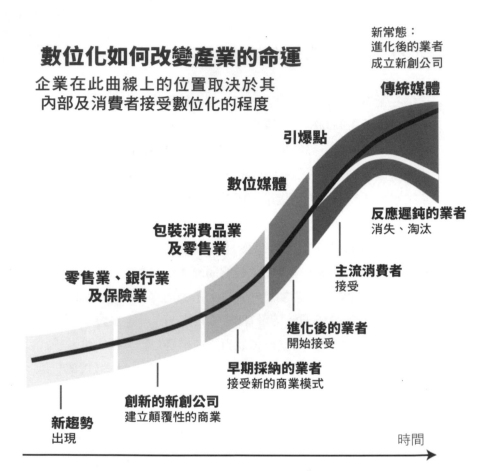

數位化如何改變產業的命運
企業在此曲線上的位置取決於其
內部及消費者接受數位化的程度

新常態：
進化後的業者
成立新創公司

傳統媒體

引爆點

數位媒體

包裝消費品業
及零售業

反應遲鈍的業者
消失、淘汰

零售業、銀行業
及保險業

主流消費者
接受

進化後的業者
開始接受

早期採納的業者
接受新的商業模式

新趨勢
出現

創新的新創公司
建立顛覆性的商業

時間

擴大市場占有率、降低成本、提高生產力，以及改善產品與服務。

　　零售業使用巨量數據技術動態地制定最佳價格、預測需求、
產生建議及改善庫存管理。製造業則使用該技術來生產更能符合
消費者需要的產品，以及優化供應鏈。中國最大的線上零售業者
阿里巴巴，其數據機房就類似美國太空總署（NASA）任務控管
中心的規模。

資料即服務（data as service）的新創公司正如雨後春筍般接連地成立，而且資訊界的巨擘，如 IBM、微軟、甲骨文（Oracle）及 SAP 公司（Systems, Applications, and Products in Data Processing）在過去幾年間已經花了數十億美元，在市場上搶著收購專門開發進階資料分析軟體的公司。

事實上，無形的數位資產，像是記錄消費者行為及追踪貨品運輸等資料，都可能是蘊孕全新產品及服務的種子。應用新科技為計程車服務掀起巨大漣漪的新創公司就是明顯的例子。Uber 使用演算法來制定搭乘需求高峰期的車資，[46]另一家提供共乘服務的新創公司 Lyft，則使用一個名為「歡樂時光」（happy hour）的定價模式，針對搭乘需求疲軟時段來降低車資費率。[47]

醫療保健是另一個應用科技的產業例子；該產業所使用到的婚姻資料、分析模型及決策支援工具，都是數位資產的關鍵組成要素，它們可以創造巨大的經濟價值、提升（醫療照護系統的）使用者經驗，還可以建立難以複製的能力。大約有 500 萬的美國人患有充血性心臟衰竭，但這種疾病可以透過藥物或植入裝置來治療。[48]

美敦力公司（Medtronic）率先建立一個產業，提供病情跟進的特別服務（CareLink Express Service），患者可將其植入式心臟監測器所記錄的數據資料，透過遠端心臟監測網路傳遞給醫生檢閱及解讀，以有效改善患者照護的品質。在此服務方案的試驗階段，患者等待看診的時間大幅減少至 15 分鐘以內。[49]該公司策略及患者數據資料管理的副總裁肯·瑞夫（Ken Riff）表示：「這類的資料就是未來的貨幣。」[50]

仰賴較低的數位化邊際成本

數位化大幅地減少商品與服務的通路上架、研究發現及銷售成本。更有效的配銷通路與較低的進入門檻，刺激了更多的個人賣家、創業者及企業加入數位化市場，並且嘗試新的商業模式。數位化也大大降低地域上的限制，助長微型跨國（micro-multinationals）、微型工作（microwork）及微型供應鏈（micro supply-chain）公司的成長。

Kiva 是全球最大的線上「個人對個人」小額借貸平台，該網站已促成了超過 6.3 億美元的放款金額，主要集中在新興國家。[51] 群眾募資平台 Kickstarter 集結了企業家及個人的力量，共同集資借款給他們感興趣的創意專案；從 2009 年以來，一共募集超過了 140 億美元，資助了 7 萬個創意專案。[52]

在美國的投資諮詢產業中，小型或者以個人名義註冊成立的投資顧問公司正快速成長；他們向富達國際投資集團（Fidelity）及嘉信理財集團（Charles Schwab）這類企業購買後端系統，以便獲得可以直接向客戶提供諮詢建議的能力。[53]

在搜尋引擎、電子商務、社群媒體及共享經濟等市場，數位化基礎建設的低廉邊際成本，讓新興創業的公司能以近乎無限的規模來建立商業模式。行動訊息平台 WhatsApp 近期被臉書以 190 億美元迅速收購，該公司才成立五年的時間，每月的活躍用戶數高達 5 億名。[54]

Snapchat 圖片分享軟體在推出後的兩年內，就擁有超過臉書及 Instagram 的 4 億名用戶。[55] 共享經濟的新創公司正以驚人的速度成長，在 2013 年，Uber 每週約有 45 萬名活躍用戶使用其服務，而且 Lyft 也有超過 100 萬名用戶提出一次共乘的需求。[56]

傳統業者也從邊際成本的變化中獲益，例如在得宜的經濟情況下進入新市場、迅速成長、優化流程及成本結構等。法國電信商 Free Mobile 重新提出「行動攻擊者的模式」（mobile attacker model），該模式即是利用一個大型且活躍的數位社群來集結忠實的品牌粉絲及擁護者，作為其核心的資產。2012 年，該公司的社群網站花了不到三個月的時間，就累積超過 260 萬新註冊的用戶，而且還在一年內未超過預算花費的情況下，取得 13％的市占率。[57]

奢侈品零售商 Burberry 在同級產品零售商中，提供了最佳的多通路消費者體驗（multichannel customer experience）。其位於倫敦攝政街的旗艦店，以設有全世界最高的零售店用螢幕、不時播放時裝秀現場畫面，以及將 RFID 晶片縫入其服飾產品，而感到自豪。這些微小的晶片會觸發內嵌 RFID 感應器的鏡子，播放特製的內容。[58]

美國高級連鎖百貨公司 Nordstrom 率先利用數位化邊際成本的優勢，針對該企業內部開發運輸和庫存管理的設備。該企業接著對外應用其數位化投資，建置強大的電子商務網站、開發行動購物軟體 Kiosks，並可透過這些銷售通路來管理客戶關係。

尋找新的方法來賺取消費者剩餘

針對巨量數據的興起以及愈來愈便宜的數位化商業工具，有一個有趣但或許悖離直覺的暗示。理論上來說，這兩種趨勢應該是送給企業的巨大恩惠，有利於企業負擔得起收集、維護及使用資料的成本。不過，消費者仍是加速科技變革的主導者。

消費者主宰了網際網路新產物所創造的三分之二價值，也就是所謂的「消費者剩餘」－表現在更低的成本、更好的產品及改善的生活品質上。[59]企業所面對的挑戰是如何讓消費者願意去支付這些超好的新玩意，不管是以影像、內容、遊戲等形式，還是提供儲存、通訊或便利等功能，都能讓消費者隨手可得。

到目前為止，只有少數盈利模式能夠將成效移轉並表現在公司價值上，其中一個便是廣告收益。它助長了科技龍頭，如臉書及谷歌的高利潤成長。廣告收益模式將持續帶動公司價值上升，但周遭使用者對有效鎖定目標、衡量及分析廣告能力的期望也將繼續增加。

透過直接付款及訂閱量可觀察出，業者對線上內容愈來愈有要求使用者付費的本事。在這種情況下，採用「免費」的定價策略，即提供不收費的基本服務，付費才能享有增強功能，已愈來愈常見。例如不受廣告干擾、獲得電玩虛擬寶物、使用更好服務、存取更有價值內容等。相關案例從社交遊戲開發商 Zynga、串流音樂服務提供商 Spotify，再到拓展專業人脈的社群工具 LinkedIn 及蘋果 App Store。

舉例來說，登入 LinkedIn 是免費的。若要升級為高級會員，最基本可選擇月費 59.99 美元的特級商務會員（Business Plus account），此等級的會員權限包含：進一步了解有哪些會員曾瀏覽過他的個人資料、傳送訊息給潛在客戶（以累積人脈），使用進階的搜尋過濾器。[60]

第三種盈利模式是利用巨量數據技術，不管是透過創新的企業對企業產品，如群眾外包的商業智慧（crowd-sourcing business intelligence）或外包的資料科學服務（outsourced data science services），還是開發更多消費者願意購買的相關產品、服務或內容。例如，LinkedIn 收益中的 20％是源自會員的會費，30％來自行銷，剩下的 50％是從提供人才解決方案所獲益的，該部分主要是銷售特定的人資情報及工具給人力資源公司。[61]

為了讓企業可以獲得更多的消費者剩餘，你得繼續嘗試。將傳統以交易為基礎的商業模式轉換為訂閱模式，就是其中一種日益普及的方式。為努力留住顧客的忠誠度及不斷有生意上的往來，許多企業已祭出了服務絕招來經營與顧客之間的關係。

在零售業有一個案例，總部設於德國柏林的線上美妝試用品訂閱服務公司 Glossybox，至今已寄送超過 400 萬盒的美妝用品給其網站註冊用戶。在這些用戶中，許多人每月只支付 21 美元，就可收到五次帶給人驚喜的奢侈用品。[62]

另外像是要求用戶每月支付一筆固定費用，就寄送刮鬍刀及補充刀片的 Dollar Shave Club 及 Harry's 公司，正對老牌的刮鬍刀公司吉列（Gillette）造成威脅。以英國消費者為主，提供每週個人化的健康零食訂購服務的 Graze 公司，在 2013 年的盈收已幾乎成長兩倍，創下 4020 萬英鎊（約 6410 萬美元）的佳績。[63]

在媒體業，嘗試數位內容的盈利模式也是相當常見的做法。設立數位內容訂閱服務以及結合數位、印刷紙本的訂閱服務，都有助於減輕紐約時報（New York Times）在廣告和印刷發行量下滑的負擔。該公司的執行長馬克‧湯普森（Mark Thompson）特別將這個需要付費才能看到網站內容的積極訂閱機制，視為「近幾年中最重要和最成功的商業決策」。英國泰晤士報（The Times）宣稱有超過 87.5 萬的數位內容訂閱戶，且現今的發行量收益已超過了廣告收入。[64]

斯洛伐克的一家新創公司 Piano Media（提供數位內容的訂閱服務），透過建立付費牆系統，已領先群倫成為該國首屈一指的媒體商。該公司最初的營收計算方式是，將用戶直接在該網站上付費訂閱的收入（約占 3 成）與透過其它媒體網站而來訂閱的收入（依據使用者在這些網站上停留多久時間為基礎）分開計算。

在 2012 年進入其它中歐市場前，Piano Media 在語言封閉的市場上刺激了訂閱量的成長，並證明它是一間擁有 5 百萬用戶量的公司。[65] 在 2014 年 8 月，該公司藉由收購一家年收益幾乎為其 9 倍，在美國提供小額付費及付費牆服務的公司 Press+，來擴大其業務規模。[66]

不要等到塵埃落定

在科技迅速發展，引發環境動盪的時代裡，在賭上新技術作為解決方案之前，直覺上是可等到一切塵埃落定再行動不遲。不過，時間就是敵人。今日的技術，在明天可能就過時了，而且一個看似無關的公司收購案或策略的變動，都可能會動搖到產業。要在幾十種 3D 列印技術中搞清楚哪一個會成為標準技術，不僅猜中機率低，還相當浪費時間，大多數公司照常投注全力在業務衝刺上。

許多成立已久的公司將大把的賭注押在早期開發出來的技術上，但事實上受到嚴格定義的風險偏好、引進新投資具有高難度以及現有的資訊系統等因素，使得這根本不是一個好的選擇。

舉例來說，許多傳統汽車保險業者在看著靈活的競爭對手搶食市場大餅的同時，卻還是繼續限制投資無線通訊系統及小規模試驗客戶行為資料的方案上，不接受創新可能重新定義企業監控客戶反應的方式，並因此重設定價及再次評估風險。美妝產業也被新技術打了個措手不及，3D 印表機 Mink 讓消費者在舒適的家中就可以印出自訂的化妝品。這台設備一旦能在 2015 年以零售價 200 美元上市，將會威脅到其它化妝品公司豐厚的利潤。[67]

科技巨擘紛紛站出來的現象已不足為奇，他們利用雄厚的財力以及銳利如鷹的眼光，找尋最有發展潛力的新技術，並把賭注全押在最有可能帶來下一次變革的技術上。

當行動網際網路還處於發展起步階段，谷歌在 2005 年就收購了安卓（Android）科技公司。[68]隔年，在線上影音廣告處於起步階段，谷歌花了 16 億美元買下 Youtube 網站。[69]這兩次的收購都被證明是非常高明的做法，完全不畏當時傳統的商業經營思維。

谷歌的共同創辦人賴利・佩吉（Larry Page）給人的感覺總是焦慮、緊張，而這種感受其實是先天下之憂而憂就能產生。在談到當初收購安卓的決定時，他說到：「我覺得有點不好、有點內疚的感覺。為什麼我花時間在這上頭？你知道的，為什麼我沒花時間在搜尋引擎、廣告或其它有關我們業務核心的部分？不過，結果表示它是更重要且該去做的事。」[70]

　　其它產業的大型企業已經意識到與新創科技公司建立共生關係，將比把未來發展押在技術賭注上更為有效。這麼做可以將風險以及可能對核心業務帶來的混亂情況降至最低，同時為企業提供一個選擇，也就是取得主導權或發展有前景的產品和服務。對於大有可為的企業領導者來說，透過積極的策略及創新實驗室的設置，能在現有結構下為企業提供支援的環境、指導、設備及資金。[71]

　　在 2012 年，奇異集團（General Electric, GE）開辦了「奇異車庫」（GE Garages），它是基於實驗室育成的概念，提供高科技且可供人動手實作的場所，目的在於再次激勵先進的製造業進行創新。奇異車庫在全美舉辦研討會，提供新創公司能使用如 3D 印表機、電腦化數值控制機械、雷射切割機等設備，並能獲得專家諮詢以及與潛在合作夥伴接觸。

　　到了 2014 年，奇異將這個概念推廣到全球；最近已在奈及利亞的首都拉哥斯開辦奇異車庫。[72] 在 2013 年，安聯集團（Allianz）與谷歌在慕尼黑共同發起了首波「數位加速器」（Digital Accelerator）計畫，他們將焦點放在如何運用巨量數據來推動新的保險及金融商業模式的發展。[73]

為你的人力、組織及投資來思考科技策略

　　有些企業透過指派數位長（chief digital officer, CDO）一職，

並提升其重要性，成功將組織本身對於數位化的思維及數位策略予以制度化。在 2008 年，原任職於戴爾電腦（Dell）負責電子商務業務的資深副總索娜喬拉（Sona Chawla）跳槽加入全美最大的藥妝零售通路商沃爾格林（Walgreens）。幾年後，她晉升為該公司電子商務部門的最高主管，並在 2013 年擢拔為數位長暨行銷長，直接向執行長報告。[74]

2011 年在她任職期間，該公司收購了 drugstore.com 網站並開發出一套全美最熱門的健康管理行動裝置軟體，該軟體能讓使用者藉由掃描條碼的方式來添購處方藥品，還能自行設定服藥提醒。[75] 如今，超過 4 成的連鎖店收到消費者透過該軟體來訂購處方藥品，而且若觀察消費者到連鎖店的消費次數，習慣多通路購物的消費者比總是到實體店面購物的消費者還多花了 3.5 次。[76]

其它企業則採用「收購即雇用」（acqui-hire）的做法，透過買下新創公司的方式來獲得該團隊員工以擴大業務範疇，或者與其它公司建立合作夥伴關係來趕上趨勢並加速獲得智慧財產、人才和技術。雅虎（Yahoo）花了 10 億美元收購 Tumblr 微網誌，有一部分原因是希望能藉此網羅其年少得志的創始人大衛‧卡普（David Karp）。[77]

在 2014 年 5 月，美國最大連鎖零售商沃爾瑪（Walmart）以 3 億美元收購一家位在矽谷的廣告軟體公司 Adchemy，並且將該公司的 60 名員工納入到負責科技推廣業務的 @Walmart 實驗室組織下。[78] 在 2013 年，於全球 27 個國家設有 1,300 家門市的化妝品零售商雪芙蘭（Sephora）買下在數位科技領域有專才的 Scentsa 公司，用以改善消費者在店內購物的體驗，同時避免其它競爭對手獲得 Scentsa 公司的技術。[79]

　　從德國媒體集團阿克塞爾・施普林格（Axel Springer）所採取的投資方式，便可知道該集團已接受科技及數位化的潮流。在 2014 年，該集團賣掉了負責地方新聞的報社，連同其女性及電視雜誌也一起出售，之後大舉投資數位化產業，包含付費內容、數位廣告及線上分類廣告等領域。[80]

　　該集團也以柏林為基地，發起名為「阿克塞爾・施普林格隨插即用加速器」（Axel Springer Plug and Play Accelerator）計畫。在 2013 年，該集團開始與私募股權公司汎大西洋（General Atlantic）合作，致力於發展數位化分類廣告。[81] 該集團下的創投公司 Axel Springer Ventures 也投資了不少新創公司，例如比價網和購物優惠行動裝置軟體，另外還有早期就投入的投資基金。[82]

　　沒有人可以保證上述任何一個做法，可以讓企業在科技突飛猛進的時代中茁壯成長。但處在商業模式及策略快速老化的年代，領導者必須不斷地思考如何讓企業恢復活力。

Chapter

新景象：全球人口老化的挑戰

中國將他們即將面臨的人口老化挑戰，稱之為
「4：2：1 的問題」，現在每個成年子女必須
照顧雙親以及 4 個祖父母。到了 2040 年，中
國可能會有比其它已開發國家還多的老年痴
呆症患者。因為有著勞動大軍從事勞力密集工
作而被稱為「世界工廠」的中國，屆時將成為
世界養老院。

　　「打掃機器人」清理地板灰塵如今已是很常見的景象，在日本，機器人技術迅速應用在家庭清潔管家、居家保健助手及陪伴上。結合機器人硬體，也就是俗稱的 WAM（整個機器手臂），再加上人工智慧技術，日本「奈良先端科學技術大學」（Nara Institute of Science and Technology）與「貝瑞特科技公司」（Barrett Technology）的研究員共同發明了可以幫人們穿脫夾克、襯衫及睡衣的機器人手臂。

　　就像電影《星際大戰》（Star Wars）中的機器人角色 R2-D2，由總部在大阪的 ART 及 Vstone 公司共同設計的人形機器人 Robovie-R3 已出現在生活中。機器人 Robovie-R3 可以每小時 1.5 英里的速度移動，陪伴來到商場購物的年長者；在穿越人群時，它可以提著購物籃並扶著年長者通過，完全不會要求喝杯咖啡稍作休息。[1]

　　對於第一次到東京的遊客來說，可能會覺得整個都市看起來就像是未來世界。在日本的工廠，像是位於豐田市生產 Toyota Prius 汽車的工廠，它以高效率著名，早已使用機器人設備來取代人力。不過像機器人 Robovie-R3 及其它近期推出的機器人產品，都是設計用來滿足非製造業的需求，特別是目前日本民眾的實際需求。

　　身為世界上歷史最悠久的國家之一，其人口結構特也包括：國民年齡中位數為 46 歲，有 24 % 國民超過 65 歲。[2] 再加上低的移民率及生育率（平均每位婦女一生中只生 1.4 個小孩），還有根本沒有足夠的人去關心日本不斷成長的老年人口。[3] 豐田市官員受訪時被問到日本該怎麼解決這個人口結構的問題時，他們了無新意地答覆：「或許機器人將照顧我們」。[4]

　　全球分析師都喜歡將世界勾勒成一幅年輕躍動、等待成長的圖像，而這的確是全球大部分地方的寫照。在巴基斯坦，人民年齡中位數為 22.6 歲，而且約 55％ 人口在 25 歲以下。[5] 在撒哈拉以南的非州地區，15 歲以下人口超過 40％。[6] 每家稍具大規模的消費性商品及服務公司正想著，該怎麼招攬人數不斷增加的年輕客群。

　　不過，每一件事都有正反兩面，而這也是當今最容易被忽視的一個趨勢。在第二次世界大戰後的幾年，全球人口似乎變得較年輕，而且不論富裕或貧窮，幾乎各國人口都在成長。

　　疫苗接種的改良、嬰兒死亡率下降，而且不再有造成重大傷亡的世界戰爭，這些都為世界創造一個良性循環。正當全球人口持續成長，勞動年齡人口也急速增加，助長了經濟發展。這種人口過剩已帶來了巨大利益，人愈多，代表對商品和服務的需求更大，也需要更多的房屋及學校；反過來說，這也創造更多的就業機會及稅收。隨著科技進展，技術扮演著放大器的角色，能讓人們工作更有成效。

　　簡單地說，現在，世界正在變老！我們都知道這個現象（人口老化）已有一段時間，只不過長期的預測正在成真。在許多大型且高度開發的經濟體，以及全世界最大的開發中經濟體——中國，人們活得愈長壽，但生育數量卻愈少。正當嬰兒潮世代步入老年、逐漸退休，而生育率正急速下滑，這些發展趨勢已來到了臨界點。在未來的幾十年，除了非洲，全球大部分國家的老年人口成長將可能達到高峰及穩定的水準，這在現代歷史上也是首次發生。[7] 全球將有大量的老年人口、高齡化的勞動力,以及激增的社會福利措施。就這一方面,以日本為例,其人口已開始下滑,而且未來全世界的發展也將是如此。

這些發展要求我們去重設直覺,改變我們思考高齡化社會的方式——不論是從消費者、客戶、勞動者及利益關係者的角度來思考。

下降的生育率

根據全球發展歷程顯示,當國家逐漸富足,其人口繁殖力反而變弱。隨著經濟的發展,人民更傾向於實行節育家庭計畫,女性有更多的選擇,少數父母會以建立大家庭當作經濟上的必要,而且有眾多手足的家庭也較不常見。基於這幾點,也避免發生高的嬰兒死亡率。

一般來說,愈是富裕的國家,婦女生育愈少的孩子。在德國,總生育率(活過生育年齡,平均每位婦女生育的子女數)是每位婦女生育 1.4 個子女;然而在像尼日、索馬利亞及馬里等(非洲)國家,其總生育率是每位婦女生育超過 6 個孩子。[8]

雖然近期有研究顯示,高所得國家的生育趨勢可能以有限的方式扭轉,特別是那些有大量外來移民人口的國家,如生育率為 1.96 的英國,以及幫助家庭實行生育計畫和就業管理的國家。不過就長期來看,生育率呈走低趨勢是不可能被打亂的。[9]

30 年前,全球人口只有少數國家的生育率大幅低於所需的人口替代水準:在已開發國家,人口替代率為每位婦女生育 2.1

全球生育率呈現下跌趨勢

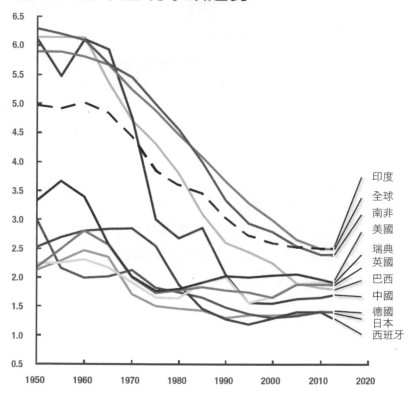

印度
全球
南非
美國
瑞典
英國
巴西
中國
德國
日本
西班牙

註：生育率是指一個假定世代的婦女，在其一生中依給定年齡別的生育水準，在無死亡率的影響下，過了可孕育下一代的時期，平均生育的子女數量。該數值表示每位婦女生育的子女數量。
資料來源：聯合國人口統計資料；麥肯錫全球研究所的分析

個子女；在開發中國家，人口替代率則為每位婦女生育 2.5 個子女。[10] 生育率帶動開發中國家的主要人口成長；在 1970 年代，墨西哥及沙烏地阿拉伯的生育率高達每位婦女生育 7 個孩子，印度、巴西及印尼的生育率則為每位婦女生育 5 個孩子。[11]

全球中老年人口正快速地增加
以年齡分組的百分比來表示全球人口年齡結構
（1950-2050）

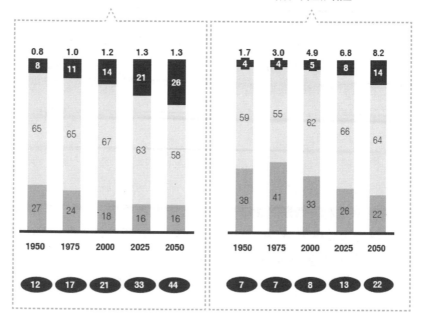

註：老年人撫養比率 = 65 歲以上的人口 / 15 ～ 64 歲的人口
資料來源：麥肯錫全球研究所的分析；聯合國人口統計資料

　　在許多生育率低的已開發國家，外來的移民人口則推動了人口成長。1960 年代至 2012 年間，在英國，移民所生的子女數占總人口數的比例成長了 4 倍之多（由 3％增長至 12％），超出美國一倍（從 6％增加至 14％），而且所增加的人數是加拿大及法國人口的一半。[12] 到了 2014 年，拜全球日益繁榮之賜，全世界有 60％人口生活在生育率低於人口替代率的國家中。[13] 這些國家包含了絕大多數的已開發國家，以及一些大的開發中國家，如中國（1.5）、巴西（1.8）、俄羅斯（1.6）及越南（1.8）。[14] 預期在全球 19 大經濟體中的 18 個經濟體（墨西哥除外），淨移民人數也將減少。[15]

在 2006 年，由艾方索・柯朗（Alfonso Cuaron）所執導的電影《人類之子》（Children of Men）中，描繪人類面臨滅種浩劫的未來世界。在那個時空背景下，新生兒的　生極為罕見，甚至可稱作奇蹟。幸虧現況尚未發展到那個地步，不過幾乎每個歐洲國家的生育率都低於人口替代率。

根據歐盟調查，直到 2040 年，人口預計會增加 5％，接著會開始減少。[16] 在德國（2014 年的生育率為每位婦位生育 1.4 個子女），其人口長期缺乏成長力道，歐盟執委會相信到了 2060 年，該國人口會下滑 19％。[17] 預計該國的勞動人口會從 2010 年的 5400 萬減少至 2060 年的 3600 萬。[18]

德國藉著吸引俄羅斯、土耳其、非洲及其它地區的外來移民，掩蓋其人口的衰減。但並非所有國家都具有雄厚經濟實力或必要的文化特性，能夠吸引外來新移民。隨著年輕一代的工作者紛紛離開自己的國家，到外地謀生、追求財富，許多生育率低的歐洲國家正深受人才外流之苦。

在歐洲，緊沿著波羅的海及黑海周遭的地區，人口已減少，且在接下來的幾十年間可能會變成空無一人的鬼城。到了 2060 年，保加利亞的人口預計會減少 27％，而且拉脫維亞、立陶宛及羅馬尼亞的人口可能會等量衰減。[19] 英國的狀況被排除在這波人口下跌的趨勢內，該國反而可能在 2060 年追趕上德國，成為歐盟人口最多的國家——然而這一切都要歸功於外來移民家庭的高生育率，以及今日相較他國較多的移民人口。

但這不是只有在歐洲才發生的現象，除了非洲之外，各大洲都可能已經過了人口增長的高峰期。年度人口成長率可能從 1964 年的 1.43％下跌到 2012 年的 0.25％，在接下來的 50 年間，這個趨勢將對全球經濟及政治造成深遠的影響。[20]

高齡化的人口

在突破趨勢的時代，重要卻往往不受重視的特點會朝著同一方向，強行且更快速地增強變化的發生。我們已經見證都市化及科技發展所帶來的改變，同樣推動變化的力量也出現在人口特徵上。在同一時間，生育率大幅下滑，預期壽命卻往上攀升。

換句話說，相對較少的新生兒誕生，而世上的人們卻活得更長壽了。全球預期壽命的增加，是二次世界大戰後令人感到高興的其中一件事。在世界各地，出生時的預期壽命由 1950 ～ 1955 年的 47 歲，上升到目前的 69 歲。再過幾十年，到了 2045 年至 2050 年間，預期人類平均可以活到 76 歲。[21]

簡單地說，人口統計表完全不同了。在 1950 年，已開發國家的兒童人口（年齡 15 歲（含）以下）是老年人口（年齡 60 歲（含）以上）的兩倍。[22] 到了 2013 年，在這些國家，老年人口（21％）已超過了兒童人口（16％）。以目前發展趨勢來看，到

沒有外來移民及政策的改變，
許多國家的勞動人口將大量地衰減

國家勞動人口絕對下跌的大預測

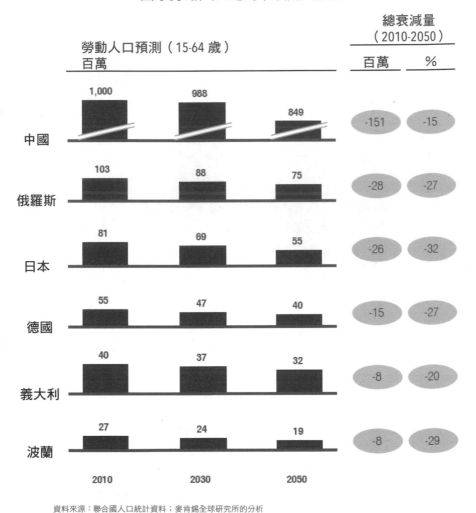

	勞動人口預測（15-64 歲）百萬			總衰減量（2010-2050）	
	2010	2030	2050	百萬	%
中國	1,000	988	849	-151	-15
俄羅斯	103	88	75	-28	-27
日本	81	69	55	-26	-32
德國	55	47	40	-15	-27
義大利	40	37	32	-8	-20
波蘭	27	24	19	-8	-29

資料來源：聯合國人口統計資料；麥肯錫全球研究所的分析

在 1950~2050 年間，
退休者對兒童的人口比例將持續增加

每 10 名兒童比上退休者人數

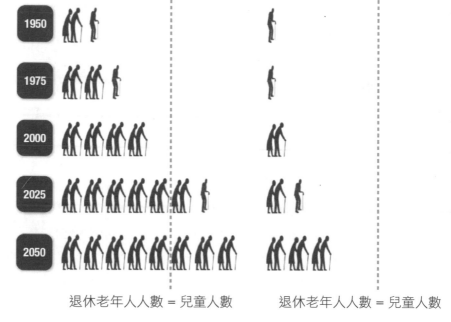

註：退休者對兒童的比例是指 65 歲（含）以上人口除以未滿 15 歲的人口
資料來源：聯合國人口統計資料，麥肯錫全球研究所的分析

了 2050 年，在這些已開發經濟體中，老年人口將會是兒童人口
的兩倍。提供信用評等的穆迪公司（Moody's）在 2014 年預測「超
高齡化」（super-aged）國家——有五分之一的人口為 65 歲（含）
以上的老年人——的個數將從現今的 3 國（德國、義大利及日本）

成長到 2020 年的 13 國，若到了 2030 年，將再增加至 34 國。[23]

　　這個人口老化的循環不只出現在已開發國家中，中國是目前全世界擁有最多人口的國家，且其經濟力量正在爆發。在春季炎熱的一天，一群畢業生成群結隊在武漢的觀光景點拍照留影，該內陸城市設有數十所高等教育機構，且擁有 120 萬名的學生。[24]即便理由相當不同，武漢和中國其它城市正經歷一個類似歐洲的人口衰退期。中國的年齡中位數大約是 37 歲，與美國大致相同。[25] 到了 2030 年，年齡 55 歲（含）以上的人數可能會增加，並超過總人口的 43％，今日的占比則為 26％。[26]

　　中國將他們即將面臨的人口老化挑戰，稱之為「4：2：1 的問題」，現在每個成年子女必須照顧雙親以及 4 個祖父母。到了 2040 年，中國可能會有比其它已開發國家還多的老年痴呆症患者。[27]因為有著勞動大軍從事勞力密集工作而被稱為「世界工廠」的中國，屆時將成為世界養老院。

　　除了單純就人口結構的變化，科技因素也關係到老年化的發展趨勢。我們期望在未來 10 年透過新科技的幫忙，讓人類活得更健康、更長久，讓預期壽命能顯著增加。例如，下一代基因組學結合了定序技術、巨量數據分析，以及能夠修復器官組織的最新技術，讓人體的機能運作更好，幫助治療如癌症及心血管疾病，而這些重大疾病每年大約扼殺 2,600 萬的生命。[28]

　　依據癌症專家的評估報告，我們估計到了 2025 年，以基因組為基礎的診斷及治療，將可以延長患者六個月至兩年的生命。[29] 而且，桌上型的機器可以讓基因定序作為每位醫生診斷流程的一部分，還有 3D 印表機很快就能讓醫生印出生物結構及器官。

最後，材料科學的進展能夠有助將奈米材料開發成為藥物輸送的載體。

老化及緊縮的勞動人口

下滑的生育率、減緩的人口成長以及老化的人口，都將對未來的勞動力帶來深遠影響。新的勞動人力將以更緩慢的速度加入勞動市場，年長者的工作年限可能需要比今日的更久。對於勞動年齡的定義，可能從現今的 20 ～ 64 歲，延展到更大的歲數。

「願你的心中永遠充滿快樂，願你的歌曲能永遠傳唱下去，願你永遠年輕。」這是取自巴布・狄倫（Bob Dylan）《永遠年輕》的歌詞。很難相信這位聲音粗獷的民謠歌手已經 73 歲，而但仍在巡迴演唱中。在 2014 年 7 月，年屆 70 的米克・傑格（Mick Jagger）剛當上曾祖父不久，穿著皮褲在圓形舞台上意氣風發地表演著。

前美國職業棒球選手傑米・莫耶（Jamie Moyer）一直到 49 歲都能投擲得很好。美國最高法院的大法官能堅持他們的工作崗位一直到 80 歲，目前法院工作者的年齡中位數是 64 歲。[30] 在接下來的幾年，諸如此類的現象可能在低調的工作場所中更為常見。

為什麼會這樣呢？根據目前的趨勢和定義，全球勞動力的平均年成長率呈現減弱走勢，從 1990 ～ 2010 年間的 1.4％左右，下滑至 2030 年的 1％。[31] 在 1964 年，全球勞動人口（年齡介於 14 ～ 64 歲）占總人口的 68％。[32] 然而，在接下來的 50 年，全球勞動人口預計會下跌至61％，其間老年人口（65歲（含）以上）占總人口的比例由2012年的9％成長至23％。[33]

　　目前，在中國大約有70％人民有工作，其工作人口比例是全球最高的國家之一。不過，在2013年1月，中國國家統計局（National Bureau of Statistics）卻公布，實際上其勞動人口在2012年是減少的。而且隨著人口老化，到了2030年，可以投入勞動市場的人口占比將跌至67％。

　　我們預估同年（2030）已開發國家的總勞動人口約將增加3000萬人，亦即從2010年來只增加了6％。[34]穆迪公司預測，在2015～2030年間的全球勞動力增長，將只是2001～2015年的一半。[35]絕大部分的成長將集中於少數國家，如美國、英國及加拿大。

　　預期壽命延長和投資報酬降低，意味著年長者將難以負擔退休後的生活。而且，因為人口結構不佳——較少人工作，卻有較多人領取社會福利——可能會增加政府預算赤字，且受到這股不斷增加的壓力，政府將會提高退休年齡。所以，在世界各國的勞動市場裡，年長工作者（超過55歲）的比例預期會從2010年的14％增加到2030年的22％。已開發經濟體及中國，將會最深切地感受到老化的勞動力，年長工作者的比例在這兩個區域將分別增加至27％及31％。[36]

結構上的變化

　　這些人口結構變化早已預期會發生，許多國家正努力解決。

儘管德國每年需支付 2,650 億美元作為家庭補貼之用，該國仍在提高生育率上遭遇困難。[37] 有研究指出，中國的生育率是不可能快速恢復。[38] 而且對於包含北歐、日本及俄羅斯等許多國家，即使移民政策通常是改變一國人口特徵的有效手段，但卻會帶來文化及社會問題。

在現代歷史上，高齡化及萎縮的勞動人口是前所未有的現象，而且這股風潮將會影響所有國家。年屆退休年齡的人口將增加並超過勞動人口的兩倍，如此一來，將只有少數人負擔老年人的社會福利。[39] 在未來 20 年，全球總退休人口預計會高達 3.6 億人。[40] 其中大約 40％的退休人口是居住在已開發國家及中國。而且，在這些人之中，約有 3,800 萬人將具有大專學歷和有價值的工作技能。[41]

除了增加全球養老基金的壓力之外，這些趨勢將會迫使增加全球的儲蓄額並造成許多新的財政壓力。[42] 2013 年標準普爾報告發現，如果政策不改變，老年相關支出將會加速已開發經濟體一般政府債淨額之中位數成長率，從現今不到 40％增長至 2050 年的 190％。[43] 在美國及部分都市因政府財力不足無法順利發放養老金而引發的衝突，如正在伊利諾州上演的財政危機，都只是掀起日後更大戰役的小衝突而已。

就經濟情況來看，政府對於社會福利及養老金制度支出已逐漸拉起警報。經濟合作暨發展組織（Organization for Economic Co-operation and Development, OECD）的研究顯示，在 30 個已開發國家中，男性平均領取養老金的年齡已從 1950 年代早期的 64.3 歲下降至 1990 年代的 62.5 歲，跌幅近 2 歲。[44] 至於同個時期的女性平均領取養老金的年齡則從 62.9 歲下降至 61.0 歲。

　　但上述趨勢已不復在，自 1999 年中期起，有 14 個國家已提高或計畫提高男性領取養老金的年齡，而且有 18 個國家已提高或計畫提高女性領取的年齡。在接下來的 40 年，幾乎有一半的 OECD 會員國設定要提高領取養老金的年齡。不過，因為預期壽命正在增加，OECD 指出這只是「讓現狀停滯不前」。負責英國養老金改革的透納委員會（Turner commission）建議，現行領取養老金的年齡應該提高到 70 歲。[45]

　　私人企業在面對早期員工延長其退休年齡，有愈來愈多企業不採行確定給付制的退休基金計畫（defined-benefit pension plan）。從 1980 年代開始到 2000 年間，已開發國家有加快趨勢，趨向於採取確定提撥制的退休基金計畫*（defined-contribution plans）。在 1980 年至 2008 年間，美國私人企業參加確定給付制之退休基金計畫的員工人數從 32％下跌到 20％，而且該比例到了 2013 年應聲下降至 16％。其間，參加提撥制之退休基金計畫的人數，則由 1980 年的 8％增長至 2013 年的 42％。[46]許多企業者凍結了他們的確定給付制之退休基金計畫，而剩餘大多數業主預計在未來幾年完全凍結及終止確定給付制之退休基金計畫。[47]

　　許多年長者對於退休的看法，也預期開始移轉到對財務壓力的反應上。在美國，有一項針對 50 歲（含）以上人民所做的

---

*　確定給付制（defined-benefit, DB）的退休基金計畫，是指雇主支付其退休員工之薪水的一部分，供其於退休生活使用。相較之下，提撥制（defined-contribution, DC）的退休基金計畫，要求雇主針對員工每年提撥一定金額至員工的退休金帳戶。雖然這兩種退休基金制度各有其擁護者，但基本上來說，確定給付會受雇主或其它退休基金資助者的財務狀況及支付年限，而存有償還之風險；提撥制則可讓員工免於遭受這些風險。

意見調查顯示，近三分之一的受訪者表示退休後仍有非常高的可能，需要從事有報酬收入的工作，另有 28％的受訪者表示是有可能需要。然而，有五分之一的受訪者指出他們未到退休年齡，卻已在工作場合中遭遇到年齡歧視的問題，而且這當中有許多人發現，在退休後找工作是很困難的事。[48]

順應高齡化的潮流

身為企業的管理者，是不能站在原地、停滯不前地觀望員工及客戶的年齡。若想適應眼前的新狀況，必須在多數企業經營議題上以及客戶、員工和股東的關係管理等方面，做些基本改變。

醫療保健是率先面對這些人口結構變化的產業，對於像美國醫院有限公司（Hospital Corporation of America, HCA）等企業，高齡化就好比是一把雙刃劍。不只有愈來愈多人享有聯邦醫療保險（Medicarc）福利，也有愈來愈多美國人因一般疾病及老化問題而求診，這兩者皆提高了人民對境內 165 家醫院及 113 間獨立外科中心的醫療服務需求。

不過，至少在現階段架構下，這股趨勢也將點出專業醫療人力日益不足的問題。當一位護士退休——假設該名護士花了 35 年累積豐富的臨床照護經驗——其所累積的經驗及知識可能是緊急挽救傷者性命的關鍵。HCA 公司已體認到可以透過靈活的工作安排方式，延長資深醫療人員在工作崗位的服務期間。如此一來，如果有需要，護士便可能由全職的工作型態，轉換為輪班的方式，在繼續賺取收入的同時，也能避免壓力及長時間工作。[49]

解決邁入高齡化的勞動市場

　　企業主一直都將焦點放在年輕族群上，在矽谷，年近 30 歲的主管們常覺得自己年紀已大。老員工代表可能要負擔更貴的人力成本，所以在企業重組時，他們往往不是最先被買走，就是被資遣。但是在高齡化的世界，企業主必須重置他們的直覺，不該將資深員工視作遺留的成本，反而應該視他們為資產及資源。

　　企業主找人才就像釣魚一樣，總往在池子最深、魚群最多的地方找，而隨著人口結構的變化，會有越來越多具有多項工作技能、受過良好教育、有潛力及有經驗的人才位於人才庫深處，正如同聚集在深水區的魚群。

　　從歷史上來看，勞資雙方總是一黑一白，各自站在不同的立場。員工都是受聘而來的全職工作者，必須每天進辦公室直到他們不再服務公司。雇主已經習慣了訂定僱傭契約及條列，而工會則成了代表全職的員工，與雇主談判、協商。

　　然而，科技的發展、實際工作的方式及不斷改變的人口結構都可能會改變這種模式。為了吸引年長的工作者，以及隨著時間過去可能逐漸對全職工作不感興趣的工作者，企業必須變得更善於維繫與中高齡員工的關係。有一系列做法有助於維持員工與企業之間的關係，但關係良好更能吸引年長的員工。

　　在日本，像豐田汽車這類過去嚴格實行以年齡作為申請退休基準的公司，都已推行再僱用計畫，讓退休員工可以在豐田或附屬關係企業申請工作。透過這個再僱用計畫，豐田汽車僱用了大約一半的退休員工，使得公司得以保有這些退休員工的工作技能及經驗，而能繼續發揮生產的靈活性。這些退休員工能獲得一連串的好處，包含繼續有收入來源、社交互動，並有機會以兼職工作型態，不間斷貢獻他們的能力。[50]

在規劃符合高階技能及工作規範的職涯發展上，這類政策，變得日益重要。在法國，安盛集團（AXA）推行一項名為 Cap Métiers 的計畫，其用意在促進內部員工的職位調動，尤其是針對資深年長員工。該集團提供非一線員工的工作保障，並針對有意做職務異動的員工給予職業訓練。這項計畫剛實施的頭幾年，有意願做職位調動的員工占 30％，其中資深員工占了頗大比例。

研發電子系統的泰雷茲集團（Thales）決定以 5％的升遷率每年升遷 55 人以上，以施行綜合性政策，預先為員工職涯發展的準備；例如透過系統化服務歷程回顧，來檢視年齡超過 45 歲的員工表現，以發展職業訓練和師徒指導關係，並管理其到申請退休前的工作過渡期。[51]

另一個被提倡的重要做法就是提供特定的訓練，來幫助年長工作者留任、重新定義他們在工作上所扮演的角色，並使他們能不斷更新工作技能。英國主要能源供應商 British Gas 針對其訓練及學徒培訓計畫，去除了年齡上的限制。學徒及訓練生的平均年齡已提高，有些訓練生的年齡高達 57 歲。這家公司除了積極地鼓勵資深員工去擔任年輕員工的指導者之外，也施展靈活做法以協助年長工作者及護理人員。[52]

隨著嬰兒潮世代步入老年而擔心勞動人力短缺，在美國有些公司已針對廣為大家所接受的年長者遷移模式──從東北部、中西部和平原地區到佛羅里達及冬季的西南部──做了人力需求上的調整。

　　美國連鎖藥妝店龍頭 CVS 的員工倡議部門主管史提夫‧縈（Steve Wing）意識到：如果公司「不學習如何招募及留住年長者」，那麼將「沒有生意可言」。於是該公司提出「雪鳥計畫」（Snowbird Program），讓在新英格蘭地區的藥劑師、相片沖洗業務負責人及化妝品銷售員，可以在冬季到佛羅里達州的分店工作。每年有超過千名的員工參加此項計畫，且這項計畫大幅提升了這些員工的滿意度。不令人驚訝的是，該公司成年員工的留任率比同業高出了 30％。[53]

鎖定年長族群作為行銷目標

　　今日，直接服務消費者（consumer-facing）的企業都非常重視自己在「25 歲至 54 歲年齡層客群」的服務表現。策略人員費盡心思計畫，企圖趁著消費者還年輕、正在形成個人偏好時抓住他們，使其成為忠實客戶，直到他們成熟、過了收入高峰及消費力旺盛時期。然後在他們年過 50 多歲時，就棄之不理。

　　但在日益變遷的世界，上了年紀的消費者將是市場上的大眾，而且長期來看，他們將會成為主要消費族群。如果年紀大的人想要工作得更久，那麼他們可能有更多的可支配收入。當這些消費者的喜好及需求隨著年紀增長而產生變化時，企業就必須重置他們的直覺，如此才能滿足年長的消費者族群。

　　舉例來說，人們即將退休之際，會面臨一個困難的過渡時期，此時會變得對花費更為斤斤計較。例如在法國，50 ～ 54 歲

的家庭年購買力與 70 ～ 74 歲的家庭年購買力相比，平均差距為
18,000 歐元。到了 2030 年，這項差距預期會增加到 22,000 歐元。
54

　　上年紀的消費者面臨權衡取捨，因而迫使他們改變購物策
略。雖然還有工作尚未退休的消費者之中包含了較多的「聰明購
物者」（shop smarter），他們會在網路上尋找有議價空間的有品
牌商品，但退休的人傾向於尋求商品的價值，例如他們會選擇購
買超市自有品牌的商品。55

　　這是消費型態的第二個重要趨勢，年長者在即將步入退休
生活時，通常會減少在居住、外食及穿著上的支出：相反的，他
們會增加食材、醫療服務方面的支出。不僅如此，令人意想不到
的是，電子產品的消費比例也偏高。特別重要的是，他們支出重
點是擺在健康及保健上，以滿足他們對行動便利與獨立自主的需
求。

　　不管是產品還是服務，只要能滿足這些需求，都將在市場上
迅速取得一席之地。例如，達能集團（Group Denone）近期在西
班牙推出一款能增加骨質密度的新產品 Densia，該集團還計畫擴
大銷售範圍到其它歐洲市場，如法國。56

　　隨著新的消費世代進入這個快速成長的市場領域，隨時切合
這些消費族群需求，並且不一昧依賴早期所採用的做法是很重要
的。這一點尤其適用於快速成長的國家，例如中國。

　　以目前人口結構的發展趨勢來看，從現在到 2020 年，中國
將增加 1.25 億的老年消費者。他們的消費模式將可能不同於目
前退休的這一代，該世代曾經歷文化大革命，且對於可自由支配

的種類項目非常有限，例如只有 7% 分配在衣著上。

事實上，根據我們最新的中國消費者調查顯示，現年 45 ～ 54 歲的消費族群到了 2020 年會成為老一代的消費族群，而且他們的消費模式跟 34 歲至 45 歲的消費族群是很相似的，尤其是可自由支配的消費部分。因此，企業需要再次思考這些年長的消費者想要的是什麼。[57]

傳統家庭結構的改變將大大地影響老一輩，他們得學習去加入社群以及透過數位化設備以建立對外聯繫。線上平台及其它商業創新可以解決孤立感，尤其是獨居的老人們。

加拿大 ElderTreks 公司挖掘高齡者對異國探險之旅的渴望，專門提供銀髮族（50 歲以上）假期旅遊的服務。[58]印度的湯馬斯·庫克公司（Thomas Cook）推出了一個名為 Silver Breaks 的套裝旅遊方案，目標客群鎖定富有且超過 60 歲的老年人，提供交通便利、輕鬆行程及特殊餐食等特色的旅遊服務。[59]

而且隨著年長消費者愈來愈習慣使用科技產品，如筆記型電腦及智慧型手機，企業領導者應該預期他們會成為帶動這些產業成長的主要因子。例如，新加坡電信營運商 SinTel 有鑑於這個趨勢的發展，推出了銀髮行列專案（Project Silverline），鼓勵一般民眾捐贈舊款的 iPhone 手機，將維修後的手機安裝特別為銀髮族設計開發的軟體，並承諾提供一年期的免費通話及數據使用方案給受惠者（銀髮用戶）。[60]

建立產品知名度的廣告策略也需要做調整。針對高齡消費者的粗糙廣告一直是深夜電視節目中的主要笑梗來源，例如以拍掌聲切換燈光開關、成人紙尿褲，以及由老牌明星亨利·溫克爾

（Henry Winkler，在 1970 年代的情境喜劇《歡樂時光》（Happy Days）中飾演小范（Fonz）角色而成名）代言的反向房屋抵押貸款等。

　　不過對於抓住這些趨勢發展的企業來說，他們正以更精密和細緻的手法融入行銷活動中。在 2007 年，聯合利華旗下的多芬品牌，針對年齡為 54 ～ 63 歲的女性消費者，推出名為「親熟齡」（Pro-Age）的系列產品，包含了體香劑、護髮產品及肌膚保養產品等。

　　這一系列的新產品一上市便強力播送裸體模特兒的廣告，以挑動目標客群，即身上有老人斑、皺紋及白髮的女性。其中一個宣傳廣告在 YouTube 影音平台上累計超過 250 萬的點閱率。[61] 預期嬰兒潮這一世代步入老年的產品需求以及舊有的品牌形象，金百利克拉克（Kimberly-Clark）公司在 2011 ～ 2013 年間，針對深受消費者信賴的大小便失禁產品，巧妙地展開了一系列品牌重新定位的廣告活動。該廣告邀請了年輕且令人意想不到的名人——包括女演員麗莎‧蕊娜（Lisa Rinna）及多位前職業足球選手——共同表明他們願意將羞於讓外人知道的尿失禁症狀公諸於世，並展現使用這項產品可以讓自己的生活過得更加積極。[62]

針對年長者所設計的產品及服務

　　聰明的商人總會就消費者的結構特性及其它重要特徵，來區分出他們的核心市場。在世界各地，企業、非營利組織及公共機構正在開發迎合年長者的產品及服務，並以創新方式思考客戶的終身價值。俗話說：年輕人必須照料年長者。話雖如此，老年人卻愈來愈多了。

　　有關都市及社會照顧服務的設計，也需要將新的消費者（年長者）需求納入並重作思考。符合下列條件的住宅區，可能很快會成為主流，例如設有更多社區空間、專為老年人量身設計的活動、翻新改造後的公寓、鄰近醫療服務機構，以及公共基礎建設集中在以電動高爾夫球車代步即可到達的短距離。

　　1980 年代起，老化人口議題一直被排入新加坡的國家議程中。大眾運輸結合住宅政策，例如；「適合各年齡層的都市（City for All Ages）」專案，正逐漸讓社區變得更適合老年人居住。[63]

　　甚至在印度，眾人都熱烈地討論著「青壯年人口增長」的議題。在印度，60 歲以上人口已超過 1 億人；根據聯合國預估，印度 2050 年老年人口會增長至 3 億人。[64]2011 年，在印度成立了第一個國有銀髮族生活協會（Association of Senior Living）。它是一個商業公會組織，加入會員的公司都是專門服務小且零散，但又成長快速的銀髮族社區市場。[65] 房地產開發商，如塔塔房地產（Tata Housing）及馬克斯印度集團（Max India Group）都已宣布要建造專為老年人設計的住宅社區。

　　在私營部門，如零售、醫療保健、高科技、金融及休閒娛樂等公司都早已針對銀髮族開發適合他們的產品及服務，日本企業算是帶動投入老年人市場的始祖。通常購物中心都設計成青少年及年輕購物族的天堂，但在 2012 年，以零售為主的 Aeon 集團，在日本千葉縣船橋市開設了一間專為老年人設計的購物廣場。這也是該集團首次大力重整旗下 157 間購物中心，以開發 101 兆日幣（約 1.18 兆美元）的老年消費市場商機。[66]

　　在這間新開設的購物廣場，年長消費者可以搭乘運行速度比平常更慢的手扶梯、享受體檢服務，還可以購買食品雜貨，同時這些食品雜貨的售價標籤都以大字型列印，方便老年人查看。不僅如此，針對想要認識新朋友的消費者，該購物廣場提供了銀髮族交友服務（the Begins Partner program），或許這是開幕當天吸引 5,000 位消費者的原因之一。[67]

　　在銀行業，為銀髮族客戶提供客製化的產品及服務愈來愈常見。電話語音服務、線上服務、ATM 機台及臨櫃服務都有了一番大改造，以迎合客戶在視覺、聽覺及親臨櫃台申辦業務上的不同需求。

　　在加拿大，道明加拿大信託銀行（TD Canada Trust）開發了一個工具列，以操控電視搖控器的設計構想，幫助客戶可以很輕鬆地瀏覽網頁、調整字體大小及音量，並且能立即獲得操作協助。

　　巴西的布拉德斯科銀行（Banco Bradesco）則提供一組電話，方便讓有聽力困難的客戶使用。德國的德意志銀行（Deutsche Bank）開發了一款盡可能讓客戶沒有使用障礙的 ATM 機台，該機台還具備了盲人用的點字裝置及語音操作指示。[68] 在未來十年裡，以失智症及阿茲海默症為訴求，提供老年投資方案及防詐騙服務可能會成為市場主流。

　　除了調整行銷策略、產品及服務之外，企業與組織也必須去創新及構思新的產品。史提夫・賈伯斯（Steve Jobs）有句名言：消費者並不知道他們想要的是什麼，直到你在他們面前展示新的產品（或服務）。在新產品研發過程中，回應和預測消費者迫切的需要，往往會激盪出關鍵的創新點子。運用人力及金融資本，從根本上重新為年長者構想新產品，將可能產生顯著的效益。

在 2013 年，亞馬遜（Amazon）宣布了一項新的零售創舉——成立一間名為「50 歲以上活動及健康生活」的線上商店（the 50+ Active and Healthy Living Store），銷售營養補給、保健、運動及健身、醫療、個人護理及其他目的性的產品。該企業表示這項創舉是「提供 50 歲以上的客戶有一個可以很容易地尋找數十萬種積極增進健康生活之用品的平台」。[69]

在英國，薩嘉集團（Saga Group）特別為 55 歲（含）以上的客戶，開發從保險及旅行，到健康及約會等需求的產品及服務。該集團大概有 270 萬客戶，且 2014 年底市值為 17 億英鎊。[70] 以色列的 CogniFit 公司開發了一套腦力訓練軟體，能讓老年人評估他們自己的認知能力，並提供個人化的腦力訓練，該軟體透過行動裝置版本迅速散布到世界各地。[71]

在高科技產業，富士通集團（Fujitsu）將焦點放在銀髮族上，並擴大進行產品的改革開發。在 2013 年，該集團推出了第二代老年人專用的智慧型手機 Raku-Raki（意思為「簡單容易」或「自在使用」）。該款手機搭載安卓作業系統，針對老年人的手眼協調能力而設計，操作較為簡單，其觸控式螢幕就像按鈕般，只有上、下捲動螢幕的功能，且螢幕文字及圖示都大到足以直接看見，不須戴上老花眼鏡，甚至還可以減慢通話另一方的說話速度。

這款手機 2011 年銷售量超過 2,000 萬隻，之後該集團透過

各地的合作夥伴，將此款手機外銷至其它國家，如法國。[72] 到了
2014 年，該集團又發表一款內建導航系統的柺杖雛型產品，該
產品可以幫忙引導人們到想去的地方，同時允許被追踪。未來再
反覆創新研發，相信可以開發成具有監測心跳及溫度功能，並在
緊急必要時能求助他人幫忙的地步。[73]

　　這項雛型產品仍在研發階段，但它代表了一個重要的隱喻，
具有消極的意涵。大多數消費者終其一生都希望避免使用到柺
杖，因為它就是衰弱的代名詞。不過，高科技伴隨著我們對市場
不斷變化的認知，已經迅速地改變及重置我們既有的想法。這個
產品是預先（為使用者家人）設想的、非常有用的、較能擺脫衰
弱的汙名且能增加使用者的自主性。

　　換句話說，這個柺杖是可行的。

Chapter

4

人民、貿易、金融、資訊：
更連通的國與國

今日，知識密集型商品，如藥品、半
導體及飛機幾乎占了總貿易價值的一
半。⋯⋯20 年前，典型的交易標的
可能是一件 3 美元的 T 恤；現在則
可能是一顆美元 30 分的藥丸、一本
3 美元的電子書，或者一台 300 美元
的 iPhone 手機。

上海商業區不規則地擴展，提供了全球化發展歷程（從過去、現在到未來）的最佳寫照。黃浦江劃了一道弧形，河道分割了兩岸，越過了外灘就是 Beaux-Arts 企業總部的建築，該建築建於 19 世紀西方列強入侵的殖民時期。位在東邊河岸的浦東，30 年前曾是一大片稻田及村莊聚落，今日則發展成為現代金融中心。

閃閃發光的摩天大樓──中國工商銀行（ICBC）大樓、匯豐銀行大樓、花旗集團大樓、德意志銀行大樓──是全球金融巨擘聚首在中國、大量進出資金的門戶。從這裡出發，磁浮列車不斷地在 18 英里遠的浦東國際機場，以 7 分鐘的時間來回運輸遊客及商務人士，在 2013 年間已有 4,720 萬人次旅客進出此大型航廈。[1] 雖然接駁渡輪仍不斷在都市的碼頭間運行，但在大型的洋山港已有了變化。作為世界上最為繁忙的港口，透過 20.2 英里長的東海大橋連接內地，在 2013 年進出約 3,200 萬個貨櫃，是 2004 年處理貨櫃量的兩倍。[2]

在上海及中國的貿易，已不再只是單純將製成品以美元及歐元計價，再將商品運往美國和歐洲。貨物、服務及人民間的交流，正透過所有入境上海的港口進行，其流量大小及成長幅度是值得注意的。從剛果運來的石油才一抵達，組裝好的摩托車就要運往越南，遊客飛往巴黎，經由銀行的投資資金流進了內地工廠，基金則流出去購買紐約的債券。像這樣如此熱絡的活動，具體展現在加快的步調、強度、全球往來的複雜度上，並在人與人、貨物、服務、資金及資訊之間帶動更多交流。

這些趨勢潮流已興起數十年，全球往來一直伴隨著經濟成長增加，只不過長期的趨勢正在加速。在 20 世紀，事物推動總是緩慢地沿著可靠的路徑，從一點推進到另一點。到了 21 世紀，事物、人與人及資訊的交流速度加快許多，通常像音速般，但有時則像光速般。

同時在全球化的第二波發展浪潮下，跨國間的貨物、服務、資金及人與人的交流，正迅速成長及散布。在新興國家間，顛覆性的經濟力量帶動與助長地方繁榮，且隨著網際網路及數位科技的普及，全球往來更為頻繁，這些力量也正改變遊戲本質。每過一年，就有更多的貨物、服務、人與人、資訊及資金由某地流往另一處。這些交流每年為全球 GDP 貢獻 15％至 25％的成長，如果這些顛覆性力量能持續發威，那麼到了 2025 年將能增加三倍的交流量。[3]

少數國家及企業未搭上這股浪潮。荷蘭皇家殼牌公司（Royal Dutch Shell）北極區執行副總安・皮卡德（Ann Pickard）提到：「我認為這個世界還沒完全相互連結，就像我們接通了阿拉斯加，但想著挪威、又想著格陵蘭，相互連結性變得絕對重要。[4]」全球經濟網路更錯綜複雜，這些交流同時代表著機會及潛在危機。

一直未能招攬更多新客戶的企業，得同時開發新資金來源並尋找新的供給和需求來源。但是，全球相互連結的擴大也會使互通管道激增，這些管道造成的震盪可跨越產業及邊界。一個看似在偏遠地區的破壞事件——例如日本的地震災情、烏克蘭的政治危機，或者希臘的財政危機——可能會對全世界瞬間造成影響。為了善用這個能量且不受到衝擊，企業主就必須了解這些連結互動對企業營運有何影響，然後藉此重置直覺。

全球化的新一波浪潮：商品及服務的交易

　　貿易成長趨勢得經過一個世紀的時間才能看得出來；整體而言，受惠於貨櫃化運輸及有效運輸網路配置，全球貿易已加速成長，如今有許多新的技術及網路正增強這波成長趨勢。在新興經濟體的消費者和企業正在重塑、強化及深化全球化的歷程，供應鏈網路正變得愈來愈複雜，而且涵蓋更大的地理範圍。而商品和服務的種類正以前所未有的速度及規模，推廣並銷售到世界各地。隨著 2009 年全球經濟振盪不已的走勢——這是自 1944 年全球經濟萎縮來的第一年——全球連結及交流的速度已快速增長到超過單一經濟體的內部互動：[5]

- 在 1980 ～ 2012 年間，總商品貿易價值以 7％的年複合增長率成長，而服務貿易價值以 8％的年增率成長。[6]
- 同一期間（1980 ～ 2012 年）受到供應鏈快速擴展，商品流量的價值增加將近 10 倍，從 1.8 兆美元一舉增加至 17.8 兆美元，並占了全球 GDP 的 24％。[7]
- 受到國際通訊成本大幅下滑以及旅行大幅成長的刺激下，全球服務流在 2001 ～ 2012 年間成長將近三倍之多，從 1.5 兆美元增加到 4.4 兆美元，占了

全球貿易路線擴展，
貿易型態也日益複雜

各地區間的總貿易流量[1]

----- 美元 500~1000 億
━━━ 美元 1000~5000 億
▉▉▉ 美元 5000 億以上
● 全球貿易占比 (%)

1990 美國及西歐是全球貿易流動的樞紐中心

區域間的貿易[2] = 1.9 兆美元

2013 當亞洲及中東成為交易大宗，
全球貿易流動變得像一張縝密的網狀路線

區域間的貿易[2] = 11.2 兆美元

1 僅包含商品。
2 此金額不包含單一區域內各國間的貿易流動。如果區域內的貿易流動是涵蓋在內，那麼 2009 年的總貿易金額為 18.3 兆美元。針對 2013 年的整體貿易預估，資料分類計算至 2011 年 8 月。2011 年 2 月及 2014 年 5 月更新。
資料來源：全球洞察：世界貿易服務；麥肯錫全球研究所的分析

全球 GDP 的 6%。[8]

- 到了 2011 年，全球商品及服務貿易總額已超過 2008 年的水準。今日全球貿易比過去任何時候都更加頻繁、密集。2012 年商品、服務及金融的跨境流動高達 26 兆美元，占全球 GDP 的 36%，是 1990 年占比的 1.5 倍。[9]

國際貿易並不單是在交易量上的成長，它的成長面向就像一條流經三角洲的河流，不斷擴大與擴展。在 1990 年，有超過一半的商品流量在已開發國家之間流通，典型交易可能是一輛豐田的 Celica 汽車由日本銷往美國。但在 2012 年，這類型的交易只占所有商品流量的 28%。[10]

自 1990 年，隨著亞洲成為最大的貿易地區，貿易路線已從以美國及西歐為樞紐中心，演變成擴展到全球的網狀路線。現今，新興經濟體占所有商品流量的 40%，而剩餘的 60% 則流往其它被稱之為南南貿易的新興經濟體。

在 1990 年時，南南貿易只占全球商品流量的 6%，到了 2012 年則成長至 24%。[11] 例如，這類貿易可能是一桶從剛果運至中國的石油，或者將種植在巴西的黃豆輸往馬來西亞，又或者是把印度的製藥運送至阿爾及利亞。

中國與非洲的雙邊貿易已急遽增加，在 2000 ～ 2012 年間，從 100 億美元增加至近 2000 億美元。[12] 新興經濟體之間的貿易很可能會繼續成長，因為全球貿易的份額在這些國家增長，連帶也增加了當地人民的收入，促使更多消費者對各式商品的購買欲望，而這也會讓商業活動蓬勃發展。

　　科技改變了貿易方式，從原為幾家大型企業獨有的商務活動範疇，移轉到各類型的企業，甚至是個人也能參與的活動。像eBay及阿里巴巴等這類型的線上平台，促進了生產及跨境交易。超過九成的eBay專職賣家銷售（輸出）商品至其它國家；與傳統小型的企業相較，將商品銷往國外的企業不到25％。[13]

　　同時，交易的商品種類也正在改變。在過去，全球商品流量中，以低生產成本地區所製造的勞力密集型商品，以及原產於資源豐富國家的商品占了大宗。今日，知識密集型商品，如藥品、半導體及飛機幾乎占了總貿易價值的一半。知識密集型商品的貿易增長速度，比勞力密集型商品（如服飾及玩具等）還快30％。[14] 20年前，典型的交易標的可能是一件三美元的T恤；現在則可能是一顆美金30分的藥丸、一本三美元的電子書，或者一台300美元的iPhone手機。

財務金融

　　數十年來，石油一直是主要的流動資產，並銷售至世界各地。過去石油因價值高而被稱為「黑金」，但今日受到另一樣在市場上快速流通的有價之物——貨幣——的影響，石油在全球的流通表現上已黯然失色。

　　財務金融有助於貿易，而且資本流動已自成一個現象。要運送一大筆資金和存款，的確比運送石油或鞋子還簡單得多——無須把電子貨幣放在油輪或貨櫃船上。所以，自1990年以來，財務金融全球化的發展速度比貿易全球化還快，也不令人驚訝。

　　在 1980 ～ 2007 年間，年度跨境資金流量由 0.5 兆美元增長至 12 兆美元，達到高峰。之所以會有 23 倍的巨幅成長，與歐洲貨幣及貿易整合化有很大關係。[15] 在 2008 年金融危機之後，這類流量大幅下滑，然後又出現反彈。在 2012 年，資金流量預計會來到 4.6 兆美元，幾乎是 1990 年水準的五倍。[16]

　　隨著實體商品的貿易發展，資本流動正變得更加多元且複雜。在開發中國家，私人資本流量的長期收受者，正成為全球外國直接投資的來源，而且無論在深度及廣度上，跨境投資資產的網狀組織皆不斷成長。例如，據報導，前葡萄牙殖民地安哥拉投入 100 ～ 150 億美元到著名的葡萄牙資產投資，其中包含了媒體、銀行、電信及能源等產業。[17]

　　印度資訊外包巨擘「印福思科技公司」（Infosys）創始人之一希布拉爾（S. D. Shibulal），其所屬的投資辦公室已在美國西雅圖地區購買超過 700 間公寓。[18]2014 年 5 月，中國乳製品公司光明食品（Bright Foods）為獲得以色列乳品公司 Tnuva 的主要股權，支付了約 10 億美元。[19] 新興經濟體的資本外流量從 1990 年全球總量的 7％，增加至 2012 年的 38％。[20]

　　資本市場是展現全球貨幣瞬間變化萬千的主要國際舞台；但今日，大咖玩家並不僅集中在紐約、倫敦及東京等傳統權力中心，他們也在阿布達比、孟買及里約熱內盧。雖然在 2000 ～ 2010 年間，美國及西歐的家庭資產以每年平均 3％至 4％的比例成長，但在新興市場，其家庭資產的成長速度更快。例如，在中東及北非的年成長率為 23％，在中國則為 16％。雖然新興國家的總資產仍比已開發國家少了許多，不過他們正在迎頭趕上。[21]

　　在 2008 年金融危機發生及過後，財務金融全球化的力量的確被嚴重削弱。到了 2012 年，跨境資金流量從 2007 年的高峰下跌 60％。[22] 不過，長期趨勢仍保持完好。隨著全球金融及銀行系統進行重組、修復，成為更好的資金供給機構，同時在更有效及更具協調性的管理之下，金融體系可以有效復原並使金融全球化快速恢復成長。

人與人

　　人也一樣，有愈來愈多人與世界各國相互連結。雖然到世界各地旅行、工作及學習的人數在這幾個世紀中有穩定地成長，但在過去幾十年間，從事這些活動的人數是呈現爆炸性成長。只要人們搬到都市並賺取較多的收入，想移居國外或到國外旅行就變得更為容易。

　　根據聯合國經濟和社會事務部的統計，國際移民人口——從出生就居住在國外的人——在 1960 年為 7500 萬人，到了 2013 年成長為 2.32 億人。[23] 在 2010 年，移民率是 1990 年代的兩倍。其中，有個移民新特性是，在開發中國家間的移民成長速度，比從開發中國家移居至已開發國家還來得更快。勞動市場也是如此，首次成為真正的全球大融爐。而且，這個現象表露出收入高低和工作技能間的關係（例如想要爬到收入階梯較高的位置，就要具備較專業的工作技能）。

　　在 1994 ～ 2006 年間，國外出生的科學家及工程師，與美籍科學家及工程師在美國工作的比例為 2：1。同一期間，在矽谷有超過一半的新創公司有國外出生的科學家或工程師參與，其中四分之一為印度或華人移民。[24]

自 2012 年起，為了追求更高的收入，有 30％的羅馬尼亞籍醫生離開祖國，移居至富裕的歐盟國家，如英國、德國及法國。[25]超過 13 萬的孟加拉外勞在最富有的海灣國之一卡達工作，其中許多人正參與 2022 年世界盃足球賽的體育館興建工程。[26]

資深駐外記者霍華德‧弗倫奇（Howard W. French）在他所撰寫的《中國的第二個大陸》（China's Second Continent）一書中引用一個共識估計值，即在過去 20 年裡大約有 100 萬中國公民遷移到非洲。在拉丁美洲，相對更加繁榮的南部國家，如智利、阿根廷及巴西，正在發揮吸引力，吸引鄰近國家的人民移居該國工作，就像位在北美洲的美國吸引鄰近的加國人民到該國工作一樣。

在布宜諾斯艾利斯，許多計程車司機和絕大多數的蔬果小販都是玻利維亞人。根據國際移民組織的報告，自 2001 年起，在阿根廷的玻利維亞人數已增長了 48％，到達 34.5 萬人，而且位在該國的巴拉圭及秘魯人口成長得更快。[27]

人們到外地去，不只為了工作，世界觀光人口也呈指數型成長。在 1950 年，出國造訪過其它國家的人數只有 2500 萬人，但在 2013 年，國際旅客就超過了 10 億人。這個影響相當巨大，不只是國際旅客的消費有助於刺激當地經濟，還包含豐富的文化及知識上的交流。

據估計，全球觀光業對 GDP 貢獻了 2 兆美元，而且創造了超過 1 億個就業機會。[28] 在 2013 年，有超過 1.1 億名的美國公民申請持有合法的護照；這個數量比 2000 年多了一倍。[29] 另外，有超過 1 億名的中國旅客計畫在 2020 年出國旅遊。[30] 巴黎的拉法葉百貨公司（Galeries Lafayette）為了因應愈來愈多中國遊客，甚至設立了亞洲部門。在美國科羅拉多州「韋爾山」（Vail Mountain）山頂的滑雪勝地，很常見到由澳洲教練教導墨西哥滑雪者如何順利通過黑道坡度等級（black diamond slopes）的雪道。

同樣地，有許多學生跨越國境到海外求學。目前在美國大專院校中，有超過 75 萬的國際學生，比 2006 年的人數多了 20 萬人，而且當中有四分之一來自中國。[31] 位在芝加哥郊外的森林湖學院（Lake Forest College），是一所小型的人文學科教育機構，在 2015 年入學的 410 位新生中，有 63 位（15％）是來自 33 個不同的國家。該校校長史帝芬・舒特（Steven Schutt）在任職期間，花了一部分時間在各地招募新生──不只在紐約及波士頓，還跨足到上海及北京。他指出：「美國的教育是一個可以行銷到世界各地的好品牌。」[32]

資料及通訊

在最近幾年，最引人注目的變化，也許是在世界各地瞬間變化萬千的資訊。目前全世界已有超過三分之二的人口使用手機，而且人數還在迅速增加中。新加坡國立大學李光耀公共政策學院院長馬凱碩（Kishore Mahbubani）提到：「今日，手機比人還多……而且我們幾乎不用花什麼成本，就可以透過網際網路服

務，如 Skype，聯絡到位於世界任一處的朋友」。「這樣的電信
密度意味著人們已相互取得連結，而且這在歷史上是從未有過的
程度。」[33]

　　全球有三分之一的人口都在使用網路，臉書用戶數超過 13.5
億人，相當於是全世界最大國家的人口。在 2000 年，全球網路
的月流量從 84 拍位元組（petabytes）增加到 2012 年的 40,000 拍
位元組──呈現五倍的成長幅度。在過去 10 年間，撥打至國外
的語音流量已成長超過了兩倍，而且 Skype 的通話分鐘數從 2008
年起已增長超過 500％。[34]

　　這些連結方式已帶來巨大影響，而且未來的影響將更加劇
烈，尤其是開發中國家。現在，網際網路相關的消費及支出已比
全球農業或能源產業還大。[35] 在 2005 年，經濟發展強勁國家的
行動通訊用戶──依據經濟發展規模及活力，全球已有 30 個重
要國家──占全球行動通訊用戶 53％，而且在短短五年後，其占
比增加至73％。到了 2015 年，預計全球 27 億名網際網路用戶中，
有 16 億很可能是來自這些經濟發展強勁的國家。[36]

　　在許多人口眾多的地區，仍有很大的行動通訊用戶成長空
間。在 2001 ～ 2012 年間，非洲的行動通訊用戶已迅速增加，由
原本不到 2500 萬增加約 7.2 億。[37] 這已經大幅擴展當地人民進入
市場及使用服務的機會，而且行動電話對 GDP 所造成的影響，
是已開發國家的三倍之多。

　　不過，網際網路在非洲的普及率未見提升，反而發展遲緩，
而且網際網路在非洲對 GDP 的貢獻平均只有 1.1％，相當於其它
新興經濟體的一半。[38] 雖然網際網路在非洲大陸的普及率大概只

有 16％，但在都市人口中，有 25％居民每天會上網，其中以肯亞人（47％）及塞內加爾人（34％）領先。[39] 這個上網用戶的差距，代表著有莫大的經濟發展機會。到了 2025 年，非洲的網際網路用戶可能有四倍的成長，將達到 6 億人，同時使用智慧型手機的人口可能成長五倍，來到 3.6 億人，而這將使網際網路產業每年對 GDP 的貢獻達到 3,000 億美元。[40]

Rocket Internet 是一間總部設於德國的全球數位育成中心（創投公司），在 2013 年與南非行動網路營運商 MTN 達成一項 4億美元的投資計畫，要在中東和非洲成立數家電子商務新創公司。[41] 該合資公司將提供 Rocket Internet 公司以接觸大量新客戶，並允許該公司加速調整可行的商業模式。Rocket Internet 公司在非洲成功的例子包含了 Jumia 電子商務平台（仿照亞馬遜網站）、Easy Taxi 計程車招呼行動裝置軟體（仿照 Hailo）、Carmudi 汽車分類廣告平台及 Jovago 飯店訂房系統等。[42]

為何全球化如此重要？

多元化的興起，以及全球化反應在各層面（如貨物、服務、資金…）的力量不僅迷人，而且對全球各國企業非常重要，原因如下進行探討。

第一，只要有更多的對外連繫管道，就能更能獲利。儘管隨著網際網路的普及，有些公司和工作者已經或將被取代，但有研究進一步強化、支持長期持有的經濟學理論，表明參與全球化的流動，對國家、都市及企業都能獲得一定的淨利。在已開發經濟體，跨國企業伴隨其遍佈全球的客戶、供應商及人力資源，易於在營運成長及生產力上達成更好的績效。在 2008 年金融危機之前，屬於美商的跨國企業，雖然占比不到 1％，但他們卻能產生 25％的毛利潤、41％的生產力，而且其研發支出近乎占了所有私人產業研發支出的 75％。[43]

全球連結對國家來說，當然也是重要的！全球流動對全球 GDP 成長，每年增加 2500 ～ 4500 億美元（15％～ 25％）的貢獻，而且有助於參與全球流動的國家有更好的經濟成長表現。實際上，與各國連結最緊密的國家，透過全球化在各層面的流動，其 GDP 成長預期會比鮮少與各國連結的國家，增長 40％以上。[44] 在 2012 年，德國被世界排名為與各國連結最緊密的國家。[45]

在過去 20 年間，由已開發經濟體和大國主導的排名，還是有一些新興經濟體交出亮眼成績，擠進世界排名。例如，印度和巴西分別躍上第 15 名及第 16 名，而這都要歸功於他們參與了全球的服務流動（印度）以及貨物與資金流動（巴西）。此外，中國因參與貨物與資金流動而上升五個名次，摩洛哥則是名次上升最快的國家，在此次排名中一舉上升 26 個名次。[46]

第二，全球相互連結的關係不僅正改寫遊戲規則，同時也是改變（企業）競爭基礎的主因之一；這部分我們將在第 9 章進行更多探討。全球流動的新全貌，提供更多的入口去接觸更多的玩家。來自新興市場的大型企業正面對日益強大的競爭對手，傳統產業的界限愈來愈模糊，小型企業及新創公司可以立即進入全球市場。

過去，是已開發國家的跨國企業相互競爭，而今日，企業的

與各國連結最緊密的國家排名

相互連結指數，2012 年 [1]

參與程度的百分比位數（選擇的國家）
■ 1–10　■ 11–25　■ 26–50　□ > 50

流動的層面

	貨物	服務	資金	人與人	資料與通訊	排名變化 1995-2012 年 [2]
1 德國	■	■	■	■	■	+1
2 香港	■	■	■	■	N/A	-
3 美國	■	■	■	■	■	-1
4 新加坡	■	■	■	■	■	+1
5 英國	■	■	■	■	■	-1
9 俄羅斯	■	■	■	■	■	-
16 沙烏地阿拉伯	■	■	■	■	■	+19
20 南韓	■	■	■	■	■	-
21 日本	■	■	■	■	■	-1
25 中國	■	■	■	□	□	+5
30 印度	■	■	■	■	□	+16
43 巴西	■	■	■	□	■	+15
47 阿根廷	□	■	■	■	■	-6
49 南非	■	■	■	□	■	+4
53 摩洛哥	□	■	■	■	□	+26

1「人與人的流動」採用 2010 年移民資料；「資料及通訊流動」採用 2013 年跨境網路流量；完整國別資料可透過下載完整報告（Global flows in a digital age: How trade, finance, people, and data connect the world economy）取得

2 由於無法取得 1995 年的資料，計算中不包含「資料及通訊流動」

資 料 來 源：資 訊 處 理 服 務 公 司 的（Information Handling Services, IHS）經 濟 與 國 家 風 險 報 告； TeleGeography；聯合國 Comtrade 資料庫；世界銀行的世界發展指標；世界貿易組織；麥肯錫全球研究所的分析

競爭對手可能來自世界各地並以不同經營型式及規模呈現的個人或企業，甚至也可能是來自意料之外的產業。換句話說，如果今天有間公司握有能吸引數百萬人的資料及平台，但沒有一個行業認為它具有商機，這應該會「難以置信」吧！

第三，全球的流動，提供企業能以新的方式有效使用資產。大型企業可以調動資產負債表上的現金資產，提供其它企業融資及從事投資合作，共同開發新興市場，就像奇異集團在非洲所發展的業務。

對奇異集團而言，非洲是經濟發展最看好的其中一個區域，2013 年該集團在非洲區域營收已達到 52 億美元。隔年（2014），奇異與世紀挑戰集團（Millennium Challenge Corporation）合作，提供 5 億美元的融資來協助推動迦納 1000（Ghana 1000）專案－在迦納西部興建一座能輸出 10 億瓦電力的大型發電廠。[47]

除了利用有形的資產，企業也能運用知識、長處（擅長的能力）及資料等無形資產，來協助全球流動的參與，有些企業是為了慈善目的而這麼做。可口可樂利用其在撒哈拉以南之非洲地區的市場配送專業，來管理某些非洲國家（如坦尚尼亞）的愛滋病藥品儲藏及運送。可口可樂的執行長穆泰‧康（Muhtar Kent）對此表示：「我們公司並沒有出借卡車、員工或者摩托車」。「我們所提供的是我們的專業。」[48]

最後一點，一個更緊密相互連結的世界，會帶來一些驚人的新成果。在幾十年前，一個像希臘小型經濟體的「主權債務違約」（sovereign default），是很難在全球金融市場中被發現。（的確，希臘自 19 世紀獨立以來，已拖欠其債務大半個世紀之久。）[49]

　　但隨著歐洲單一貨幣的施行以及金融產業的高度整合，希臘的財務危機威脅到德國、法國及英國等地的銀行。同樣地，自然災害或看似孤立地緣的政治衝突都可能打亂供應鏈，或阻擾全球玩家進入市場，商品價格也會呈現出有趣走勢。

　　自 1970 年代石油危機後，目前商品價格與石油價格的關連性，比任何時候都來得大。在 1980 及 1990 年代，商品價格（如玉米、小麥、牛肉及木材）的變化，都與石油價格波動沒有很大的關連性（以木材為例，甚至呈反向的關連性）；但現在它們卻習習相關並呈正向關連性。

　　這個現象可以從幾個要素來解釋：對開發中大國（如中國）的資源需求增多；有些資源（石油）是其它資源（穀物）的實質投入成本；還有，在技術精進下，使得資源得以替代（像是以玉米提煉的乙醇）。這麼多年來，受到日益增加的關連性、對資源激增的需求，以及供給的限制，使得商品價格的波動更為頻繁。

　　在商機及風險並存之下，反應敏捷的企業在處理這類騷動時，將具有顯著優勢。事實上，具有良好敏捷措施（如年復一年地調整資金重新配置）的企業，能以低風險狀態下展現絕佳經營成效。根據超過 1,600 間的企業資料，我們發現，以回饋給股東的完全回報（total return）來看，前三分之一最敏捷企業（即每年擁有最高的資金重新配置率之企業），比最不敏捷的企業（即每年維持固定的資金重新配置率）多了 30％。[50]

　　汽車產業就是一個日益重視作業靈活度的實例，最近幾年，福斯集團（Volkswagen）已走向可提供更高靈活度的模組化生產架構，以便在相同的組裝線上，生產幾款不同的汽車。[51]BMW

汽車透過可以在不同廠區移動的機器人 Mobi-Cell，能讓資產敏捷性達到最大化。豐田汽車標準化的生產設計以及一系列跨模組的生產流程，能確保達到更高的靈活性。

其它產業也一直努力讓作業變得更靈活；通常，他們是透過分享資訊以及與供應商更為密切合作。Helix 是一家生產高效能吸塵器幫浦的公司，該公司改變原本製造流程，將其稱為子流程，並將各個子流程分享給供應商。萬一 Helix 的工廠遭遇突發狀況而無法生產，其供應商可以很容易接手並進行部分的製造流程。美國某間零售商龍頭透過一套整合資訊系統，與供應商分享銷售資料，以便供應商可以即時獲得商品的銷售狀況。[52]

適應一個相互連結的世界

多年來，大多數管理階層都以涵蓋全球的角度來思考。但對於多數已開發經濟體的跨國企業而言，他們在新興市場仍不成氣候、未占有一席之地，即使這些新進入者正積極地拓展市場，但若想加速進行全球的相互連結，則必須改變其直覺看法。

他們對於全球業務擴展、實業模式調整必須及早計劃，才能順應新的市場、了解新的競爭對手、培育全球人才，並為日益相互依存的世界經濟可能出現的衝擊與波動，做好準備。對於將焦點放在透過全球供應鏈來達到成本效益的企業，現在則需要去思考「價值鏈」可能會如何進化？意即可能需要哪些參與者、哪些區域可能發揮作用，以及價值會如何沿著價值鏈變化。

正如一個世紀前，電力的發明是推動世界進入工業化經濟更高速運轉的重要因子，現今的經濟力量正提供類似的潛能，促使全球經濟在各層面的流動，加快全球化的發展。現存的企業需要為新一波的競爭浪潮做好準備，由低成本開始推進，並在新時代中擴大業務規模。從全球經濟在各層面的流動中抓住機會，企業領導者必須從中重新思考企業實體據點的設置、數位平台的使用方式、所面臨的競爭及潛在衝擊的前景之中有何機會。

準備進入任何一個新市場

　　企業巧妙做好市場定位，以取得在全球經濟流動上的優勢是很重要的一件事。同樣地，無論企業規模大小、成立了多久，科技變革正提供他們能立即躍上國際市場的絕佳機會。新創公司能馬上利用全球網路找到合適的人才（如透過 oDesk 委外開發管理平台）、募得資金（如透過 Kickstarter 公眾集資平台及 Kiva 小額貸款機構），以及透過許多線上平台取得供應商（如 eBay 及 Amazon）。我們將這類在全球一成立即快速成長的企業，稱為「微跨國企業」（micro-multinationals），幾乎所有科技新創公司在一成立就有些跨境聯繫（cross-border links）。

　　總部設於柏林的 Solar Brush，正是眾多新興微跨國企業中的其中一家，該公司已發展出能夠清潔太陽能面板的輕量級機器人。這家公司位於智利的辦公室已針對華盛頓特區提出了一項商業競爭計劃，並將目標客戶鎖定在全美及中東地區。[53] Shapeways 是一家由多位荷蘭企業家所創立的公司，其總部設於紐約，專門為全球客戶提供 3D 列印服務，並透過一個平台來銷售 3D 列印的設計。[54]

　　這種一上線就能接單做生意的現象並不侷限於科技及數位產業，即使是傳統產業（如製造業），也愈來愈常見到小規模企業實行傳統跨國企業的做法，在各國設有生產據點，並能在全球營運。在英國，許多小型及中型的工程公司提供全球客戶服務，能在低成本策略下，在高度經濟發展的地區經營多間工廠。Bowers & Wikins（B & W）是英國一家專門生產高級音響、營業額超過 1 億英鎊的公司，該公司在中國特別投資興建一座工廠，使得他們能以更低廉成本生產原有產品模組。[55]

　　Colbree 是一家電子及軍事設備零件的製造商，其工廠設在英國及泰國。該公司的總經理羅勃特・克拉克（Robert Clark）解釋：「泰國廠對我們的幫助很大，除了能增加新客戶，還可能因工廠設在亞洲的關係，而透過降低成本獲益」。「但同時間，股東希望看到我們將最先進的生產技術留在英國。」[56]

　　這些立即進入全球市場的新進入者，並不是全都來自於已開發經濟體。在快速成長的開發中經濟體，每年有超過 14.3 萬家新成立的網際網路相關公司。[57]

　　像 Jumia 是奈及利亞的一家電子商務公司，該公司在象牙海岸、肯亞、埃及及摩洛哥皆有業務；在 2013 年，該公司成為首位非洲獲得世界零售獎（World Retail Award）「年度最佳新進零售商」（Best Retail Launch of the Year）的獎項。[58]M-pesa 是一家從肯亞開始提供行動錢包服務的公司，現在已打破傳統銀行業務及支付作業，成為整個非洲的匯款服務提供商。

建立新一代全球化及數位化的商業生態體系

數位平台讓企業能比過去更能觸及到本土市場以外的客戶，並能因此快速地拓展業務、擴大盈利空間。建構範圍從全球供應鏈到產品（服務）創新網路的跨境商業生態體系，可以幫助企業取得上述機會的優勢。

許多企業正利用全球的相互連結及數位平台，建構供應商、批發商及售後服務商的網路。這麼做不只為了採購，也為了搶先維持產品的供給，減少停機無法生產的時間，並達成更有效的零組件供應。Boeing Edge 是波音公司（Boeing Co.）新成立的服務事業部，其成立宗旨是在尋求從傳統的航空設備供應商轉型成為一家更像「數位化的航空公司」。

該公司打算使用航空業務所產生的海量數據資料，來開發一個整合資訊平台。透過連接來自飛機、客機工程師、維修組、操作組員及供應商等即時性資料，波音公司相信這可以幫助其客戶，即航空公司，在效率、利潤及環保表現上達到最大化。[59] 而且隨著像波音及空中巴士這類企業推動使用個別零組件的數位追蹤系統，像富士通及 IBM 等合作廠商，也正因他們所研發的 RFID 及其它自動化智能追蹤產品及服務，而成為航空業生態體系的一環。

企業也依賴透過數位平台來接觸潛在的合作夥伴，聯繫客戶、供應商及金融家，還有獲得大眾的想法。網路平台 Etsy 提供獨立工匠在線上銷售各式手工製品，該平台連接了全球 3,000 萬個買家及賣家，並且可作為 21 世紀數位化商業生態體系的案例。這家業者最近與 Kiva 小額貸款機構合作，幫助其工匠透過群眾集資來募得資金。除了提供一個數位化入口網站，供買家與賣者相互連結外，Etsy 還提供設計師有關供應商的聯絡資訊以及創業教育。在 2013 年，Etsy 創造了超過 13.5 億美元的總銷售額，較 2012 年成長了一倍。[60]

阿斯特捷利康（AstraZeneca）藥廠在 2014 年推出了數位化開放式創新平台，目的在連結英國醫學研究理事會（UK Medical Research Council）、美國國家衛生研究院（US National Institutes of Health）及其它各國（如瑞典、德國、台灣、加拿大）類似組織的研究人員和學者。[61]

包括聯合利華及寶僑等包裝消費品公司（consumer packaged goods companies），通常會請客戶加入新產品開發。例如，聯合利華的「挑戰及必需品」（Challenges and Wants）數位入口網站是一個用來建立創新合作夥伴的工具，其合作議題包含從可持續發展的衣物清潔用品到產品包裝的改良。[62] 還有，德國的設備製造商 Bosch，利用其創新的入口網站來與個別的及專門機構的研究人員取得聯繫，以進行電動工具、新的材料與外觀，以及汽車售後零件維修市場的合作。[63]

利用你在全球流動中的定位

已發展成為某些流動類型（如貨物、服務、資金⋯）樞紐中心的國家和城市，也已建立了競爭優勢。企業到這些國家或都市設點開發，也將同樣能受惠。

　　以美國為例，在人與人的流動程度上，該國被排為全球第一。[64] 廣義來說，總部設於美國的公司，在吸引全球人才的能力是所向無敵的。那些被定位為樞紐中心的城市，早已是全球的重要都市——如金融中心紐約、能源重鎮休士頓、娛樂之都洛杉磯——而且會特別適合去發展這些領域。

　　外資企業家對矽谷的影響非常重大，在矽谷，有三分之一到二分之一的高科技新創公司，其創辦人都有非美籍人士。非美籍居民占矽谷人口 36%，幾乎是居住在全美外籍人士占比（13%）的 3 倍之多。相較全美 29% 的平均水平，在矽谷 46% 的成年人，至少都擁有一個學士學位。外籍人才往往在美國接受大學教育並提供重要工程技能，若沒有了他們，可能會阻礙矽谷的成長。[65]

　　再以法蘭克福做為另一個例子，該城市在全球資料及通訊的流動程度上，排名最高，而且它也是德國商業網路交流的中心，處理超過三分之一的歐洲網際網路流量。[66] 超過 5,000 家軟體廠商的總部都設於法蘭克福，如 SAP 及賽門鐵克（Symantec）公司。該城市也是德國的樞紐中心，凡在此設立服務據點的企業都可以受益於超大頻寬並獲得相關的連結資源，如金融服務和遊戲產業的發展。

　　諷刺的是，即使能在同一地區內進行即時通訊，企業領悟到，將人力密集作業安排在實際相鄰地區的好處是讓其它公司也能受惠。於是，在 20 世紀末期，許多企業試圖在北美郊區的廣大校園及辦公室園區，設置他們自己的辦公場所。但是，將企業總部設在一處，與外界隔離的效應往往被證明是沒有效益的，而且會被那些希望公司能更融入城市的工作者所離棄。

　　如果你的公司未享有設置在主要樞紐的優勢，便可以考慮將「公司搬遷到樞紐中心」列入待討論的議程中。西方的跨國企業早已將他們部分業務移至新加坡，因為該國是亞洲貨物、服務及金融流動的主要通道。相對於新加坡在全球 GDP 的貢獻，該國擁有最高的區域總部設置密度。除了中國，設立於其它亞洲新興國家的大型外資企業，幾乎有一半都在新加坡設有子公司。[67]

　　這麼做的企業包括寶僑公司，該公司在 2012 年將其保養品及嬰兒用品（beauty and baby-care）事業部由美國辛辛那提市移至不斷成長的亞洲市場。[68]2013 年，聯合利華公司在新加坡成立一個最新、最先進的領導力發展中心，這是該公司第一個設置在英國以外的訓練中心。[69] 在 2009 年，英國勞斯萊斯汽車（Rolls-Royce）將其海運業務由倫敦移至新加坡，也是因應亞洲已崛起成為世界航運中心。[70]

相互連結的世界裡，更要反應敏捷

　　促進全球相互連結，也意味著要重新評估你思考機會、風險、波動的方式，以及該怎麼靈活地應對。換句話說，一個相互連結的世界應該會帶來機會，以分散風險並提高穩定性。在一個高度相互連結的世界，是更容易透過位在菲律賓及哥斯大黎加等地，以英語為母語的客服中心，提供 24 小時的客戶服務。

　　然而，一旦干擾的事物出現，便會更快地波及到世界各地，而且經由同樣的途徑造就多元化及重複的現象發生。對金融及實際市場所造成的衝擊可能比以往更快出現，同樣的破懷力可能會

隨著更多「極端事件」日漸成為
資本市場的特點，外部環境變得動盪不安

「3 個標準差的天數」（3-Sigma Days）：
指「標準普爾 500 指數」的價格變動超出平均值又 3 個標準差的市場日

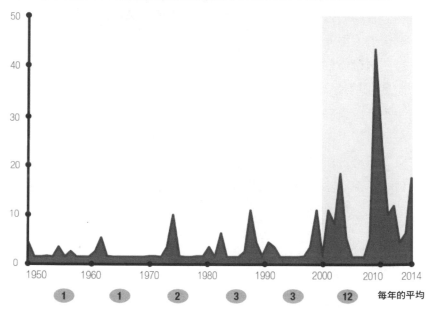

資料來源：標準普爾公司；麥肯錫全球研究所的分析

傷及全球。

今日的供應鏈比以往更長，而且各種類型的貿易關係遍布全球，而它們在許多方面都更加脆弱。產品品質的爭議、供應鏈的問題以及自然或人為災害，都可能在意想不到及不可控制的狀況下，快速地重傷企業。「這幾天以來，許多事情就像從弓射出的

箭般，瞬間就發生。像日本地震和海嘯這類天災所造成的影響及
經濟上的波動，都比以往更為頻繁」杜邦公司（Dupont）的執行
長艾倫·庫爾曼（Ellen Kullman）提到。「而且，世界是如此緊
密相連，使得回應更加激烈。」[71]

在舊有的成功典範中，企業依賴原有優勢並堅持核心能力，
在遭遇干擾或騷動時，企圖以隔離自身的方式來擴張。然而，在
今日，敏捷日益成為焦點所在。敏捷是指能快速且靈活地回應所
發生問題的能力，在全球加速流動的時代下，它是企業追求興盛
發展的重點。企業若能在準備、偵測及快速對突發危機做出回應
上做足工夫，這表示它已具備重要競爭優勢。

以半導體製造商富士通為例，在 2011 年 3 月發生日本東北
大地震後，其受創的七間工廠不到一個月時間便恢復原有生產水
準。富士通之所以有這樣快速的復原速度是因為，在 2008 年岩
手縣發生地震後，該公司便改變生產流程。新的緊急因應策略包
括了在災難發生時，能設法迅速恢復電力、供水及其它公用設
施。除此之外，還有在工廠對面建置備用的製造設備，以便在工
廠生產設備受損時，能夠不會影響生產效能。[72]

為回應全球連結所帶來的機會和風險，和國家相比，企業更
容易發展敏捷的應對措施，當然，不少國家也會這麼做。如同我
們曾提到的，在愈來愈多國家參與全球貿易之下，這些國家的發
展也傾向愈來愈快的速度。為了降低全球衝擊對他們所造成的影
響，某些國家已開始實行系統化的紓緩措施，以減少受創程度。

坦尚尼亞近來因其多元化貿易而引起注目，該國藉由依賴已
開發經濟體來進一步減輕遭遇風險的可能。坦尚尼亞過去曾嚴重

依賴將農產品出口至已開發經濟體，但近幾年該國已制定改革方案，致力在開放金融市場、打造多樣化的產品、興建製造業基地，並將出口焦點放在新興國家，如中國及印度。如此一來，該國出口至亞洲及非洲國家的占比已從 21 世紀初的 30％增長到今日超過 60％的水準。在 2009 年，正當全球已開發國家深陷嚴重的經濟衰退，坦尚尼亞的經濟成長了 6％。[73]

　　就像資訊科技，全球相互連結在各層面所增長的流動，不僅成為能夠加以利用的工具，也是我們不可忽視且不可避免的力量。關鍵就在於了解它們，並努力協調一致來駕馭它們，以免淹在其中。精明的規劃、願意改變，並以開放的心胸去接納新的引導及管理業務方法，這些重要的原則都將有助於駕馭全球流動的力量。

顛覆直覺的六大路線
INTUITION RESETS

PART 2

5

未來的 30 億：
挖掘新消費階層的力量

到了 2030 年，生活在新興市場
裡約有 6 億人的年收入超過 2 萬
美元，他們大約占全球人口的
60％，這些人甚至在電子產品及
汽車方面會有高的支出比例。在
未來 10 年裡，中國、印度、巴
西、墨西哥、俄羅斯、土耳其及
印尼等七大新興市場，將帶動全
球 GDP 近一半的成長。

很少人聽過在英格蘭西南部的「Street 小鎮」，有一間名叫「克拉克村」（Clarks Village）的購物中心，甚至更少人會將它列入全球必訪的購物中心，幾乎沒有人會把它跟繁榮的新興市場消費聯想在一起。然而，在仔細看看該小鎮歷史以及近期造訪遊客類型便會發現到：特別是像中國這樣的新興市場對這個位處薩默塞特郡（Somerset）的鄉間小鎮有著驚人的影響。

在 19 世紀，Street 小鎮的望族，即奎克家族及克拉克家族，還有他們所經營的製鞋廠是當地主要的經濟來源。當克拉克品牌實力大增且躍上國際舞台時，Street 小鎮的經濟隨之興旺，而且該製鞋廠在工業革命及兩次世界大戰中幾乎毫髮無傷地倖存下來。

但到了 20 世紀末期時，它卻不敵亞洲低廉的生產成本。[1] 隨著中國製及越南製的鞋子品質提高，克拉克必須將生產線移往海外，才能維持其競爭力。到了 2005 年，每間設在英國境內的克拉克製鞋廠都已關閉。[2] 在 Street 小鎮，多餘的製鞋廠房被轉作克拉克村購物中心的用地，它是某位設計師品牌的暢貨購物中心，直到 1993 年才對外開放營業。[3]

很快地 20 年過去，這間購物商場——設有 95 家以上的店舖、超過 1,000 名的員工，以及每年 400 萬的遊客——已成為這座小鎮新的經濟來源。當許多廢棄的高級商店成為近年經濟衰退下的悲情遺物，克拉克村正蓬勃發展。[4] 雖然新興市場消費者乍看不太像是造就克拉克村成功的秘方之一，但事實上，中國遊客已日益成為英國零售、休閒及觀光服務產業的重要來源；在 2013 年，中國遊客對英國經濟的貢獻超過了 5.5 億英鎊（即 8.785 億美元）。[5]

　　基於其座落於獨特的旅遊路線位置，位於康瓦耳（Cornwall）及德文郡（Devon）之間，克拉克村為遊客增設了有組織的旅遊巴士觀光方案以及增值稅（value added tax, VAT；此為歐洲國家對商品及服務所課徵的營業稅）的退稅服務。因此，除了吸引英國本地對價格敏感的消費者之外，現在克拉克村也吸引了來自中國成千上萬熟知英國高級品牌商品的遊客。

　　現在，該購物中心的願景，正如同其經理所設立的：「讓克拉克村成為國際遊客到西方國家必訪的目的地」[6]。在克拉克村的發展過程中，還有個有趣的轉折插曲，那就是現在中國遊客都蜂擁來到克拉克鞋博物館（Clarks Shoe Museum），並一步步造就 Street 小鎮繁榮。[7] 總部設於英國的中國假期（China Holidays Ltd.）總經理鄭融（Stephanie Cheng）說到：「克拉克鞋在中國已蔚為流行；他們的品質及設計都很知名」。[8]

趨勢突破

　　在 20 年前，若提出來自中國或任何新興市場消費者能夠助長 Street 小鎮或其它地方經濟活動的念頭，似乎是顯得荒謬。幾個世紀以來，全球能有足夠收入購買非生活所需用品的人口不到 1％。

　　就在最近的 1990 年，43％生活在已開發國家的赤貧人口，每日賺不到 1.25 美元，而且全球只有五分之一的人口每天能賺到 10 美元以上，且家庭收入水準達到「消費階級」（consuming class）門檻，並能買得起非必需品[9]，其中絕大多數消費者來自於北美、西歐及日本等已開發經濟體。

在過去的 20 年間，工業化、科技及新興經濟體都市化的擴張力量，已為上百萬人們帶來更高的收入，讓 7 億人口擺脫貧困生活，並增加 12 億的消費階級新成員。[10] 從社會角度來看，消除貧困阻止更多人死於與貧困相關的疾病及飢饉，若比較年度數據，這比因天花滅絕而存活的人還來得多，即使消滅天花被譽為 20 世紀最偉大的保健成就。[11]

另外從市場角度來看，這代表隨著強大消費能力，全球消費階級的中心正移往東方及南方。到了 2025 年，我們預估消費階級的人口將再增加 18 億，總計達 42 億。當世界人口在 2012 年跨過 70 億門檻時，此階級的人口占了絕大多數。但是只在短短的 35 年裡（1990 ～ 2025），額外再增加 30 億的消費階級人口，是一個更值得注意的里程碑。[12]

在 1960 年代中期，世界人口增加的同時，有許多新的消費者也加入這個階級。[13] 如同德意志銀行的全球策略家聖吉瓦‧桑亞爾（Sanjeev Sanyal）所提：「未來 20 年的真實故事，將是新興經濟體轉移到中產階級的地位。雖然其它新興區域將經歷類似的轉變，但亞洲將主導這場轉變。」[14]

臨界點

這些年來，隨著收入增加，消費階級的人口也跟著成長。但我們已來到一個臨界點，即新興經濟體的新一代消費者已發展成

在 1990~2025 年間，
全球有 30 億人口加入消費階級 [2]

這是世界歷史上首次全球人
口的絕大多數將成為消費者

■　消費階級的人口占比

■　消費階級

世界人口 [1]
單位：10 億

<1%	3%	7%	13%	23%	23%	36%	53%
1.0	1.3	1.6	2.5	3.7	5.3	6.8	7.9

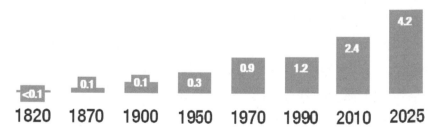

<0.1	0.1	0.1	0.3	0.9	1.2	2.4	4.2
1820	1870	1900	1950	1970	1990	2010	2025

1 西元 1820 年至 1990 年間的歷史值是由霍米・卡拉斯（Homi Kharas）所估計；2010 年及 2025 年則由麥肯
錫全球研究所估計
2 定義為人們日常可支配收入高於 10 美元的購買力平價（purchasing power parity, PPP）。低於消費階級的人口，
定義為人們日常可支配收入少於 10 美元的購買力平價
資料來源：霍米・卡拉斯（Homi Kharas）；安格斯・麥迪森（Angus Maddison）；麥肯錫全球研究所 Cityscope
資料庫

為勢不可擋的力量。

到了 2030 年，生活在新興市場裡約有 6 億人的年收入超過 2 萬美元，他們大約占全球人口的 60％，這些人甚至在電子產品及汽車方面會有高的支出比例。在未來十年裡，中國、印度、巴西、墨西哥、俄羅斯、土耳其及印尼等七大新興市場，將帶動全球 GDP 近一半的成長。[15]

中國及印度這兩個有著 10 億以上人口的國家，將是推動這股成長的核心。科技的進步使得現今生活在新興經濟體的數百萬人們，可以連上網際網路以及使用行動通訊，同時也刺激消費。在印度，可自由支配的開支從 1985 年 35％的平均家庭消費量，增長到 2005 年的 52％，而且預計到了 2025 年，可創下 70％的占比。[16]

在中國，1980 年代中期後出生的新一代消費者——稱之為「二代」（Generation 2, G2）——將成為該國經濟的棟樑。儘管他們的父母經歷多年物資短缺而非常在意經濟安全（economic security）的建立，他們這一代則已相對享有豐富的物質生活。這一代的消費者是有信心的、願意為使用最好的產品而多支付費用、渴望體驗新科技，並且重度依賴網際網路來獲取產品價格資訊。

中國應該在 2022 年會追趕上美國在消費性電子產品及智慧型手機的支出，這可用來解釋這個消費浪潮的實力。變化的速度是很驚人的！在 2007 年，平面電視在中國售出 1,000 萬台，五年後銷售量達 5,500 萬台，比同年在美國及加拿大兩國的銷售台數合計還多。[17]

　　而且，不只是基本產品，中國的消費者正進軍高價位市場。中國已超越美國[18]，成為全球最大的汽車銷售市場，而且在 2016 年，中國的高級汽車銷售量將超過美國，特斯拉汽車（Tesla Motors）已將其售價昂貴的電動跑車輸出至中國銷售。[19] 汰舊換新潮正在中國消費圈湧現，在某些奢侈品類別，新興市場的消費者是成長最快的族群。這也足以解釋為何歐舒丹（L'Occitance）這家法國護膚品公司會在 2010 年於香港上市，而不選擇在歐洲證券市場的巴黎交易所上市。[20]

　　在新興市場經濟成長速度可能趨緩的期間，儘管可能會發生動盪及循環週期，我們仍預期這樣的走勢至少會持續到 2025 年。事實上，即使在悲觀情況下，我們仍相信新興經濟體的經濟表現將可能持續優於已開發經濟體。

　　到了 2025 年，新興市場的年消費額將達到 30 兆美元。[21] 從現在到 2025 年，大約有 440 個位於新興市場的都市，其中包括了 20 個超大型城市（人口超過 1,000 萬人），將另外對 GDP 帶來近 50％的增長。[22]

科技將使消費者受益

　　隨時隨地可以連上網際網路，也意味著新的消費者可以成為網路用戶並保持上線。中國已經有超過 6 億名的網際網路使用者，約占全球網際網路人口的 20％。[23] 在巴西，超過四分之一的網際網路用戶申請註冊 Twitter 帳號，這使得該國成為全世界第二個最熱衷 Twitter 的國家。[24]

許多新的消費者將來自新興市場中相對陌生的「中量級」城市

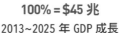

- ■ 已開發經濟體
- ■ 新興經濟體－超大型城市
- ■ 新興經濟體－中量級城市
- ▨ 新興經濟體－小型城市及鄉間地區

以中國的城市為例
6 個超大型城市：上海、北京、重慶、天津、廣州、深圳
236 個中量級城市：如哈爾濱、蘭州、秦皇島⋯

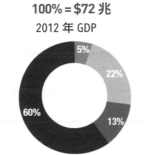

100% = $72 兆
2012 年 GDP

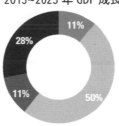

100% = $45 兆
2013~2025 年 GDP 成長

1 超大型城市是定義為人口超過 1,000 萬人以上的都會區；中量級城市則是人口介於 15 萬至 1,000 萬人的都會區
2 2007 年的實際匯率（real exchange rate, RER）是當時的市場匯價。2025 年的實際匯率是以各國人均 GDP 成長率相對於美國的差異來預測
資料來源：麥肯錫全球研究所 Cityscope 資料庫

　　在印度，消費者跨越傳統技術的軌跡。話線可能很慢才能鋪設到偏遠的鄉鎮，但是超過 9 億印度人都是行動電話的用戶。[25]為了滿足印度近 3 億文盲人口的需求，語音輸入的網站及服務正蓬勃發展。[26]臉書在印度有 1 億個用戶，其中超過 8 成是透過行動裝置來使用。[27]

　　在 2013 年，我們見證了中國電子商務市場的兩個「第一」。首先是中國的網路零售市場自 2003 年起，便以超過 100％的驚人年複合成長率持續成長，超越美國成為全球最大的網路零售市場，其市場銷售額估計為 3,000 億美元。[28]

到了 2020 年，中國電子商務市場將大如今日美國、日本、英國、德國及法國的市場總和。其次，如同我們在前言所提及，在 2014 年 11 月 11 日——中國的光棍節——阿里巴巴網站銷售額創下了超過 93 億美元的銷售記錄，也是全世界最佳的單日銷售成績，而且該銷售額是 2013 年全美消費者在「黑色星期五」（Black Friday，感恩節後的星期五，即聖誕節購物季的首日）至「網購星期一」期間在網路消費金額的三倍。

消費族群也將獲得藉由新破壞性技術所創造的絕大多數價值，這一點經常被輕描淡寫，而且在（價值）量化上具有一定的困難。免費的資訊、行動裝置軟體與線上服務、低成本的商品、更便於存取的資訊，以及低通訊門檻，都將豐富數十億人口的生活。可惜的是，這部分不被列入 GDP 的衡量範疇。

從另一個角度來看，成立多年的企業可能會發現他們暫時縮手縮腳，無法將新產生的消費者剩餘予以貨幣化。科技所帶來的騷動，歷年來總是代表「負和遊戲」（negative-sum game）中的贏家（引起破壞的一方）及輸家（受到影響的一方）——有利得也有損失。

想想看，蘋果的 iTunes 軟體及數位音樂的銷售成長：自 2003 年推出 iTunes 後，美國實體唱片的銷售從 118 億美元大幅下滑至 2012 年的 71 億美元；隨後受通貨膨脹的調整，唱片業的收入已少了一大半，當中獲益最大的是消費者。[29]

科技的發展為這些消費者開啟了新的購物管道

2002 年～ 2013 年網路零售市場以國家區分 [1]
單位：10 億美元

2003~2011 年的年複合成長率
單位：百分比（%）

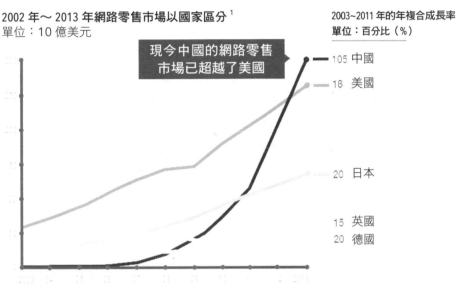

現今中國的網路零售市場已超越了美國

105　中國
16　美國
20　日本
15　英國
20　德國

1 不包含線上旅遊
2 日本的年複合成長率僅提供 2005 ～ 2013 年間
資料來源：Euromonitor 國際市調公司；美國人口普查局；日本經濟產業省；艾瑞市場諮詢（iResearch）；麥肯錫全球研究所的分析

如何適應新市場？

　　我們正在處理非常大量的數字，而且很容易被這壓倒性的成長故事給淹沒。不過，30 兆美元的消費機會就如同粒子般廣大，新成長市場以不同規模大小及發展階段現身，同時新消費者來自許多民族和文化背景。

　　在許多情況下，受到互相連結及科技力量的加乘，使得消費者的品味和偏好持續地發展。隨著這些新的市場成長，它們也將分裂成許多（不同購買群的）區塊；每個市場區塊都會發展出多樣的產品種類、價位，以及行銷與銷售管道。

即便是最為老練的高階主管，面對高速的變動及不同規模的變化仍感艱鉅，而且當中有許多人仍受制於現有的策略偏見。成功的案例相當多：這幾年來我們已聽到關於新興市場圈內業者的發展故事，像是聯合利華在印度消費市場獲得很大進展，還有南非的米勒釀酒公司（SAB Miller），成長成為全球最大的啤酒公司之一。但，我們也看到不少的失敗案例。雅虎和亞馬遜這兩家企業一直無法進入中國市場，印度也已經向許多想成為成功跨國企業拋出一項艱鉅的挑戰。

要在新興市場上取得勝算，企業領導者必須重置他們的直覺。在舊有的全球擴張模式下，征服本國市場的大型企業可以有條不紊地透過遠在千里之外的總部下指導棋，並在異國市場上搶攻插旗，拓展市場。

不過，要在高度成長的市場裡贏得消費者的心，是需要更積極做好資源重新配置、精明的轉變能力，以及就經營的多層面來重新思考。新興市場並非都有著大量的同類型消費者，他們可能會欣然接受由已開發市場所移植而來的產品及服務，但這些新消費者也可能不是單單地想找尋有折扣、低價的現有產品。

高階主管在試著掌握這些新商機時，也沒有等待和觀望的閒情逸致。在這些新興市場裡，成長通常是呈爆炸性的，有些產品種類可能瞬間就成長了 70 ～ 100％。面對嶄新的環境，在管理風險及多樣性下，領導者必須學會以一定的速度和規模，來重新配置資源到這些新成長的市場。

在這些非常多樣化的新興市場中能獲得勝利的公司，多數具有以下四種特質：

- 他們會就都市及居住在都市的族群，而非區域或國家來思索下一個商機，再依此重新配置他們的資本及人才。
- 他們會客製化產品及調整定價，以滿足當地市場的消費者喜好及需求，而且為了使成本更具競爭力，並在較廣範圍內提供不同價位的產品，他們會以更快的速度及低成本的方式來建置供應鏈，同時創新商業模式。
- 他們會設計並控制多種推廣商品到市場的通路管道，並重新思考他們的品牌，以及行銷與銷售策略。
- 他們會大幅度檢視並調整組織架構、人才策略及營運實務，以反應外部的新變化。

將焦點放在都市及都市族群，而非區域或國家

全球消費正經歷一場前所未有的權力移轉，消費主力正移往至新興市場的都市。而超大型城市——即人口有 1,000 萬以上，如上海、聖保羅及莫斯科——也正促使著這股趨勢的發展。但真

正引人注目的消費成長，將來自於全球約 400 個的中量級城市，例如羅安達、哈爾濱、普耶貝拉（Puebla，墨西哥的第四大城）及庫馬西。預計到了 2025 年，這些城市所貢獻的 GDP 將到達與全美相同的生產總值。[30]

在中國，位於東岸超大型城市的家庭消費原為大宗占比，但現在情況有了轉變，大宗的家庭消費占比已移往了內陸的中量級城市（即人口介於 20 萬及 1,000 萬之間）。在 2002 年，中國都市的中產階級只有 13％是居住在內陸，其餘 87％皆居住在沿海地區，但這個數據到了 2022 年幾乎成長了 40％。[31]

這些新成長都市的消費者全貌依舊是無比的多樣化，光是印度就採用 20 種官方語言、數百種方言及四大宗教傳統。而居住在非洲 53 個國家的人民，估計說著 2,000 種不同的語言和方言。即使是同一國相鄰的兩個城市，就可能有著非常大的差異。[32]

例如，許多全球性公司犯了錯誤，只在聖保羅進行巴西消費者的意見調查，卻沒有意識到這座國際化的城市，比起與距離只有 210 英里遠的巴拉那州（Parana）首府庫里蒂巴（Curitiba），其實與距離 4,771 英里遠的紐約有著更多共同的文化特點。

以中國南方的廣州和深圳這兩個大小大致相同，且距離只有 100 公里遠的都市為例。絕大多數生活在廣州的居民說著廣東話，而在深圳，說著普通話的移民則占了當地人口的 80％，這些差異對商業上有著深遠影響。

來自中國沿海城市，如杭州和溫州等地的高級汽車買主，因長期接觸國際品牌，正在尋找能反映他們社會地位的車款，而且他們的反映順應著廣告所訴求的衝動購買。但在內陸城市，如太原和西安等地的駕駛則大幅依賴口碑推薦和店內體驗，以便再三確認這些汽車品牌廣告所強調的性能。[33]

有鑑於上述 30 兆美元的商機和這些經濟體的快速都市化發展，「哪裡會是下一個發光發熱的地方？」這個答案勢必將在都市族群及都市中找到。在消費性商品部分，鎖定老一輩客群的企業，將會認為上海及北京是最具吸引力的市場之一。相對的，以銷售嬰兒食品為主的企業將會發現，超過半數的全球大城正經歷一個嬰兒潮，而且有足夠的收入來購買其商品的家庭則是居住在非洲。

在服裝市場中售價介於高價及低價之間的中階市場（midmarket），其十大成長最快速的都市中，有九個都市位在新興市場內，包括了重慶、廣州、深圳等。至於高檔服裝市場的部分，位於已開發市場的都市將會繼續帶動成長，而其十大成長最快速的都市中，只有四個都市是位在新興市場內，包括了聖彼得堡、莫斯科、首爾及新加坡。[34]

許多高階主管寧願不在新興市場的超大型城市投入競爭激烈的零售市場，他們發現在快速成長的中量級城市反而有更好的發展機會。在巴西，光是聖保羅州的 GDP 就比整個阿根廷國家的 GDP 產值還多。在競爭極為激烈的情況下，結果終將使得零售利潤變得微薄。對於剛進入巴西市場的業者來說，該國東北部的人口稠密儘管過去較為貧窮，但該地區像薩爾瓦多的新興城市預計到了 2015 年將會成長 2.4 倍，這或許提供了不錯的發展前景，即便初期經營較為艱難。[35] 不過，這不完全是新的看法。沃爾瑪成為全美最大的零售商後，再到海外投資時發現：未設立服務據點的城鎮以及避免競爭激烈的大城市市場，其實更具有發展機會。

　　預計何時採取行動，與選擇到哪個市場，兩者同等重要。新興市場的成長曲線很少呈現線性走勢，對於特定產品或產品類別的需求，通常是呈 S 曲線軌跡。一旦消費者有足夠的錢去購買產品，消費力便會起飛並來到爆炸性成長的「熱區」（hot zone）。在達到較高的人均 GDP 收入水準時，市場會傾向變得更加飽和，然後會進入一個較緩慢成長的「冷靜區」（chill out zone）。

　　以奈及利亞的飲料市場為例，雖然在瓦里（Warri）、貝寧城（Benin City）及哈科特港（Port harcourt）這些地方已進入飲料銷售的熱區，但在其它較大的城市，如拉哥斯（Lagos）、伊巴丹（Ibadan）及阿布賈（Abuja）等，仍處於起飛階段。透過了解產品類別及當地市場動態，有助企業能夠抓準進入市場的時機──理想的時機是在某一產品類別的銷售進入熱區之前──並在每個城市銷售成長最快速的階段中獲益。[36]

　　了解、並在成長與成本之間權衡，是一項複雜的業務。其中一種開始的方法是藉由在新成長市場中進行市場區隔及劃分客群，這個方法就類似將消費者分門別類。若將多個較小城市的共同人口結構特性、社會經濟和文化特色，以及基礎建設和零售市場的格局視為一體，便可形成一個都市族群，並能為營運上的各層面作業提供規模效益。接著就能精心擴編客群，此時焦點應放在客群的「深度」而非「廣度」。

思考在地化，行動全球化

就企業本身而言，只知道何時該將焦點放在何處仍不足夠。為了確保相關性並在新的市場達成一定的規模，企業主必須決定怎麼做，以及有多少產品或服務需要進行調整。

在未來十年內，隨著新消費者的出現，他們的需求、偏好及消費行為將大大改變產品類別、地域和市場區隔的劃分方式。雖然有些趨勢能在全球各國間遊走、蔚為流行，但卻沒有所謂「一致化」的全球消費者。例如，在印度販售的 LG 冰箱，其蔬果保存室的空間比在巴西販售的機型還來得大，但就冰箱的冷凍空間來說，在巴西所販售的機型是比印度來得大。雀巢在中國所販賣的即溶咖啡甜度，則比其它大多數國家還來得甜。[37]

深入了解消費者的需求和偏好，以及聰明做好市場區隔，將能持續在市場領導者中脫穎而出。同時，企業將愈來愈需要更精巧的產品策略，以便在經營規模上及當地市場關聯中取得平衡。近年來，許多企業已經吸引新興市場中極度偏愛自由消費及熱愛奢侈品的客戶，這些客戶都位於消費者金字塔的頂端。不過在考慮到客戶需求日益激增，以及資料和分析的複雜度不斷增加之下，這既不是唯一也不是最貼切的策略選擇。

寧可尋找而不要只就自己的觀點來了解市場，對於販售消費性商品的企業來說，若能仔細了解當地消費者的喜好及偏愛的口味，將有助於加速業務成長，例如菲多利公司（Frito-Lay）在印度市場，以及頂益（即康師傅）與箭牌公司在中國市場皆以飛快速度在成長：

- 菲多利公司自 1990 年進入印度市場後，已在當地
  休閒點心市場取得超過 40％的市占率。這家公司
  是如何辦到的？不是將其全球知名的美國傳統品牌
  樂事洋芋片，調整成當地民眾喜愛的口味，該公司
  反而是取自印度傳統街頭小吃，再結合西方洋芋片
  的靈感，另創一個名為 KurKure 的休閒零嘴（玉米
  捲條餅乾）。這項產品使用印度任何一個廚房都會
  備有的簡單及道的食材來製作，目前在南非、巴基
  斯坦及肯亞皆有銷售。[38]

- 康師傅由台商魏家兄弟在中國所創辦，在聘請當地
  設計師來打造整個泡麵系列產品的形象、開發出新
  口味並推出「康師傅」與低價的「福滿多」品牌之
  後，已成為中國食品及飲料供應商的龍頭，而康師
  傅是目前中國最受歡迎的品牌。[39] 伴隨該公司陸續
  推出的食品及飲料系列產品，2013 年的營收達到
  109 億美元。[40]

- 已在中國口香糖市場取得40％占有率的箭牌公司，
  其成功原因有兩點：一是將口香糖口味調整成符合
  當地消費者的喜好；其次是透過教育消費者的方式
  來強調嚼食口香糖有益健康。[41]

定價是決定客製化程度多寡的另一項關鍵決策，一個公司能
夠（或者願意）向客戶收取多少費用，以及與同業間的相對市場
定位，在不同的市場上可能反應出有趣的細微差異。在巴西，英

商帝亞吉歐公司（Diageo）利用本身對富裕消費者的了解，來制定旗下威士忌品牌約翰走路（Johnnie Walker）的售價。該公司承認，在巴西的零售價是用來區分品質的一個做法，而且相較於其它市場，當地的酒精飲料市場能接受較低的價格彈性。之後，帝亞吉歐公司重新將約翰走路定位為更高檔的酒類品牌，現在巴西是其最重要的市場之一。

但是對於很多玩家來說，要在當地市場獲得成功的唯一辦法，就是得重新思考現有的成本結構。就成本面來看，位在新興市場的企業是難以匹敵的競爭對手。正如我們將在第 9 章提出，新興市場的玩家，尤其是資本密集型的產業，其資金投入愈來愈少，但卻愈來愈有創造力。

這點提升了已開發市場企業從事創新、在地化研究與產品設計、重新思考供應鏈管理與融資等方面的需要，而且在某些情況下，尋求合作夥伴將更有助於使用到現有的基礎建設：

- 在印度，奇異集團已發明一款可獲利 1,500 美元的心電圖儀器，此款售價不到高階市場上傳統心電圖儀器的五分之一。這項新產品不僅可以幫助奇異一舉進入快速成長的印度市場，也有助其去思考如何開發出一款能在已開發市場上以 2,500 美元售出的機型。奇異從這個經驗中學習到，為了同時打入新興經濟體及已開發經濟體的市場，現在要在印度研發其 25％以上的新保健產品。[42]
- 南韓 LG 集團是另一個在印度市場上成功創新的案

例，該集團一直努力經營印度市場，直到 90 年代，
印度政府變更外國投資規則，才讓 LG 能夠大幅投
資當地研發機構以及聘請當地一流的設計和工程人
才。當地的開發商知道印度人習慣用電視來聽音
樂，於是當 LG 為了壓低電視的售價，將平面顯示
面板換成傳統陰極映像管時，還內建了更好音質的
揚聲器模組。今日 LG 在班加羅爾（Bangalore）
設立的產品創新中心，是該集團在韓國境外所成
立的最大創新部門，而且該集團所生產的電視、冰
箱、空調冷氣及洗衣機等家電已成為當地市場的領
導品牌。[43]

- 在中國的即飲調和式酒精飲料（ready-to-drink）
  市場，雀巢公司透過在雲南建立低成本的供應基地
  以及幾乎所有原料取自中國，已經能夠降低 30%
  的價格。[44]

- 全球十大成衣公司之一的美商 VF 集團，為了因應
  日益擴大的業務範圍，重新設計管理供應鏈方式。
  該集團根據一套整合資訊系統，提出了「第三條
  路」（The Third Way）的方案，其用意在聚集不
  同品牌系列的採購需求，以達到規模經濟。VF 集
  團也與其它成衣廠商密切合作，以便能夠在一間工
  廠生產許多不同品牌的服飾產品。自 2000 年中後
  期起，採用此做法能夠降低 VF 生產牛仔褲及其它
  服裝 5 ～ 10%的成本。[45]

- 自從康師傅在中國成立後，該公司陸續在各省興建工廠，包括像青海、四川及河南等農村省份。該策略想做到省級在地化，以便取得低價投入、勞動力和稅收優惠的優勢，同時能根據各地實際狀況來調整產品、銷售及配銷通路策略。

學會在市場銷售並透過多種管道來銷售

企業必須滿足市場上的客戶、他們喜歡在哪裡購物，以及他們偏愛在哪裡做出購買決策。例如，根據我們的研究，新興市場強調店內互動的重要性。在中國，幾乎有一半的消費者是在店內做出購買決策，在美國僅有四分之一的消費者也是這麼做出購買決策。在新興市場中，消費者在店內做出購買決策的歷程往往較長，而且意味更為深長。中國消費者在做出購買高價消費性電子產品的決定前，會費時兩個月且會走訪四家店面。[46]

然而，對多數企業高階主管而言，掌控消費者的店內體驗是一項巨大挑戰。在中國武漢「光谷中心」（Optics Valley Center）的沃爾瑪超市，排列整齊明亮的商品走道中，陳設著服飾、尿布、電子產品、休閒食品及家用商品，外加在食品區放有一盆呱呱叫的牛蛙，會立即被視為任一家來自歐美的超市業者。

但在其它地方，零售業的面貌可能是較為陌生和令人困惑的。像在印度及印尼的市場，零售業是非常分散的，小型店家的銷售就占了超過80％的總銷售額。相較之下，如中國及墨西哥的零售業市場，現代化超市已占一半以上的總銷售額。因此，身為同業的你必須準備好同時與全球零售商，如家樂福（Carrefour）及沃爾瑪應對，並與地方零售業的龍頭，如中國的華潤萬家（CR Vanguard）、印度的 Big Bazaar 以及零散的小型店家一較高下。[47]

許多全球性公司靠著在本國市場上主要客戶的技術和第三方經銷商的銷售團隊，而把事情搞錯。所以，跨國企業應該重新思考他們在這些新市場的做法，準備建立內部更大的銷售作業、區域銷售的暢貨中心，並制定精確的處理程序以及檢查表，以隨時監控店內體驗的品質。

已在新興市場經營了數十年的可口可樂公司，竭盡全力在分析新興市場和劃分零售商店的範圍。針對每一個產品類別，該公司產出一張「成功的圖像」（picture of success），詳細描繪出零售商店的裝潢外觀，以及該如何陳設、促銷與制定可樂產品的價格。

該公司對於高優先等級的零售商店採取一種直銷模式，並且在該模式不符合成本效益時，才依賴經銷商和批發商。接著還會詳細檢查所有細節，包括從服務水準到運送頻率，確認冷藏箱是否在店內放置妥當。

在非洲，可口可樂公司透過招募數千位使用手推車和自行車來運送可樂產品的小型創業者，來打造出由 3,200 位微經銷商所構成的網路，以便能將產品運送到「最後一里路」（last mile）的零售商店。在中國，因物流基礎建設較為完善，可口可樂針對當地 200 萬間零售商店中的 40％店家進行直接銷售，同時透過可口可樂銷售人員及商家定期回訪的監督執行，可以將產品的配銷提升到 60 ～ 70％。

　　可口可樂並不是唯一的案例，其它成立已久的公司，如聯合利華及雀巢，在像印度、巴西及非洲等市場，也是使用任何可行的交通工具，包括從手推車、自行車到浮動駁船，將商品運送到消費者手中。[48]

　　除了配銷之外，企業必須弄清楚在這些新戰場上，自己的目標市場以及自己的品牌市場定位。居住在新興市場的消費者，往往在初期會考慮少數幾個品牌的商品，但隨著時間過去，比較不會再更換其它新品牌的商品。

　　根據我們近期的研究指出，中國消費者在一開始平均會考慮三個品牌的商品，然後大概有六成的消費者會從中選購一款。相較於歐洲及美國消費者的研究數據，他們平均會考慮四個品牌的商品，但只有三至四成會做出購買行為。[49]

　　給予少許且更重要的初步考量資訊，將有利於建立較高的品牌知名度以及品牌信任感。為了有這樣的觀察及考量，訊息測試以及在地域上集中宣傳將是關鍵所在。對新玩家而言，聚焦在地方上的宣傳往往能加快網路散播效應，且更容易產生正向的口碑推薦，這個做法更是在新興市場上獲得成功的關鍵前提。畢竟，許多國家的消費者對媒體的信賴程度相對較低。舉例來說，在中國，來自朋友和家人的好評，其重要性幾乎是來自英美消費者推薦的兩倍。在埃及，其重要性幾乎是三倍以上。[50]

　　身為企業管理者，你將需要依賴客戶的洞察力和當地消費者的測試結果，來決定需要對品牌及訊息進行多少程度的調整。宏碁（Acer）的「簡化我的生活」廣告標語，便獲得不少台灣電子產品消費者的認同。不過，當宏碁在中國進行這個廣告標語測試時，卻沒能引起共鳴。

顯然地，對於目標族群來說，宏碁原本企圖傳達的簡單訊息和價值，反而引起內地消費者懷疑該公司產品的可靠性及耐用性。該公司對此訊息做了修改，改為強調可靠性和生產效率，來建立一個更有意義且值得信賴的品牌；之後不到兩年，宏碁在內地的市占率成長了一倍。[51]

調整你的組織及人才策略

隨著全球的玩家發展得愈茁壯、變得更多元時，處理成本的複雜性也急劇上升。在做了一系列的調查，以及與全球頂尖 17 家跨國公司 300 多位高階主管的結構化訪談後，不到四成的高階主管表示他們比當地的競爭對手更了解經營環境和客戶的需要。

許多高績效的跨國公司也遭遇到「全球化的苦果」（globalization penalty），在「就關鍵面向來評估組織營運狀況」的部分，其得分甚至比著重地方市場的公司還低。管理地方調適與全球複雜性之間的緊張局勢、設定與員工之間的共同願景、鼓勵創新，以及分別和政府、社區建立良好互動關係，這些都是遭受「苦果」之企業常採行的做法。[52]

為了增加尋求新商機的靈敏度、提高成功的機會以及降低嘗到全球化的苦果，身為企業管理者的你，可能需要重新思考組織的結構及流程。對於一間在新興市場擁有絕多成長潛力的公司，其董事會是否該由會說英語的董事來主導？又或者公司的總部該設在歐洲或北美地區？此外，若負責聖保羅市場的總經理做了一個類似歐洲市場的企業總部排名，這會不會是無法想像的情形？

有愈來愈多的全球玩家，已經開始將他們的核心活動放在首要看重的市場。但「黏著性偏見」讓許多企業偏向採取既有的策略及資源配置，造成他們未能及時做出合宜的行動。ABB、IBM及奇異集團等三家企業近期正加速拓展新興市場，以下分別說明這三家企業的發展狀況。

- ABB 是瑞士的工程巨擘，該公司將原來設置在美國底特律的機器人全球基地，遷往上海，以執行其「中國設計，就在中國製造」（designed in China, made in China）的策略。[53]
- 美國境外營收就占了 64% 的 IBM 公司，對於其日本業務，目前採取從馬尼拉取得人力資源、會計作業交由吉隆坡分公司負責、採購作業則由深圳分公司負責，而客戶服務就委由布里斯本分公司負責的營運方式。[54]
- 有超過一半的營收來自海外市場的奇異集團，在 2011 年時，將其 X 光的業務從美國威斯康辛州移往北京。[55]

比利時索爾維（Solvay）化學集團的執行長翰－皮埃爾·克萊米埃杜（Jean-Pierre Clamadieu）表示：「在某些方面，資金比人力更容易重新配置——你可以坐在布魯塞爾的辦公室，看著不同業務的資金流動，再採取相對的行動」。「至於人力部分，我們總是傾向去集中管理某個區域或業務的『人才庫』（silos）。這就是為什麼我們在近期建立一項新原則：將集團的前 300 位精英視為企業資產。」[56] 換句話說，根據當地的需求和發展，企業的頂尖員工將被輪調、外派，以推動全球業務的營運，而非一直待在總部工作。

除了重新思考組織的結構之外，企業需要在總部與新市場之間做好自治權的拿捏。許多企業仍然採取繁瑣的報告作業，尤其是國際部門獨立看管特定的市場，不與總公司協同作業，或者有時候必須使用當地的語言，而出現溝通上的障礙或挫折。這種模式常將 C 級的主管留在總部，使他們失去了了解新興市場的機會大小和變化速度。

然而，根據我們的觀察，企業要獲得成功，只有當他們能擺脫「去投資一個市場」的心態，並讓當地市場的經營者有充分自由去規劃未來發展藍圖。LG 集團為了擴大其在印度市場的市占率，藉由在當地成立一個子公司，並要求韓籍經理人只能擔任導師或顧問角色，而不給予實質決策權力。[57] 康師傅在中國成功的部分原因在於，該公司全權授予當地管理階層做出決策，以及修改並開發符合內地消費者需求的新產品。

吸引、發展和留住頂尖人才來領導進入這些新成長的市場，是決定新興市場策略能否成功的另一個關鍵因素。根據最近一項針對知名全球性公司所做的調查，在這些公司的前 200 名頂尖員工中，只有 2％是來自亞洲主要的新興市場。[58] 這項調查結果一部分反映出人力供給的短缺，但也表現出黏著性偏見仍影響著現有的資源配置，或者是在新區域市場有著不明確的「雇主形象」

（employer brand；在人力資源市場上，企業給潛在員工的形象）。

　　有些全球性公司已透過發展明確的人才主張，與當地競爭對手作出區隔，以解決這個問題。在南韓，萊雅集團透過提供品牌經理更好的機會、改善工作時間及兒童照顧的基礎托育服務，而成為當地女性銷售及行銷人才最想要進入的企業。在印度，聯合利華為了吸引當地頂尖人才，建立一套包含輪調及永久聘用方案的全球領導力訓練計畫。[59]

　　在世界各國崛起的新消費者族群，正對成立已久的企業提出了一套棘手的新要求。企業在本國所具備的優勢，無法輕易複製或理所當然應用在遙遠的海外市場。但商機往往因為大到難以被忽略，就在近期令人印象深刻的成長之餘，整個市場拓展過程也才正要開始。

　　隨著日子一天一天地過去，愈來愈多的人從鄉村搬到了都市，愈來愈多的人開始上網，甚至掛在網路上，不僅如此，還有愈來愈多的人加入了全球消費者的行列。因此，可能有愈來愈多的企業會發現，就像克拉克村曾經歷的那樣，世界正以無法預測的方式轟擊這些企業的門戶，同時間，市場上的消費者對過去以為斷貨，不再有的產品，現在居然又能買單其中幾樣。

　　對那些精明的企業來說，若能夠就自身採行的做法、管理及服務全世界最有發展潛力的市場策略，進行系統化的重新思考，相信就可以弄清楚如何滿足他們現有以及未來潛在的客戶。

Chapter

緊迫的資源與原物料：
人類的「可循環經濟」聖杯

為了滿足飆升的需求，資源的供給方式
是愈來愈具有挑戰性。在這世界上有許
多地方，正以超快速度消耗部分資源的
儲藏量。

2010 年 12 月，在西迪布濟德鎮（Sidi bouzid）有位突尼西亞街頭食品供應商穆罕默德‧布瓦吉吉（Mohamed Bouazizi），以引火自焚抗議市政當局矯枉過正的擾民行為。這個單一行為個案演變成眾所皆知的抗議事件，最終導致突尼西亞的總統宰因‧阿比丁‧班‧阿里（Zine EI Abidine Ben Ali）被推翻下台。[1]

突尼西亞民眾走上街頭抗議的民主運動只是「阿拉伯之春」（Arab Spring）的一個開端，該戲劇性的長期社會革命運動在 2011 及 2012 年間襲捲了中東及北非地區。分析師指出，造成動盪不安有許多原因，如腐敗的獨裁統治、不斷增長的失業人口、年輕人未獲得充分就業而挫折感日益高漲、推特及臉書等社群媒體所產生的催化作用等，使得情況愈演愈烈，因而波及整個區域。

不過，最根本的原因可能是存在已久的一個現象──糧食價格大幅上漲。就像麵包成本高漲，有助於奠定 1789 年的法國大革命一般，物價如氣球般膨脹，可能有助於點燃阿拉伯之春的大火。

隨著事件的爆發，分析師普遍忽略一個事實，那就是北非和中東國家大約有五成的食品供應是仰賴進口。[2] 這個占比高於世界上任何一個主要地區，也因此使得該地區的物價極容易受到全球食品價格的推升而上揚。

在 2007 年及 2008 年間，全球糧食價格飆升，以及在更早的 10 年間，聯合國的食品價格指數翻了一倍。[3] 這使得當地的食品價格竄升，麵包引發的暴亂橫跨了巴林、約旦、葉門及摩洛哥等地。在 2011 年埃及和突尼西亞的政權垮台前的一個月，聯合國公布了屢創新高的奶製品、肉類、糖及穀物價格。[4]

　　不平等的美麗陷阱、高漲的食品價格以及氣候變遷等問題，都持續造就世界各地發生內亂，出現動盪不安的局面。光是 2008 這一年，全球 30 多個不同國家就發生 60 起以上的糧食暴亂事件。在 2014 年春天，聯合國的食品價格指數仍然高於由新英格蘭複雜系統機構（New England Complex Systems Institute）在金融危機期間觀察到物價高峰而定義的「內亂門檻」[5]（civil unrest threshold）。換句話說，即使在沒有外來的刺激、騷動、農作物歉收及更嚴重的乾旱災害之下，食品價格的基本水準正導致更嚴重的問題發生。

　　近幾年來，世界在協助數億人脫離貧困上，已有了驚人進展。但食物花費節節上升仍重擊著貧困家庭，令他們的生活更加拮据。根據世界銀行的調查，光是 2010 的下半年，日益攀升的食品價格就讓 4,400 萬人再次陷入貧困生活。[6]

　　持續上漲的食品價格不只影響生活在開發中經濟體的窮人，即便是身為全球七大最富裕經濟體之一的英國，紅十字會在 2013 年宣布將在冬季發放自二次大戰以來的首波糧食援助。[7] 依據 2012 年「聯合國糧食和農業組織」（Food and Agriculture Organization of the United Nations）的報告指出，在已開發國家中，營養不良人口在 2004 ～ 2012 年間成長 23％，扭轉了先前穩定下滑的走勢。[8] 在美國，連續五年經濟擴張期間，有高達 4,600 萬的人民獲得食品券，幾乎創下歷史新記錄。[9]

　　資源價格的增長並不止於食品，影響的族群也不只有一般家庭。從 2000 ～ 2013 年間，舉凡與農業、金屬和能源相關的價格

在 21 世紀初的十年間，食品價格的快速上漲重擊許多國家，使家庭開支在食物及飲料的花費有了更高的比重

2001–2013, %

在食品及飲料上的花費變化

家庭支出在食品及飲料上的花費比重

國家	花費變化	花費比重
阿根廷	5.8	37
沙烏地阿拉伯	4.2	30
菲律賓	2.4	52
台灣	1.9	26
希臘	1.3	22
香港	1.3	15
荷蘭	1.3	16
墨西哥	1.1	26
以色列	1.1	22
南非	1.0	27

資料來源：世界銀行；國際貨幣基金組織（International Monetary Fund, IMF）；聯合國貿易和發展會議；聯合國；聯合國糧食及農業組織的統計資料庫（FAOSTAT）；聯合國商品貿易統計資料庫（Comtrade）；經濟學人智庫（The Economist Intelligence Unit, EIU）；麥肯錫全球研究所的分析

都上揚了一倍。[10] 隨著新興經濟體的工業化及都市化發展，引發對能源、食物及天然資源需求的飆升，同時也造就了供給日益困難、成本逐漸上升的情況。

　　這樣的狀況很明顯也對企業不利，因為急速上漲的物價不僅會吃掉消費者可自由支配的開支額度、大傷製造商的利潤，還會降低企業投資新專案的欲望。全世界正處於關鍵資源價格愈是波

動得厲害，愈是充滿危險的局勢。不過，就像打破趨勢的其它破壞性力量一樣，這個發展也提供了一個機會。

為了有更好的效能以及在生產、管理、儲存及資源使用上達到更高的效率，從投資、積極採取行動及改變態度所獲得的收益，都能產生更高的報酬，提供更具競爭力的優勢，並為新的業務建立根基。我們都已見證了這個現象──油壓裂解技術的革命性發展──得以在 2014 年 6 月至 12 月油價上漲的期間，帶來 40％的降幅。

趨勢突破

21 世紀初，全球有股強大且持續的力量登場，儘管全球人口成長了四倍、全球人均 GDP 增長了近乎五倍，但包括能源、金屬、食品和水的關鍵商品價格在 20 世紀仍是下跌幾乎一半。[11]

價格下跌令人想到，生活水準及能源密集度的提升有助於帶動商品需求成長 600％至 2000％。[12] 生產力的顯著進展──蒸汽動力應用在採礦、農業機械化的普及、大型水壩的建造──幫助人類在商品的生產、配送、貿易及儲存上，能夠發揮更有效的管理。在 20 世紀，商品價格下跌扮演著重要的助長角色，幫助世界的經濟產出擴展超過 20 倍以上。除了 70 年代的石油危機，資源使用效率並非是優先考量的重點。

不過，這個重要的趨勢已不復在。由於對資源的需求急速上升，供應關鍵商品的產業（如石油及水等）也面臨挑戰，使得資源價格在 2000 ～ 2013 年間平均上漲一倍。[13] 一系列能源的平均價格在這個時期激增了 260％。金屬價格激增 176％，銅更飆升 344％，鋼則上揚 167％。在 20 世紀中，食品價格平均每年下跌 0.7％，但在 2000 ～ 2013 年間增長了近乎 120％。

自從 2011 年以來，商品價格已從高峰回跌一些，這也讓許多觀察家做出這個「超級週期」已結束的結論。但宣告此週期終止的報導是過於誇大，實際上，在 2009 ～ 2013 年間，資源價格比全球經濟產出出現更強勁的反彈力道。平均而言，2014 年中期的商品價格維持在接近 2008 年的高峰水準。我們相信，驅動價格上漲的四大主要力量，沒有一個是暫時性或短期的，在未來幾年將會繼續發揮影響力。[14]

需求的驚人前景

造成需求急速上升的第一個因素，是源自於全球中產階級消費者人數的擴增。正如我們前面所提，都市化和新興經濟體的成長，帶來每年數以億計的新消費者。1990 ～ 2025 年間，將有額外的 30 億人口加入全球消費階級，而這也將對所有商品領域帶來巨大影響。[15]

每過了一週，世界各地就有更多人吃得更好。可自由支配的收入增加，帶動了人們對更昂貴食物的需求，如牛肉。在 2000 ～ 2013 年間，牛肉價格一舉增加了 117％。[16] 或者以人們對汽車的需求，來說明非農產品是如何蓬勃發展；我們認為現今全球自用客車的數量大約有 10 億輛，預計到 2030 年將會增加至 17 億輛。[17] 這意味著全球將需要 68 億個輪胎，而這需要砍伐幾

麥肯錫商品價格指標 [1]

實際價格指標：100 = 1999 年至 2001 年間

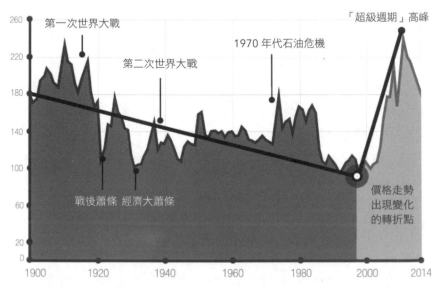

第一次世界大戰

「超級週期」高峰

1970 年代石油危機

第二次世界大戰

戰後蕭條　經濟大蕭條

價格走勢
出現變化
的轉折點

1 基於 4 種商品子指數的算術平均值：食品、非食品的農產品、金屬及能源

資料來源：Grill and Yang；Pfaffenzeller；世界銀行；國際貨幣基金組織；經濟合作暨發展組織（Organiation for Economic cooperation and Development, OECD）的統計資料；聯合國糧食及農業組織；聯合國商品貿易統計資料庫（Comtrade）；麥肯錫全球研究所的分析

百萬顆橡樹。由於約有六成的天然橡膠用於製造輪胎，因此橡膠價格在 2000 ～ 2013 年間飆升 350％，也不令人意外。[18]

　　這些商品價格很可能會再向上攀升，尤其當供給趕不上需求時。從全球來看，鋼的產量在 2000 ～ 2012 年成長 82％。[19] 不過，我們預期在接下來的 20 年裡，儘管供給依然有限，全球對鋼材的需求將再額外增加 80％。[20] 每一年中國和印度新增的建築面積，相當於 3.5 倍的芝加哥（包含整個住宅及商業區面積）。

對於許多資源的需求可能快速上升

需要超過 21 年的時間
才能提供額外新增的供給

■ 供給替代率

■ 新增加的供給

主要的能源
萬億的英熱單位（Quadrillion British Thermal Units, QBTU）

1990–2010	340	130 → **+32%**	470
2010–2030	460	160	620

鋼鐵
百萬噸鐵礦

1990–2010	270	870 → **+57%**	1,140
2010–2030	460	1,330	1,790

水
立方公尺

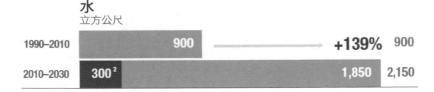

1990–2010	900 → **+139%**		900
2010–2030	300²	1,850	2,150

土地
百萬公頃農田

1990–2010	50	13 → **+178%–+249%**	63
2010–2030	70–115	105	175–220

1 計算公式為新增加的供給加上替代率；不配合總需求
2 水資源的供給將需要再增加 300 立方公里，才能達到易於取得、持續及可靠的供應水準
資料來源：麥肯錫全球研究所的資源週期報告

這種對樓房建造的迫切需求，也助長了對資源密集型之基礎建設的需求，包括公共設施、道路及大眾運輸等。[21]

　　以上這些趨勢可能透過任何短期的逆勢操作而快速發展，哈佛大學經濟學和公共政策的肯尼斯·羅戈夫（Kenneth Rogoff）教授提出：「單將中國和印度的 25 億人口融入全球經濟體一事，就會產生需求上的變化，意即很可能會對商品價格加諸更多上漲的壓力，而任何技術的獲益很可能就此抵消」。「所以，至少在接下來的 50 年至 75 年間，或許到了未來幾個世紀，人類已經開始在火星上開挖了，許多自然資源的價格都會上揚。」[22]

供給的可疑

　　如果商品供給能以同等速度增加，即便需求增長也不會造成問題。不過在這裡，我們又再次面臨一個趨勢的突破。為了滿足飆升的需求，資源的供給方式是愈來愈具有挑戰性。在這世界上有許多地方，正以超快速度消耗部分資源的儲藏量。更重要的是，除了頁岩油之外，大部分能源的開採據點不易被發現，因而開採成本相當昂貴。例如，有些報導認為像鋅和錫等金屬的儲藏量，預期會在 20 年內耗盡，但仍應維持目前的生產速度。[23]

　　自 1960 年以來，全球地下蓄水層的枯竭速度已加快一倍多。[24] 在美國已有無數新聞頭條，報導當地頁岩油和天然氣鑽取呈一片欣欣向榮的前景——而事實的確如此。但是，世界上有許多地方，石油業正經歷尋找可開採新據點的難關。在 2005 年，有 19% 近海油田都被歸類為「深海油田」，所以開採成本更高，開採技術也更加複雜。

到了 2009 年，這個比重上升到 24％，而且仍在持續增加。[25] 2000 ～ 2010 年間，準備投入生產的新油井，其平均價格已翻漲一倍。[26]（當然，並不是所有商品都是如此。以鐵礦為例，即使成本有所增加，其價格依舊很穩定。若和探勘導向的商品來作比較，如石油和銅，鐵礦和鉀等大件商品的供給彈性較大。）

除此之外，還有其它因素皆使資源採掘過程變得更為複雜。從歷史來看，智利現在是個穩定、相當繁榮的民主國家，而它也一直是世界上生產銅的主要國家。但今日幾乎有一半的新銅礦開採計畫，都是位在具有高政治風險的國家。[27]

義大利埃尼集團（Ente Nazionale Idrocarburi, ENI）、美國艾克森美孚石油公司（ExxonMobil）、荷蘭皇家殼牌公司（Royal Dutch Shell）、法國道達爾公司（Total）、哈薩克石油天然氣公司（KazMunayGas），以及中國石油天然氣集團公司（China National Petroleum Corporation）已在哈薩克最大的卡夏干油田（Kashagan Oilfield）奮鬥多年，努力讓該油田開採計畫步入生產階段。

而全球剩餘的未使用可耕地，有超過八成位在高政治風險或基礎建設有限的國家。[28] 低的閒置產能、長時間和昂貴的開採成本，使得短期供給缺乏彈性，並造成資源價格的波動。

資源相連性

隨著全球相互連結的增加，世界的資源市場變得比以往更緊密相連。在許多情況下，當我們對某一類商品的需求增加時，可能對其它商品供應商帶來莫大的壓力。農業大概使用了全球70％的水資源以及2％的能源，要餵飽全球人數正在成長的中產階級消費者，並不只是需要更多的牛肉、雞肉和穀物，還需要更多的水資源。反過來說，這將需要更多的能源。能源在穀物生產的成本中占了15％～30％，在抽取地下水的成本中占了70％，在脫鹽的成本中則占了50％～75％。[29]

在2004年，也才不久前，燃料和農產品價格之間的關係不大。但今日受到部分食品生產的能源密集度提高，以及部分生產生物燃料快速成長的關係，油價可能開始對食物價格有了明顯影響。到了2007年，玉米和石油的價格並沒有很大的關連，但之後卻顯示這兩項資源間具有很強的正向關連性。當石油價格飆升時，農民決定種植更多的玉米，並銷售更多的玉米給急需量產更多乙醇汽油的生產商。事實上，消費者現在正和製造業在競爭取得以植物提煉為主（plant-based）的燃料。[30]

由於石油是製造塑膠及其它合成材料的主要成分之一，所以當油價上漲時，往往也會提高這些塑膠商品的價格。而這些價格依序會對競爭對手，如生產橡膠及棉花的業者，帶來上漲的壓力。今日在某個市場上的波動，會迅速在其它市場上引發波動——尤其金融市場在價格決定上扮演著一個更重要的角色。

今天多虧了無數的避險者、投機客及投資客，「虛擬」原油以期貨和衍生性商品的形式，每日在全球交易所買賣的數量，超過了實際原油的交易數量，估計其差異比為30：1。[31] 這種透過技術上促進全球金融網路的「市場效應」，放大了任何市場上的波動。這便是油價在金融危機發生時，應聲重挫的主要原因之一。

在 2008 年時，每桶油價約 140 美元，到 2009 年大跌至 40 美元左右。[32] 烏克蘭身為世界最大的糧食產區之一，在 2014 年 3 月爆發危機以來，造成全球小麥價格的單日交易行情飆升近 6％。[33] 由生活各方面所增加的資源相連性，如從地緣政治到農業，正發展成為「新常態」。

環境成本

許多刺激資源價格上漲的因素都是源自於內部——動態的供需以及資源的可用性。但漸漸的，我們看到外部因素對商品和資源市場所造成的影響。基本上，世界忽略了外部性和生產的影響已有一個世紀之久。現在，世界各國的政府正採取第一個手段，利用徵收稅賦的方式來彌補與當地資源生產有關的環境影響以及全球性的議題，如氣候變遷日益頻繁、海洋酸化與森林砍伐等問題。

根據政府間氣候變化專門委員會（Intergovernmental Panel on Climate Change, IPCC）在 2013 年報告中所做出的結論，現有 95％的會員很肯定地表示，人類正是造成氣候變遷的主要原因。[34] 氣候變遷對環境所造成的相關破壞，正對經濟帶來很大的影響。

暴風雨和乾旱破壞了農作物的收成，進而造成食物價格居高不下。洪水的侵襲加重了成本，為了因應更加極端的氣候，得在基礎建設上增加一大筆的投資經費，使之能受承受長期的考驗。

地方環境的破壞也造成醫療費用的增加，由中國環境保護部所委託的研究指出，每年對國家生態系統所造成的損害達 2,300 億美元，占 GDP 的 3％以上。[35]

為了防止對環境的破壞，政府已提高稅收並對資源生產者執行嚴格的環保要求。在 2014 年夏天，美國頒布了新的標準，要求公用事業及發電廠在 2030 年的廢氣排放量必須削減並達到 2005 年 70％的水準。[36] 未來政府可能會課徵碳稅、提高廢氣排放標準及控制水的使用量，而這些措施可能會造成生產成本增加。

例如，如果健康及環境成本是與嵌在黑漆漆、尖硬岩石中的煤炭息息相關，華府智庫布魯金斯研究所（the Brookings Institution）預計煤炭的價格將上漲 170％。[37] 這將大幅改變公用事業的計畫，並促使許多企業去投資風力發電，勝過開採煤礦。

由於 30 ～ 40％的銅、鐵礦開採據點位於中高度水源匱乏的地區——無論是智利的阿塔卡馬沙漠或是澳洲炎熱的內陸——提高水價可能會對這些商品的成本及可用性造成影響。[38] 制定碳價的機制可能對礦業公司有類似影響，根據美國高盛集團的研究，假設碳稅為每噸 10 美元，那麼在 2011 年將會減少 2％的開採利潤。[39]

不管政府在處理這個議題上採取什麼做法，氣候變遷可能會使資源的供給和價格出現更大的波動。企業將愈來愈有必要為自己的商業模式建立一個更有彈性的調整空間，以便因應這些外在變化。

如何適應

　　在面臨這些壓力和強大的新趨勢，身為企業管理者的你將需要重新思考有關生產以及資源使用管理的挑戰本質，而且不單是作為問題來解決，也要將其視為一個好機會。並非採取防禦姿態，而是一如往常地經營，直到危機出現時，考慮可以採取的主動且具前瞻性的做法。

　　高效率、可回收利用及符合環境保護，經常被視為成本高昂又惱人的事，尤其當法律或法規有所規定時。但是在資源價格動盪的時代裡，這些努力可是具有競爭優勢而且也是必要的條件。當新的商業模式和技術不斷被採行，高效率的表現可以成為價值和利潤的重要趨動因子。

加倍對資源生產率的投資

　　提高資源生產率是一個很大且複雜的議題。根據我們的經驗及研究，許多具有高發展潛力的領域就在我們眼前，範圍從建築物的能源使用效率到防堵漏水，再到改善工業流程。如果全世界對下頁圖所列舉的 15 個任務採取行動，到了 2030 年幾乎可以滿足 30％的資源總需求以及從現在到 2030 年間的所有需求增長，同時還可省下 2.9 兆美元。要達到這些成果並不需要仰賴未來奇特的新科技，只要使用我們手邊現有的工具，便能達成這 15 項任務。[40]

　　我們並不認為要達成上述這些目標數字是件容易的事，原因

多數資源的使用效率具有改善機會

2030 年的社會展望

總資源利益
單位：10 億美元（2010 年計算）

■ 能源　■ 土地　■ 水　□ 鋼

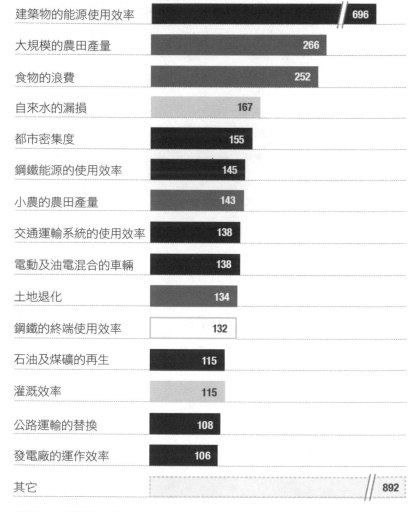

建築物的能源使用效率	696
大規模的農田產量	266
食物的浪費	252
自來水的漏損	167
都市密集度	155
鋼鐵能源的使用效率	145
小農的農田產量	143
交通運輸系統的使用效率	138
電動及油電混合的車輛	138
土地退化	134
鋼鐵的終端使用效率	132
石油及煤礦的再生	115
灌溉效率	115
公路運輸的替換	108
發電廠的運作效率	106
其它	892

資料來源：麥肯錫全球研究所的分析

不只是需要大量的前期投入，但我們的確計算出，每年撥出 1 兆美元的資金投資，即相當於全球 GDP 的 1%，就能使每年節省三倍的量。

最好的改善方法是透過能源管理系統，使建築物更加節能，暖氣系統能藉由感應多少人在建築物內來調節室內溫度，並且採用智能水處理及能源儀表。當谷歌資料中心的供電量遭受到各方的嚴厲批評時，該公司採取積極的措施來確保所有的活動都是符合碳中和的理念。例如投資風力及太陽能發電、在芬蘭的廠房安裝海水冷卻系統、在加州山景城（Mountain View）的總部園區裝設大量的太陽能電板，並投資高效率的組件。

谷歌表示，他們在一個月內對一位典型用戶所提供的服務，其伺服器的耗電力少於一盞燈具連開三小時的用電量。[41] 節能建築的市場也出現出一個重要商機，總部設於波士頓的美國省電服務供應商 EnerNOC 公司，審計並控制數以百計的企業辦公室及其它機構的內部能源功效，並且為用電量大的客戶提供電力需求管理方案。該公司的網站頁面顯示著數個計數器標籤，讓瀏覽者可以立即知道他們已為客戶節省多少錢。在 2014 年 9 月，網站上的計數器標籤數字已超過 9.3 億美元。[42]

過去在處理資源供給的擔憂上，第一個做法就是想辦法供給更多資源。雖然這仍是重要的當務之急，不過，新的優先事項已經浮現——像是弄清楚如何減少使用，以及想辦法使用最新的替代品等。最便宜且最可利用的能源，其實就是企業未使用的能源。

減少已生產但被浪費掉的食物量，也是另一個大好機會，因為這不僅可以省錢也可以大幅改善社會福利。理論上，更有效的管理食物資源，能夠為全球潛在節省 3,400 億美元。換句話說，如果能這麼做，用來耕種養活全球的農作物土地面積將可減少6500 萬公頃或 30 萬平方英里，而韓國一直是其中的佼佼者。

在 2012 年，喜歡小菜（以小盤盛裝供用餐者享用，但不見得會吃完的伴菜）的南韓人一天將近浪費 1.3 噸食物，對於這些廢棄食物的處理成本，一年下來需要花費八億美元。[43] 對於生活在富裕國家的消費者來說，丟棄食物與財務或社會成本沒什麼重大關係，但卻會不斷增加政府處理廚餘的成本。

在 2013 年，當韓國政府向每戶依廚餘重量多寡收取處理費用時，LG U+ 電信公司利用無線射頻辨識（RFID）技術，開發一種可以精準測量重量到克的新款垃圾筒。使用者只能用磁卡打開垃圾筒，而且在打開的同時，就會立即刷卡繳納廚餘的處理費用。在都市裡試辦使用這些智能垃圾筒後，廚餘量減少 20 ～30％。[44] 在韓國沒有人減少吃的量，食物也沒有因此而變得更貴。相反的，在科技和智能的刺激措施下，促使消費者成為更有效的購買者以及食物的管理者。

我們經常會聽到投資者抱怨欠缺高收益的投資項目，現今在一個重要的趨勢突破中，由效率的表現就能相當快速地反應出顯著的回報。資源的規模效率商機隨著產業和企業的不同而有所差異，不過在某些產業，如包裝消費品業，就顯示出特別大的潛力。

許多製造商在不到三年的時間，透過投資工具的方式來提高資源的生產率，大幅節省 50％的能源及水資源成本。在墨西哥，礙於大部分未發展成形的供應鏈以及缺乏冷藏設備的供應商，沃爾瑪面臨了大量食品廢棄物的挑戰。為了處理這個問題,沃爾瑪改變卸貨的流程,優先處理易腐敗的食物,同時延長小型供應商的信貸融資,讓這些廠商可以改善他們的設備,並且撥款投資在提高本身的預測能力,以減少報廢食品。綜合這些措施的實施,使得該公司能大幅地降低墨西哥分店的供應鏈成本。

走向循環的經濟

為了充分了解資源生產率的好處,身為企業管理者的你,將需要對產品生命週期的直覺和既有的看法徹底改觀。它所談的並非將焦點從垃圾掩埋場移轉到原料上,而是將產品設計得更有用途,使它們免於在第一時間被送往垃圾掩埋場。每一天在世界各地的工廠和家庭,都有超過 1,000 萬噸的物資被視成廢棄物,被載往垃圾掩埋場掩埋,不僅耗盡市政預算,還造成溫室氣體排放。

為了不讓製造業繼續依賴「取用-生產-丟棄」的原料使用模式,許多精明的企業正在利用快速發展中的循環經濟。循環經濟藉由更好的設計,以及優化產品的拆卸、重複使用等多個週期來創造價值。雖然這不是一個全新概念——人們將廚餘堆肥已有數百年之久——但對大多數製造商來說,循環經濟仍是一個相對小眾的做法。通常在這樣的努力下,可能僅有幾個產品得以展示,占所有產品不到 5%的的比例。[45]

為了要讓這種可循環經濟獲得成功,企業應該專注在物流和將成品轉換回原料的經濟學上:重新思考產品的設計,並創造能引起客戶與批發商共鳴的新式租借、租賃及退回方案。為了真正促進建立穩健的循環經濟價值鏈，新的管理制度、標準及影響工廠運作的誘因，可能都是必要的。[46]

法國汽車製造商雷諾（Renault）在靠近巴黎之舒瓦西勒魯瓦（Choisy-le-Roi）的工廠，正是採取循環經濟最知名的個案之一。該工廠利用重新製造汽車發動引擎、變速器、噴射幫浦及其它組件，轉售後每年可產生約 2.7 億美元的收入。雷諾汽車還重新設計某些零組件，使它們更容易被拆卸及再次使用。

不僅如此，該公司也鎖定閉合迴路（closed-loop）再使用的零組件應用，基本上也就是處理磨損車輛的材料及零組件，使其可以用於新車上。為了支持這些成果，雷諾汽車與一家鋼鐵回收商、一家廢棄物管理公司，成立一間合資企業，將其本身所擁有的最終使用之專門技術應用在產品設計上。

總之，這些措施幫助該公司持續在整個汽車生產週期中，透過更嚴格的控管來節省開支。雷諾汽車把焦點放在重新製造使用過的產品上，而非發展全新的零組件，這麼做可以削減單位生產的 80％能源及 88％水資源。[47]

許多不同產業的公司正在採用這種模式的變形，在一個重要的趨勢突破中，很多企業最初因為品牌或形象的原因，認為這在本質上是一種行銷成本而不願意在回收上付諸努力，但現在卻認為這麼做是很重要的投資。

年營收高達 200 億美元的理光公司（Ricoh），是全球辦公室設備的製造商，該公司所設計的 GreenLine 系列影印機和印表機，就產品及零組件部分都能達到最大的再使用性，同時對原始材料的使用部分還能降低到最低程度。[48] 此系列產品主要在歐洲六個市場上銷售，其銷售量市占率達 10 ～ 20％，而且在沒有降低品質的狀況下，利潤甚至是其它新產品的兩倍以上。[49]

強調居家佈置自己動手做的零售商 B&Q，目前正在幾家分店試辦電動工具的回收方案，客戶可以把使用過的產品兌換成現金或者捐贈給慈善團體。該公司計劃在歐洲收集、翻新這些使用過的產品，然後在當地轉售或回收，以便可以重新獲得原料來製造新的工具產品。[50]。

把焦點放在再次使用及回收上，可以創造新的業務，尤其當公司與其它產業的企業能締結有益的夥伴關係時。在 2013 年，全球服飾零售商 H&M 推出全球服裝募集的創舉，它鼓勵客戶帶著舊衣服到各門市兌換能購買 H&M 新裝的折價券。該公司後來與反向物流供應商 I:CO 合作，將整理所收集到的衣服作為後續一連串反向供應鏈流程使用，意即將報廢的布料供給其它價值溪流（value streams）和產業使用。

大部分收集到的襯衫和襪子，被送往全球的二手服裝市場。不適合再穿的衣服，則被當成其它應用的代替原料，例如，作為清潔布和紡織紗線、汽車業的阻尼和隔熱材料，或者是建築業的管線絕緣材料。當真正物盡其用後，剩餘的紡織布料（據 I:CO 的估計約 1％至 3％）會被當成燃料來產生電力。[51] 這個活動施行一年之後，H&M 發表首款閉合迴路的牛仔膠囊系列，並收集超過 3,000 噸廢棄的衣服，相當於 1,500 萬件 T 恤。[52]

利用科技來救援

　　資源的商機並非單靠效率表現來評斷，積極地增加供給，也能幫忙減輕資源匱乏的不利情勢。就以能源為例，在 20 世紀，科技屢次在克服後勤和地質難題上，扮演關鍵的角色。今日，能源創新的三大領域可能改變未來 10 年的供給狀況：石油和天然氣技術、再生能源以及先進的電池技術。

　　在石油和天然氣部分，利用水力破壞（hydraulic fracturing）或油壓裂解技術，以及水平鑽井技術，已經能夠從頁岩中大模規開採天然氣和石油，而且這樣的生產方式在全球市場上已造成影響。雖然油壓裂解技術在環保議題上有所爭議，但它帶來的非凡影響，的確毫無疑問。

　　在美國，天然氣的產量在 2000 ～ 2013 年間大增 25 ％，但自 2008 年起，冬天的天然氣價格則減少一半。[53] 如同我們在前面所提，受到新技術的驅使，美國在 2013 年超越俄羅斯，成為全世界最大的碳氫化合物生產國，而且根據國際能源署（International Energy Agency, IEA）的調查，到了 2020 年，美國將可能成為全球最大的石油生產國。[54]

　　除了改善成本及擷取新的石油蘊藏據點，政府在研發技術方面的努力，也有助於改善現有蘊藏量的開採率。實際上，對於周遭可接受及可達成的基準點，技術可以幫助重置這方面的觀點。在過去 30 年間，挪威政府在研究原油採收率（oil recovery）技術上，已投入大量資金及時間，同時設計獎勵金制度，讓企業能自行進行研究。今日，挪威已是業界的領先指標，其資源採收率為

45%，幾乎是沙烏地阿拉伯的兩倍。[55]

再生能源是指能從太陽能、風力、水電和海洋獲得能源，它們能解決能源有限供給的問題，而不會造成氣候變遷或者是爭奪稀有資源的狀況。在這兒，我們也見證了一個重要的趨勢突破。在 20 世紀下半葉的絕大多數時間中，再生能源被視作一種奢侈或高價的產物，而且與傳統發電方式相較，它並不具有競爭力。不過，隨著全球化、科技發展及規模的放大效應，目前已經有所改變──尤其在某些情況下特別鮮明。

因為競爭，促使製造能力的快速增加、技術的進步以及規模的大量增長，在過去 20 年間，太陽能發電的安裝成本已經從每瓦電能近八美元縮減至只有十分之一的金額。[56] 太陽能和風力發電愈來愈被美國及歐盟國家等已開發經濟體大幅採行。除此之外，中國及印度等新興經濟強國，也已備妥採用再生能源的積極計畫：

- 在 2013 年，安裝在世界各地的太陽能電板已能產生 37 吉瓦（1 吉瓦等於 10^9 瓦特）的電力，該蓄電量是 2007 年的 14 倍。[57]
- 在 2002 ～ 2013 年間，全球風力發電量上升十倍，從 31 吉瓦增加至 318 吉瓦。[58] 光是 2013 年所新安裝的風力發電裝置，其發電量就超過 2002 年的發電量。

這些原來被視作小型的家庭工業已經變成了大企業，他們還結合其它同行，打造更大的供應商網路，並鼓勵許多服務提供商和小型公司進入這個產業領域。

產業趨勢是順著循環的，安裝更多的再生能源裝置，該產業就會變得更引人注目。這個領域的價格正在下跌，而且許多金融的創新產品——從太陽能租賃到綠色債券——正促使此產業加快開展的步伐。根據國際能源署的報告，如果當前驅動大規模再生能源的解決方案能夠持續進行，到了 2050 年，太陽能可能超過石化燃料、水電及核電，成為世界最大的電力來源。[59] 在已開發國家的許多地區，供應消費者電力的首選，將會是無碳且由太陽能電板生成的電力。

對於使用像風力及太陽能等週期性發電的電力供應商來說，若要建立系統，必須在能源儲蓄及管理上投入較高的資金。此處，結合市場的力量和技術的進展，也同樣會呈現引人注目的商機。隨著電力儲存技術的不斷改良，到了 2020 年，電池的售價可能會快速下跌，打亂了像是交通運輸、發電及石油與天然氣等產業經濟。日本的 NEC 集團正在投資一個能大規模供應電池給公用事業使用的裝置，該裝置可設置在變電所或靠近太陽能發電廠的附近，協助維持正常的電流並傳入電網中。

燃料電池就是一個具有發展潛力的好例子，在一顆典型的氫燃料電池中，氫可以被轉換成電能，最高可達六成的能源效率。如果將這個技術應用在住宅領域中的暖氣和電力上，當多餘的暖氣被轉換成電能時，能源效率便可增加至八成。而且，如果擴大燃料電池的生產規模，它們就可能應用在汽車上，比燃燒式引擎提供更高的效率。[60]

透過設計來增加產品彈性

　　將能源儲存整合到能源生產，是增加系統彈性的方法之一。這麼做可以在資源供給及價格發生變化時，避免受到損害。將這個心態放諸至其它產業領域，將是讓直覺重置的關鍵之一。除了70年代能源價格出現暴漲的情況外，資源價格的波動也史無前例地出現高漲現象。

　　隨著石油和各式商品價格的關連性愈高，許多企業正試著將他們的商品與這起價格波動絕緣。企業正試圖分別與供應商和客戶建立更緊密且合理的關係，並透過更具彈性的產品設計，以及利用金融工具避險等方式，來減緩資源價格的波動。在本質上，這些所有做法屬於防禦性措施，它們都是能提高利潤的有效手段。

　　一家歐洲的食品製造商透過交錯安排的方式，與不同供應商簽訂契約，而能夠降低受到玉米價格波動的損失。每一年，無論預期對市場價格有何變化，這家廠商都會設定以一個價格的三分之一，來向供應商採購未來三年的購買量。結果，該食品製造商在任何一年所支付的價格，只有三分之一的部分是受到當前主要的市場價格影響，另外三分之二的部分則反應出前兩年的價格。在過去15年間，這家廠商支付給玉米供應商的平均價格，幾乎是維持不變的水準，但卻經歷了市場價格50％的跌幅波動。

　　零售商和餐廳經營者可能熟悉與下游廠商協調，以維持高度彈性的想法。一家知名的美國連鎖餐廳決定調整其採購及行銷做法，並依據當時牛肉或蝦子的商品價格，來更換每週所要推出的特價餐點，換言之，每週的特價餐點取決於當週價格較划算的商品。

　　金融避險是企業行之有年的另一種做法，對於已取得之資源，企業會利用其所獲得的某些控制權來控管該資源的價格。一家歐洲乳品公司發現，當他們與一家零售通路商洽談銷售自家的商品時，他們並不知道對於將來所生產的牛奶，消費者為了購得所要支付的價格，是必須滿足零售合約上的規範。

　　事實上，牛奶的價格可能在每噸 26 ～ 35 歐元間變動──價格波動之大已無法讓人視而不見。透過在期貨市場上購買牛奶期貨，這家乳品公司可以鎖住要支付的價格，即使未來價格比較低門檻的 26 歐元還高，因此藉由這種方式便可以有效地將價格波動降低為零。

　　考量到價格的波動，有遠見的公司有時也會透過短時間內來回調換投入的資源，來改變產品的設計，這樣的手法被稱之為「設計轉換性」（design for switchability）。雪佛蘭汽車公司（Chevrolet）改良其大受歡迎的 Silverado 250 小貨車，推出一款使用生物燃料的新車。這台新車含有一個傳統的汽油油箱以及一個填充壓縮天然氣的容器，可讓駕駛依照當時燃料的可用多寡及價格，來切換不同的燃料源。

　　運用類似「設計可回收性」（design for recyclability）的手法，另一家食品製造商將商品外包裝的顏色由淺改為深色，以便可以使用更多的回收塑料，減少受到塑料價格波動的影響。

要策劃一場資源的變革，第一眼乍看下，似乎得做出一番複雜且昂貴的努力。但隨著時間過去，我們將發現，不採取行動所需付出的成本反而高出許多。更值得注意的是，即使短期內企業發現，資源價格走勢偏低的轉折點代表著重要機會的來臨，他們除了得對抗價格的波動及外在的騷動，還要積極改善營運，同時間，更要建立新的業務並取得競爭優勢。

企業的管理階層和領導者必須充分且深入思考資源的成本，並且考慮怎麼在生產及管理投入資源（如能源、水資源及食物）上，做出更好的投資，以獲得好的成效。在這個相互連結及不斷成長的世界裡，有許多有用的解決方案和技術已被驗證是有效的。透過採取現有的技術和工具去達成目標、設計新的系統，以及接受巧妙的創新和精明的策略，你將可在資源價格動盪的環境中，為企業謀得成功。

Chapter

**一個時代的終結：
告別愈來愈不值錢的資本？**

身處在一個平衡點脆弱、不易保持的
世界裡，激進的擴大貨幣供給週期可
能會伴隨著資產泡沫化、通貨膨脹的
挑戰以及景氣好轉、貨幣貶值而來，
有愈來愈多的國家都在探索這個新的
領域。事實上，我們可能處於貨幣擴
張政策及債務貨幣化的過渡時期……

　　在孟買，車廂內外塞爆旅客的通勤火車不僅令人無法想像，更是一個世界奇觀。

　　每天有超過 750 萬名的旅客為了趕搭上 2,300 班次的其中一次列車，上演著危險的雜技表演，而火車往往是雨季裡唯一可搭乘的交通工具。[1] 光是孟買當地，每年估計有 3,500 人——幾乎每天有 10 人——死於鐵路相關的意外事故。[2] 這種人滿為患以及基礎建設支出的赤字問題，甚至超越了悲慘火車意外的人員傷亡，這也是印度驚人經濟成長的一大障礙。

　　但這個情況存在已久，自 1991 年起，印度的人均 GDP 已幾乎成長五倍，國家的外匯存底已增加將近 50 倍，而且年度外國直接投資的資金流入更激增 200 倍[3]，未來發展前景一片光明。

　　2013 年，印度為全球第十大經濟體，據估計，到了 2030 年將一舉躍進，成為全球第三大經濟體。[4] 印度的年輕人口及快速增長的都市化人口，將成為該國的「人口紅利」（demographic dividend），在未來幾十年繼續帶動經濟成長及國家繁榮。到了 2030 年，印度的都市人口可能達到六億人，幾乎是美國的兩倍（截至本文撰寫之時）。全世界人口最多的前五大都市，印度將包辦兩個，而且該國其它 68 個都市的人口也各將超過 100 萬人。[5]

　　不過，除非印度大幅加快在都市的投資，否則基礎建設的赤字可能會削減都市化的生產力紅利。在金融危機發生前，印度的人均年資本支出只是中國的 14％、英國的 4％。[6] 幾十年來，該國差強人意的基礎建設以及都市基本公共設施的欠缺，都在在顯示是長期投入資金不足所造成的問題。

　　孟買的通勤人口成長率，正以鐵路運輸量的三倍速度在成長。[7] 不只電力中斷經常發生，在電力需求高峰期，供電量常短缺 15 ～ 20％。廢棄物的處理和水資源的基礎建設極度欠缺，有超過三成的都市污水是未經處理就直接排放，而且有四分之一的人民是生活在無法取得自來水的地區。[8]

如果印度無愧於其潛力，發展成為全球的經濟強國，那麼建設充滿活力的都市絕對有其必要。但偏偏這個國家正遭受長期不足的資本投資，為了滿足都市的需求，印度一年需要建造 7 ～ 9 億平方公尺的住宅及商業空間，而且每年需要興建 350 ～ 400 公里長的捷運及地鐵、鋪設 25 億平方公尺的道路──在過去十年裡，該國已鋪設十倍之大的道路面積。為此，直到 2030 年，印度將需要為其都市投入 1.2 兆美元的資本支出，而這筆支出的金額是現今人均水準的八倍之多。[9]

然而，印度絕非是單一案例。在一片繁榮之際，全球投資率以占 GDP 的百分比來看，已反常地出現下跌走勢，從 70 年代的 25.2％下滑到 2009 年的 21.8％。[10] 在某種程度上，這個下跌現象反映在二次世界大戰後，對日本及歐洲市場投資的衰退。

不過放眼望去，全球對資本需求的疲軟不振，不太可能持續下去。全球主要的新興經濟體──巴西、中國和印度──都需要增加基礎建設的投資，以跟上都市化和人口成長的需求。而全球中低收入的經濟體需要提高他們的投資率，以滿足經濟和人類發展的目標。

對於已開發經濟體，如果他們要改善現有基礎建設的能力和服務水準，則需要去解決多年來被壓抑的投資不足問題。基礎建設投資的全球水平，需要跟上未來 20 年的經濟成長，也就是要增加到 57 ～ 67 兆美元，或者是同期歷史量的六成以上。[11]
而且投資需求的不斷增加，也可能是共同促成資本價格提高的原
因之一。

趨勢突破

在今日的環境，提出更昂貴的資本警告，似乎就像乾旱時預
警雨季會肆虐大地。用這樣的簡單隱喻金融窗口，其實沒有太大
的誤差。利率在這 30 年來下跌的趨勢已讓人們建立了「資本是
便宜」的印象，今後仍會如此認為。而且就我們直覺而言，也是
如此預期，意即我們多數人相信資產價格的高低，部分是受到借
貸的刺激；儘管短期會出現波動，但長期來看，它只會往上增長。

的確，美國房價在 1968 ～ 2000 年中期，平均每年上漲
6.4％，沒有任何一年是下跌的。[12] 在巴西人口最多的兩大都市
──聖保羅和里約熱內盧──房價自 2008 年來已翻漲一倍。[13]
在過去 30 年，倫敦房價幾乎每 10 年就上漲一倍。[14] 在 1980 ～
2013 年間，瑞典的實際房價上漲 55％、法國增長 85％，加拿大
則飆長 130％。[15]

結合對資本疲軟不振的需求（受到幾十年來低靡的基礎建設
投資率影響）以及充裕的供給（受到幾年來非常規的貨幣政策影
響），造就今日的資本比以往任何時候都更為低廉，而且這個發
展已鞏固了資產價格上漲的局面。

但是，目前正面臨一個巨大的轉變，而且這需要徹底改變我
們對未來資金成本和資產價格的期望。不管怎樣，顯然地，有一

個趨勢的突破正發生，但方向並不清楚。它會受到傳統的供需觀點，在利率上漲時被驅使嗎？還是在 2008 年金融危機後，受到央行史無前例的措施——已實現持續抑制房價的成果——而被驅動？

　　我們已經歷利率水準低、走勢下滑（如圖所示），以及資產價格水準高、走勢上揚的年代。這個趨勢正被打破，哈佛大學經濟學家馬丁‧費爾德斯坦（Martin Feldstein）以專家身份指出：「長期利率是無法持續維持像現在這樣的低水準，這意味著債券和其它證券的價格將出現泡沫化。當利率上升時，它們一定會像泡沫般消失，這些證券的價格將會下跌，任何持有它們的人將會有所損失。」[16]

　　當新興世界繼續進行工業化和都市化時，其投資需求正在激增。從庫馬西到孟買、從阿雷格里港到吉隆坡，資本密集的建築專案正在規劃中。當國家投資地方的基礎建設，額外新增的需求將隨著企業為了跟上顛覆性的技術，尋求新的產能、設備，以及標準提升的投資而被放大。

　　這些對資本的需求將與全球人口高齡化、長期的政府赤字同時發生，這些現象將會對全球的儲蓄施加壓力，就像需求回升般。依據宏觀經濟基本面的傳統觀點，結合需求的增加和供給的壓力，會使得資本更緊絀不足、成本更加昂貴。

　　然而近年來，非常規的貨幣政策已帶領我們進入未知的領域，而且可能已為一個全然不同、不容易理解的世界奠定了基礎。這是各國央行及政府的其中一項政策，他們隨時準備介入並注入足夠的貨幣流動性，來促進經濟的成長及維持低利率走勢。

央行所採取的措施
結束了 30 年來利率低迷的走勢

已開發經濟體的長期利率走勢

1979 年至 2012 年間，以 GDP 加權計算同意贖
回的長期政府債券利率（單位：%）

■ 票面的價值
■ 事後實際的價值

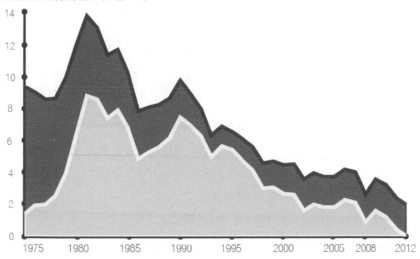

補充：此處僅選擇部分已開發經濟體
資料來源：國際貨幣基金，麥肯錫全球研究所的分析

當然，各國政府一直是這些低利率的主要受益者。

　　身處在一個平衡點脆弱、不易保持的世界裡，激進的擴大
貨幣供給週期可能會伴隨著資產泡沫化、通貨膨脹的挑戰以及景
氣好轉、貨幣貶值而來，有愈來愈多的國家都在探索這個新的領
域。事實上，我們可能處於貨幣擴張政策及債務貨幣化的過渡時
期；儘管債務貨幣化曾被央行視為禁忌，但現在卻成了正規操作
手法之一。就我們今日對它們的了解以及呈現在眼前的一系列新

的挑戰，這個版本的未來，可能會改變資本市場。

　　資金流動的力量和變化無常，都增加了更複雜的因子。全球資本可能是流動的，但卻不是均勻分佈的。某些地區是冷清、無生氣的並且苦於沒有資金可用，但是有些地區即便充斥著資金，仍同樣出現一片蕭瑟的景象。

　　想想以下兩個後現代、被遺棄而無人煙的城市：底特律曾是美國中西部不可一世的汽車工業重鎮，卻在 2012 年宣告市政破產，該市現在發現很難為其基礎建設獲得任何資金上的援助。如此一來，這座大城的人口紛紛外移，建築物出現年久失修的狀況，而且住宅區到處雜草叢生。

　　同時間，在地球的另一端，位於內蒙古的鄂爾多斯（Ordos）則吸引了過多資金。這座城市位在一個富裕採煤區的心臟地帶，在其康巴什新區（Kangbashi district）可見證到爆炸性的建築成長——到處林立著公寓大樓、公園、建築風格顯眼的公共大廈，以及兩隻尾巴相對的巨大馬匹雕像，唯一欠缺的是預估能容納此住宅區的 100 萬人口，我們不能總是依賴市場精準地在需要的時間點提供地方上所需的資金。

第一種可能的狀況：資本成本較高

　　需求方的基本面，描繪出明確的長期景象。全球投資率——即全球投資占全球 GDP 的百分比——在全球經濟衰退的深淵，即從 2009 年的低谷 20.9％往上增長，目前維持在略低於 22％的水準。[17] 隨著新興經濟體的工業化和都市化的發展，也帶動景氣的繁榮，我們完全有理由認為，投資率將會繼續上升。

巴西、印尼、印度及中國都需要大量的磚瓦和水泥漿來大興土木，全球有愈來愈多的都市將需要增加一倍的實質資本投資存量，即從 2013 年的近 10 兆美元增加到 2025 年的 20 兆美元以上。[18] 所有移居到都市的人口將需要有公寓可住、有道路可開和學校可唸。

以巴西的基礎建設為例，在 70 年代，整體投資占每年 GDP 的百分比為 5.4％，到了 2000 年只下滑來到 2.1％。該國對基礎建設的限制，在 2014 年的世界杯足球賽期間更是格外明顯，尤其當時大雨來襲，暴雨湧出下水道，淹沒了勒西腓（Recife）的街道。

巴西的交通建設相當破舊，86％道路仍未翻新鋪設。相較於美國，巴西的鐵路網路規模不到其 13％，但陸地面積約是其 90％。[19] 儘管巴西未拿下 2014 年世界杯足球賽的冠軍，在準決賽中輸給了德國，其國家足球隊的實力仍維持在國際足球總會（FIFA）世界排名的前 10 名。但是在談論到基礎建設的品質，世界經濟論壇（the World Economic Forum）在對全球 148 個國家排名時，則將巴西列為第 114 名。[20] 為了要充分展現經濟成長的潛力，顯然巴西需要開始針對道路、港口和機場進行投資。[21]

然而，世界上已開發經濟體在經歷幾十年投資不足的窘境，對於新的基礎建設需求也一直被壓抑著。在已開發國家，自 70 年代起，投資佔 GDP 的比重已大幅減少。1980 ～ 2008 年的總投資額為 20 兆美元，如果這些國家仍舊維持歷史的投資率，將無法達到這個金額[22]，該金額大概是日本和美國 GDP 的總和。[23]

　　行駛於波士頓與華盛頓之間的美國高鐵列車 Acela，運行速度通常緩慢、不可靠，而且旅客總是對其連上網際網路的方法老舊而感到困擾。為了要改善當前的服務缺失、擴大運輸量以跟上需求增長的步伐，美國土木工程師學會（the American Society of Civil Engineers）估計，直到 2020 年，美國需要在基礎建設上投資 1.6 兆美元，才能達到現今水準之上。[24]

　　美國交通運輸部（the US Department of Transportation）估計，每年在公共運輸上的花費將增加至 40％，才能在 2028 年達成大眾交通運輸工具「好修理」（good repair）的狀態。

　　整體看來，根據我們估算，直到 2030 年，全球需要在道路、建築、鐵路、電信、港口及水資源等公共建設上花費約 57～67 兆美元，才能達到期望的經濟成長。[25] 這比今日全世界基礎建設的量還多，幾乎超過全球在 1994～2012 年間所做的六成投資。[26] 這些投資加上需要更換折舊或過時的資本，將驅動全球總投資從 2008 年金融危機前的高峰，即 13 兆美元，來到 2030 年的 25 兆美元。[27]

　　顯而易見的，我們對資本的需求正在增加之中。那麼在供給方面呢？當然也是！在幾年的大豐收後，爆發飢荒的可能性依舊存在。缺少了非常規的貨幣政策，從過去 20 年間的真實情況來看，是無法達到長期供應的前景。隨著全球持續走向高齡化的社會，家庭的儲蓄將減少，這會導致資產無法累積。到了 2030 年，與老年相關的政府支出，其占 GDP 比重預計會增加 4～5％，對財政赤字和國家的儲蓄水準會更為吃緊、縮水。[28]

　　最後，以國家總儲蓄額來排名，像中國和印度分別名列第 1

受到新興市場的驅動，
全球投資將有可能
在未來 10 年達到二戰後的新高點

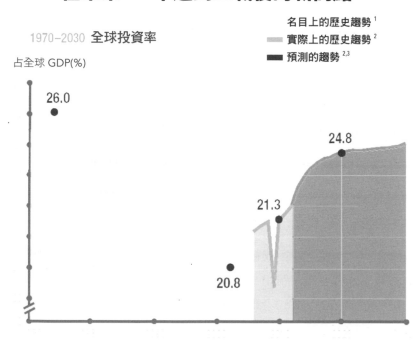

1970–2030 **全球投資率**

名目上的歷史趨勢 [1]
實際上的歷史趨勢 [2]
預測的趨勢 [2,3]

占全球 GDP(%)

26.0

24.8

21.3

20.8

1 根據每年的實際價格及匯率
2 以 2005 年的價格及匯率表示
3 此預測是假設資本貨物的價格與其它貨物價格呈相同的速度成長，且庫存沒有出現任何變化
資料來源：經濟學人智庫；全球洞察（Global Insight）；麥肯錫全球經濟成長資料庫；牛津經濟研究院（Oxford Economics）；世界銀行世界發展指標；麥肯錫全球研究所的分析

和第 6 的新興經濟體，受到他們的經濟轉向消費再平衡的關係，可能會出現儲蓄率下降的情形。[29] 比中國崛起成為經濟強國更令人印象深刻的是，該國驚人的儲蓄習性。相較其它國家，中國的經濟安全發展得不夠完善，許多人們對於 60 ～ 70 年代的貧困生

活仍是記憶猶新，這也是中國人成為世界儲蓄冠軍的原因之一。他們選擇把錢存下來而非花掉，中國的儲蓄率從早期 2000 年占 GDP 的 37％增長到 2008 年的 50％以上。[30] 該年度的總儲蓄額為 2.4 兆美元，使得中國成為全世界最大的儲蓄國。[31] 四年後，雖然儲蓄率沒有再上升，但快速的經濟成長已刺激且帶動總儲蓄額的增長。

　　但中國的儲蓄率在未來似乎不太可能維持如此高的水準，中國政府正試著策劃由依賴投資轉為依賴更多的消費，他們鼓勵人民多一點花費、少一點儲蓄。若中國遵循其它亞洲經濟體，如日本、南韓及台灣的路徑，其高儲蓄率可能會顯著下滑。例如，在 1995 ～ 2008 年間，台灣的儲蓄率在改善公共醫療和退休金制度後，下跌了 7％。[32]

　　隨著中國儲蓄率的下滑，已開發經濟體的儲蓄率有可能繼續讓人失望。在全球經濟衰退後，美、澳和英國等已開發經濟體的儲蓄率出現上漲。例如，在趨勢再次走低前，美國的個人儲蓄率從 2007 年的 3％成長到 2009 年的 6.1％，不過，儲蓄水準仍然相對偏低。而且，即使已開發經濟體照目前的速度增加，再堅持個 20 年，也只會對 2030 年的全球儲蓄率帶來 1％的增加。[33]

　　到了 2030 年，供需失衡將造成全球可利用的儲蓄額和渴望投資的程度之間，出現 2.4 兆美元差距的緊張局勢。[34] 以傳統的宏觀經濟來看，介於全世界渴望投資和願意儲蓄之間的差距，將會對實際利率施加上漲的壓力，並因而排擠了投資。這樣一來，反而會造成全球 GDP 成長遲緩，除非它能被強勁的資本生產率漲勢給抵消。

第二種可能的狀況：波動更大的系統

　　預期利率上漲的挑戰是存在的，近年來，由美國聯邦儲備
（the US Federal Reserve）帶頭，世界各國的央行都愈來愈願意考
慮將利率帶入未知的領域，並且以前所未有的速度來列印鈔票。
受到經濟衰退、全球金融危機及景氣復甦緩慢所引發的極度寬鬆
貨幣政策，似乎並未暫緩。

　　自從金融危機發生以來，美國、英國、歐元區和日本的央行
已對他們的國家經濟發展，投入超過 5 兆美元的流動資金。[35] 他
們採取這些行動，無疑是為了防止災難性的情況發生，但也帶動
利率下沉到未探索過的程度。而且，因為利率已長期維持在如此
低的水準，央行這些措施反而有助於建立新的、可能難以被動搖
的習慣。

　　世界各國的政府變成得依賴低率來籌措其赤字的開支以及刺
激國家的經濟發展，例如全球政府的財政赤字在 2009 年達到 4
兆美元的高峰。[36] 但是另一方面，低利率抑制了利息成本。舉例
來說，在 2008 及 2009 這兩個會計年度，美國政府的淨利息票據
從 2,530 億美元下跌到 2200 億美元；此一跌幅達 13％，恰巧正
逢聯邦政府的債務總額明顯增長 67％。[37]

　　從歷史來看，擴張性貨幣政策一直是經濟成長緩慢時期用來
提振消費支出和企業投資的暫時性手段。多數分析師認同各國央
行過去五年在量化寬鬆上所做的努力，這些措施已使全球 GDP
成長 1 ～ 3％。[38] 然而，各國央行如何準確達成這個目標，仍是
一個爭論點。

我們對於超低利率對消費支出和企業投資的影響並不清楚，例如，美國 2013 年個人儲蓄率比金融危機前的水準高出 5％，而企業投資仍維持自二戰結束以來的最低水準。[39] 較低的利率真能刺激 GDP 的成長嗎？不過，看起來，大幅提高政府支出以及相對快速的房市復甦政策，才是刺激成長的主因。在 2007 年和 2012 年間，美國、英國和歐元區政府以較低的利息來支付其債務，共同節省將近 1.4 兆美元，這讓他們能夠支出更多。[40] 同時，超低的利率也使得房市比預期更快復甦。

在日本，超低利率並非新鮮事。在 80 年代過度信貸擴張後，私人產業積極減少負債比例，日本政府仍藉由擴大巨額的財政赤字，來抵消低迷的需求和經濟活動。同時間，央行維持一貫的超低利率，來擴大其資產負債表。

經過 20 年的低經濟成長和持續的債務貨幣化後，日本的年度財務赤字在 2011 年達到高峰，占了 GDP 不到 10％的比例，該國的公共債務總額超過 GDP 的 240％。[41] 如此債築高台的現象仍舊持續，因為多數日本債務是由該國國內債權人所持有。[42]

然而，就日本人口結構展望來看，該國不太能夠償還債務，而且在未來幾年可能需要將政府債務予以貨幣化。換句話說，為了購買日本政府所發行的債券，央行將創造新的資金。

日本可能不是唯一的個案，當政府努力尋找方法以減少因人口老化而增加的相關開支以及虛弱的經濟成長率，非常規的貨幣政策（如量化寬鬆政策，甚至永久性的債務貨幣化等），都可能不再成為各國央行和政策制定者的禁忌。

在這種新的宏觀經濟範疇下，傳統的供需基本面或許不能

再作為衡量未來資本成本的有效指標。歐洲央行在 2014 年春天
調降基準存款利率至 0 以下的做法，正說明了在為來幾年內，
超低利率可能會是常態。[43] 當經濟學家卡門·萊因哈特（Carmen
Reinhart）及肯尼斯·羅格夫（Kenneth Rogoff）質疑國際貨幣基
金組織在 2013 年發表的報告時，政策制定者需要對支援非常規
貨幣的誇大風險，以及限制央行的政策調節空間有所警惕。[44]

如何適應

隨著供需的動態變化，企業領導者需要做好準備來帶領組
織，順利通行這兩個市場。我們看到太多的企業、家庭及政府被
意想不到的資本成本變化所傷。

無論會發生哪種狀況，身為企業管理者的你，都需要重置自
己的直覺並以更積極、負責任的方式來管理資本。有鑑於對長期
資本成本的不確定性，不管未來會發生哪一種狀況，我們已將焦
點集中在五種有助企業擺脫困境、能運作更健康的行動上。

在資本生產力上增加一倍的投入

對於實體資源而言，無論市場價格高低，將重點放在效率和
生產力上的確有其意義，對於資本資源亦是如此。你可以藉由提
高資本生產力（是指在固定資本下所產生的輸出及報酬率）為未
來建立更好的防備措施，例如，定義明確的資本配置策略、將重
點放在及時且高效的專案履行上、再造產品和工作流程，同時調

整採購、材料的取得及營運資本（流動資本）等方式，便可達到此目標。

在提高生產力方面，任何產業都不會比資本密集的產業（如礦業、石油和天然氣及房地產等），感受到更大的壓力。根據我們針對近期超過 40 個超大專案（原始資本支出超過 10 億美元的投資案）所做的分析顯示，超過八成的專案比預期花了更多的成本。平均來看，最終投入的資金比原來計畫還高出 40％。[45] 在近期的例子中，澳洲龐大的高根（Gorgon）液化天然氣氣田以及哈薩克最大的卡夏干油田，在後續成本評估比原始預算超出五倍之後，已被開採的業者視為極大麻煩的投資案。[46]

如果利率維持不變，成本超支可能會快速吞噬潛在的收益。如果利率上升，超支更可能致命。根據我們在各個產業的經驗，重新調整專案的優先順序、縮短專案的生命週期以及將專案的時程排得緊密些，綜合這些做法可以減少 10 ～ 25％的支出，並且縮短 20 ～ 50％的延遲。[47]

例如，中東某家房地產公司利用精實管理技術，如工作表現的評估會談（performance dialogues）和戰情中心（war rooms），以及預先構思樑柱和建築結構的接合類型，為興建一座 5 億美元的高樓建案，縮短 30％的週期時間。在降低整體成本的同時，這些努力使得該公司可避免建案超時而需支付 5,000 萬美元的違約罰金。[48]

當貨幣成本變得更昂貴時，沒有必要緊抓住它，這會讓情況變得更為艱難。由亞洲製造商日本豐田汽車率先提出的即時（just-in-time）交付處理之管理概念，在根本上便是努力避免零件和庫存閒置在工廠廠房，而使得資本被束縛住，無法流通。

如今，日本和韓國的汽車製造商漸漸地採用「輕型資本」（capital-light）的方法來進行產品設計和生產流程。衍生性產品和產能的增長，在新市場上已占了典型汽車製造商的九成資本支出。在未來，對於資本支出的需求，可能受到外在環境的變化而變得更加為重要。

分散的客戶需求使得汽車製造商得增加 30 ～ 50％的新車款式，此點對需要適應當地市場需求的車廠來說，影響格外明顯。[49] 美國 PowerTrain Technologies 公司正針對新的研發投資和下一代引擎生產工廠興建進行創新，法規對燃油效率的要求，不僅推動了新技術和新材料（如複合材料和鋁）的發展，還刺激了廠房興建及工具升級所需的資本支出。競爭更加劇這些趨勢的發展。在 2012 年結束的 5 年期亞洲汽車製造商報告中指出，資本支出對收入的比率是 30％，低於歐洲同業的水準。[50]

許多企業還可以透過調整產品系列或降低庫存的方式，來使他們的資本生產力達到最佳化。以特斯拉汽車為例，該公司要求客戶以支付訂金 2,500 ～ 5,000 美元的方式來預約購車；此做法不僅能使該公司明確掌握市場實際需求，也能使流動資本減少到企業運作所需的最低金額。[51] 實際上，特斯拉汽車已成功取得客戶所提供的流動資本。在 2013 年 12 月，特斯拉汽車所持有的客戶預付訂金已超過 1.6 億美元。[52]

另以亞馬遜為例，該公司小心謹慎採用先進技術來挑選合適的商品，並決定這些商品的庫存水準，使所有配送中心只保留流通速度最快的商品。受到客戶即時付款與延遲一個月交付供應商款項的做法，使得亞馬遜的流動資本為負的。

到了 2013 年第 4 季，該公司報告其應收帳款為 47.7 億美元，應付帳款則為 151.33 億美元，超過 100 億美元極為廉價的資本還在「浮動」中。[53] 如果全球十大零售商有像亞馬遜這樣的現金轉換週期，他們將共同省下超過 1,500 億美元的流動資本。[54]

挖掘資本的新來源

投注在資本生產力，能使公司內部資源發揮最大效益，因為這樣能擴大使用外部資本資源的配置。傳統上，要獲得資本援助意指必須具有好的信用評等並與位在金融中心（如倫敦、日本及紐約等）的主要金融機構，建立良好的關係。

然而，現在則是指向其它更大的資本池，如主權財富基金（sovereign wealth funds, SWFs；是指相對於私人財富，政府利用國家的外匯資產及財政盈餘來進行投資的工具）和退休基金，或者是透過個人網路借貸（peer to peer lending，又稱社交借貸）及群眾募資的數位平台來借款。

有鑑於大部分所增加的資金需求，將會成為基礎建設及房地產等產業的長期專案融資，企業管理階層及領導者也愈來愈需要尋求有耐性的資本池，像退休基金和主權財富基金的投資者就可提供這類資本。這麼做，這些投資者可以獲得比他們投資政府債券更高的利潤，還可以同時防範通膨的損失。

在各種類型投資中，主權財富基金的成長最快，每年以 10％的速度增長，2013 年受管理的資產估計有 3 ～ 5 兆美元。[55]

退休金基金的規模更大，2013 年受管理的資產約為 32 兆美元，
且此投資標的也發展得更為成熟。[56] 在受到新興經濟體和預期利
率上漲的影響下，經濟成長的前景依舊強烈。

　　部分主權財富基金，如沙烏地阿拉伯的主權財富基金，就一
直維持謹慎投資規範，包括大部分資產用於申購安全的政府債券
和股票。不過，其它國家的主權財富基金，則開始採取驚人的激
進投資策略。許多國家的主權財富基金，其投資規範在房地產、
基礎建設、礦業、零售和娛樂等受矚目產業有著高比重的投資。

　　英國的兩棟建築地標——哈洛德（Harrods）百貨公司和倫敦
最高的摩天大樓碎片大廈（the Shard；又稱摘星塔、夏德塔），
已是卡達投資局（the Qatar Investment Authority；即卡達主權財
富基金）的投資組合一部分。[57] 而這就像延攬了瑞典籍茲拉坦‧
伊布拉希莫維奇（Zlatan Ibrahimovi ）和烏拉圭籍埃丁森‧卡瓦
尼（Edinson Cavani）等足球超級明星的巴黎聖日耳曼足球俱樂
部（Paris Saint-Germain FC）一樣，重新成為歐洲領先的足球強
隊之一。[58]

　　擁有超過 8,000 億美元的挪威主權財富基金，除了將超過
60％資金投入股票市場，也逐漸將焦點放在備受矚目的房地產市
場。[59] 單在 2013 年，該基金與大都會保險公司（MetLife, Inc.）
合資成立的公司，收購紐約時代廣場大廈 45％的股權以及位在
波士頓 One 金融中心 47.5％的股權。[60]

　　現在正是考慮將投資標的移往風力和太陽能發電，以及其它
基礎建設上的好時機。有些國家的主權財富基金正在調整投資策
略，使其更接近於私募股權基金，而非被動的指數型基金。新加

坡政府擁有 100％股權的淡馬錫控股公司（Temasek Holdings），
負責國家的主權財富基金，其管理資產超過 1,700 億美元，
2014 年對屈臣氏健康和美容集團（A. S. Watson health and beauty
group）投資了 57 億美元。淡馬錫控股公司自 1974 年成立以來，
該公司的投資組合包括從製鞋商到鳥園。[61]

數位平台也是另一個獲得資金新來源的開放式管道，通常沒
辦法透過傳統方式（如公共市場和銀行借貸）取得資金來源的小
型公司，會對這些平台特別感興趣。個人網路借貸和集資平台，
如 Kiva 及 Kickstarter，都是無國界之分的。

以網路為平台、允許用戶借錢給全世界的人的 Kiva，已累積
超過 120 萬的貸方，且仲介超過 6 億美元的借貸。[62] 在 2009 年
成立的 Kickstarter，是一個專為創意專案（從電影記錄片到圖版
遊戲）提供群眾募資的平台，該平台已協調超過 690 萬人共同認
捐 13 億美元。[63]

透過 Kickstarter 平台獲得資金援助的著名專案中，包括了改
編自電視影集的《偵探小天后》（Veronica Mars）這部電影，它
從超過 9 萬名支持者中募集到 570 萬美元。[64] 支付寶（Alipay）
是由中國電子商務巨頭阿里巴巴所創辦的（第三方）支付處理公
司，該公司也設立了一個專門提供小型企業融資服務的單位。[65]

開發新的商業機會

具有特權獲得資本來源的公司，未來將具有明顯的競爭優
勢。考慮到超過 7 成的全球經濟成長和相關新的投資機會都將來

自於新興市場，接觸這些成長市場並了解他們的資本限制規定及
金融規範，已成為投資者必做的功課。當開發中國家開放愈來愈
多的貨物及服務貿易連結點，也會增加貨幣交易。企業可以從擁
抱這個「世界級的資本主義」（cosmopolitan capitalism）主張，
透過尋找新的資金提供者、開拓全球市場並適應全球標準的管理
規範，來獲得顯著的利益。

在已開發及開發中國家的企業都可以找到這方面的有趣個
案，在 2010 ～ 2012 年間，印度的第二大電信營運商信實通信
（Reliance Communication）尋求並獲得幾家中國銀行近 30 億美
元的貸款。該公司獲得以 5％的利率來支付這筆貸款的利息，大
幅低於要支付給印度當地銀行的利率水準。[66]

在 2011 年，私募股權的巨頭 TGP 投資有限責任公司決定出
售其 5％股權給科威特及新加坡的主權財富基金。[67]在 2010 年，
有一群國家的主權財富基金加入加拿大安大略省的教師退休基金
計畫（該基金是加拿大最大的退休基金之一），斥資 18 億美元
投資 BTG Pactual（巴西最大的投資銀行之一）。[68]資產負債表上
有著大筆結算金額和手頭上握有大筆現金的企業，可以在這類的
合夥關係中成為新的資本投資者。

長期低利率的走勢對貸方的好處顯而易見：企業及政府將能
夠享有長期廉價的融資借款。當利率下降時，行動迅速的貸方可
以藉由再融資而從中受益。但是在資本成本增加時，可以創造其
它類型的機會。更高的利率將能提供許多公司獲得更高的投資報
酬，另一好處則可能會減少退休金的債務。

當利率上升時，預期的投資報酬率會增加，因為短期增加的

利息支付會被長期的資本增值所抵消，這對資助退休基金計畫來說是有利的。

　　舉例來說，在 2013 年美國聯邦儲備局逐漸減少調降，利率隨之上升之際，福特汽車能夠將其 97 億美元的退休金計畫之資金缺口縮減約 40 億美元，淡化其增加的 5,000 萬美元的利息支出。[69] 在 2013 年標準普爾 500 家企業的報告中顯示，退休金的資金缺口總計高達 3,550 億美元，是截至目前為止最高的記錄。[70] 這些多數的大型企業沒有固定收益來源的退休金計畫，當利率上升時，其資金缺口將會縮小。

　　零售銀行（retail banks；服務一般民眾的銀行）也可以藉由調整其商業模式來抓住新商機。就長期投資來看，銀行可以利用其與現有企業的關係及承保能力，協助大型機構的投資者進行聯貸業務，或者與政府成為合作夥伴，建立公家和私人的借貸機構。對於小型和中型企業，銀行可以在營運資金的提供，或者開發日益成長的個人網路借貸空間上，多投注一倍的努力。

　　更多早期的行動也正在發酵，隨著個人網路借貸的興起，如借貸俱樂部（Lending Club）及 Funding Circle 已與聯邦商業銀行（Union Bank）、桑坦德銀行（Santander）形成策略聯盟，各自為他們的客戶提供新的信貸產品。[71]

　　2014 年夏天，借貸俱樂部在某次私人募款回合中，被評估有 40 億美元的價值；它在首次公開發行股票時，至少集資了 5 億美元。

利用靈活度來處理風險

　　由於前景不明朗，加上未來發生波動的可能性將增加，企業在制定資金計畫時，行動必須更為謹慎、靈敏，且要能伺機而動。就像其它資源或投入一樣，企業必須多去思考資金。由於利率具有較大風險，企業可能會發現自己需要多仰賴保險來作為防範風險的措施。

　　當所處產業的重要投入屬於價格動盪的資源時，企業一般都會藉由參與金融交易來設定他們所要支付資源價格的上限與下限。航空公司通常會對沖他們的燃油成本，百事可樂會預防糖市的價格波動，肉豬飼養戶則會利用五花肉的期貨交易來減輕他們的財務風險。如果投入資源的價格是意外地出現下跌走勢，避險的操作可能會導致企業放棄一些潛在收益。

　　但這也使得企業可以保護自身，避免毫無防備地被非預期的變化攻擊，同時允許他們可安心地從事合理的規劃。有愈來愈多的企業必須將資本和金錢的投入，與可能引起的價格波動走勢一併列入考量，同時也要思考使用何種方法可以對沖和控制所投入的成本。

　　企業也必須有意願且有能力，在融資貸款到期期限和不同資源間做好平衡的調配。2014 年 5 月，美國卡特彼勒公司（Caterpillar）發行一個利率相對較高的 50 年期債券，同時繼續向銀行和貨幣市場進行短期借貸的操作。同年間，法國電力公司（Électricité de France, EDF; Electricity of France）發行一個 100 年期的債券。

　　像這類超長期債券，其利率是高於短期債券，他們幾乎就像是永久的資本，價格可維持數十年不變。這就如同製造商透過多樣化和具有備援方案的供應鏈措施，同樣可以享有穩定的資金供給。

改變心態

　　對於個人、家庭和企業來說，不管資本成本的未來走勢為何，最終因應的辦法將是需要徹底改變他們的直覺。看慣資產價格快速上漲的家庭，可能需要增加他們的儲蓄率來因應家庭緩慢的資產成長。

　　對企業來說，若想為短期變化做好準備，其中一個最好做法便是為長期趨勢發展做好規劃。如果資本成本隨著時間變化，企業以短視眼光來看待長期資本的發展，將會在沒有防備的情況下遭遇風險。為了在 2 年時間內展現出卓越財務表現，全球有 80％企業是備感壓力的，尤其是對上市公司而言，這些公司的老闆多半持有大型資產（如退休基金）。[72] 外部投資者和市場的壓力，通常公開驅使企業保持「季報式資本主義」（quarterly capitalism）的常規。企業做出超過 10 年甚至 30 年期的借貸、投資及資本決策，事實上都是有問題的。企業將需要重新審視其制定投資決策的心態，如此才能為長期帶來更多的價值。

　　為了因應這些變化，資產擁有者將需要更仔細定義長期目標及風險承受能力，並依此制定投資組合。可能的做法是，對更多的流動資產做更高的資本配置，以便將焦點放在創造長期價值上。舉例來說，新加坡的主權財富基金 GIC，便以 20 年的長遠角度來看待亞洲新興市場的商機，不論他們的短期波動為何。[73]

　　企業也可以透過提供其它的衡量指標來分析自身的績效表現，以協助他們的投資者將焦點放在長期的發展上。為了加強分散的逐戶銷售力量以及更高服務品質的策略，巴西的 Natura 化妝品公司公布銷售滿意度的調查資料，並針對每位員工提供數小時的教育訓練。運動用品零售商 Puma 決定公開一份委由外包商針對健康和安全議題所做的分析報告，以解決其對產業風險範圍的透明化需求。[74]

　　如同我們所提到的，目前圍繞在資本價格上的顯著變化，顯示其近期走勢的不確定性。在很大的程度上，全球經濟就像航行在水面上的一艘船，通行於各國間的流動性已額外增加不少。利率會上漲抑或持續走低，是很難確定的。無論如何，企業可以用許多方法來重新調整自身的思維、行動和能力，使他們能繼續經營下去。

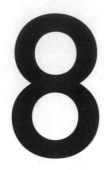

Chapter

工作鴻溝：
殘酷的人才供需市場

對企業領導者和個人來說，勞動市場的變遷是最難以駕馭的。多數成年人從小就相信，他們所受的學校教育會提供學歷證明和進入職場前所需具備的技能。但是，此景不再！

　　大概在 30 年前，全球勞動市場開始出現一個奇怪的趨勢，特別是在已開發國家。這個趨勢在擁有 1.55 億勞動人口的美國尤其顯著，因為美國是世界第三大的勞動市場，也是最具靈活度和活力的市場。在 50 及 60 年代期間，受到經濟重建、貿易成長及國內消費增加的影響下，美國經濟一片繁榮。數以百萬個擁有高中學歷的美國人都找到穩定且高薪的工作，其中有許多人服務於不斷成長擴大的製造業。美國婦女也投入製造業工作，在二次世界大戰結束後，她們加入勞動市場，使得勞動力很快在 80 年代達到高峰。

　　一般說來，美國人在完成高中學業（或者有些讀完大學）便投入勞動市場，從事穩定工作並享有不錯的工資待遇與福利。這些人通常待在一畢業就進入服務的公司，直到退休為止。在經濟衰退期間，裁員往往是暫時性的做法，因為企業想留住訓練有素的勞工，所以當人力需求反彈時，那些勞工還是很容易找到工作。

　　因此直到 1991 年，美國的經濟顯示著相當可預期的循環週期模式。每當經濟衰退後，一旦 GDP 恢復到衰退前的水準，在接下來的三至六個月時間內，勞動市場便復甦到先前的就業高峰。在二次大戰後，這個現象總是緊接著在屢次經濟衰退後發生，如 1969 年、1973 年及 1981 年。

　　不過就在 1991 年發生週期相對短暫且輕微的經濟衰退後，美國經濟一直到 15 個月後，GDP 才恢復到衰退前的高峰，也才使勞動力復甦。當時，分析師及專家們為此感到焦慮，並稱此期間為「無就業的景氣復甦」（jobless recovery）；而如此緩慢的就業成長速度可能使美國前總統老布希（George H. W. Bush）喪失連任的機會。

　　但 1991 年卻是不平凡的一年，發生了不少事情（如：發生波斯灣戰爭、房價下跌、房市萎靡不振、失業率近乎 8％等）。下一次的經濟衰退，即發生在 2001 年，相較歷史上其它幾次的經濟衰退經驗，該次也是相當溫和且短暫，但前後卻花了 39 個月才使勞動市場恢復生氣，無就業的景氣復甦已然變成一個失業擴張的局面。

　　接著在 2008 年發生金融危機，自經濟大蕭條和隨後緩慢的復甦，一共歷經了 43 個月，GDP 才完全恢復先前的水準，接連帶動勞動市場回到往日榮景。換句話說，就業率一直到 2014 年 6 月才恢復到衰退前的高峰──總計花費了六年半的時間，即自經濟衰退開始，一直到結束後的五年。[1]

　　過去 30 年間，在美國發生的「無就業的景氣復甦」現象，也出現在其它已開發經濟體，如加拿大發生在 90 年代中期、德國發生在 2000 年初期、法國發生在 2005 年；澳洲、瑞典和其它幾個已開發國家自 2009 年也陸續發生，這些都是已開發經濟體在無就業成長下奮鬥的例子。

　　在 2013 年，歐盟執委會宣布要復原歐盟的經濟活動「只能靠著創造就業機會來逐步達成」。2014 年 1 月，國際勞工組織（International Labor Organization, ILO）提出警告：儘管商業活動興旺，全球失業率正逐漸上升。在美國，這幾年令人難以忍受的低就業成長，已對勞動市場造成損失。實際家庭收入的中位數已連續 25 年出現持平的走勢[2]，青年失業率已創下歷史新高，低技術勞工面臨這些變化所帶來的衝擊，許多人就此離開勞動市場，美國 2014 年的勞動參與率比過去 36 年任何時候都來得低。[3]

　　究竟發生了什麼事？有了新技術——代替人力的資訊工具和機器——以及前往中國、印度開闢大量新勞動力，這些來自已開發國家的企業便能夠在經濟成長和景氣低迷時期，保持甚至提高生產率。在美國最近兩次的經濟衰退期間，即 2001 年和 2008～2009 年，減少的就業人口造成了 GDP 下滑幅度達 98％之多，然而生產率幾乎是沒有受到影響。

　　但勞動市場尚未被證實能像企業那麼靈活，我們已見證過一連串的動盪事件。例行性的文書和工廠的生產組裝作業，都已被自動化的機器所取代。勞動市場平穩地出現兩條分叉的走勢；一條代表的是只能賺取低廉工資的卑微勞工，另一條則代表擁有高技能、能賺取高薪的知識工作者。

　　來自新興市場的技術和競爭力，已經削弱那些處於中間地帶的勞動力。然而企業就在此時指出，從醫療保健到科技產業間，仍具有很大的勞動缺口，而且他們擔憂未來的員工能否具備必要的工作技能。造成勞動市場供需混亂、失調的因素已經存在一段時間了，只不過金融危機和接踵而來的經濟衰退，加劇這個現象並且使情況更為明顯，讓大家有目共睹。

趨勢突破

　　今日我們站在突破另一個趨勢的邊緣，這次是受到科技革新所驅使，自動化的技術已取代了數以百萬計的例行性事務工作

（如文書處理）和生產工作（如生產線的組裝作業）。不僅如此，這些技術正迅速蠶食高技能的互動性工作，例如需要人際互動、解決問題及一系列嚴謹思考能力的工作。

過去幫助我們提升生產率的資訊工具，現在被用來把工作拆解成數個專門的作業，而每一項作業都能結合靈活的勞動力，被安排在某週的某小時內進行，同時也逐漸透過遠端來完成這些作業。由於科技的快速翻新，新技能也以更快的速度被打入過時、不適用的行列。新技能的差距不僅更常出現，也在更多地方發生，而這也逐漸加深人力的供需問題。

因為科技正在改變所有產業的工作和各地區的就業機會，世界各地的雇主需要對下列這些議題徹底改變既有的想法：（1）僱用的對象、在何處僱用以及如何招募；（2）可以如何使用技術來代替技能人員；（3）不僅僅是人員而已，還包含如何使用技術來調整工作方式。

美國經濟在 2014 年 6 月終於恢復往日水準，但就業市場在本質上已和過去大相逕庭，而且有一部分與勞動市場差異頗大。科技不僅讓更多工作被自動化的機械作業所取代，使現有工作的技能差距更大，它還改變了工作本身，而我們可以適應這些變化的時間也越來越短。

科技改變了工作本質

當先進的機器開始取代工廠中許多生產作業，利用科技讓人類工作進行自動化，才算是真正展開。在 90 年代後半期，科技也開始取代許多例行性事務工作。像是打字員和總機等工作，曾是就業市場大量所需的人力，但此需求早已大幅消失。美國在2001年和2009年經濟衰退最為劇烈期間，超過300萬項與生產和事務性相關的工作就此消失不見。

在面對重新設計生產流程以改善生產力的壓力下，生產性質的工作已受到影響；同時間，隨著技術的進展，許多製造流程已更改為自動化作業，而且促使精實營運（lean operations）的概念興起。隨著運輸和通訊技術上的進步，企業能將製造和組裝作業外包到低成本的地區進行。像是銀行櫃員和零售業的收銀員等例行性的事務工作已被精簡，甚至改為自動化，例如在可行的狀況下，由自助式服務系統（如ATM、互動式多媒體資訊站及自助式結帳收銀機）所取代。

今日最有價值的員工所從事的商業活動，便是經濟學家口中所稱的「相互交流的活動」（interactions），包含了搜尋、協調和監控需要交流的點子、商品及服務。專業化、全球化和技術正在進行相互的影響；而此即是已開發經濟體成功的關鍵因素之一。

互動性工作的範圍，從相對較低的技能（如獄警、居家照護者）至非常高的技能（如外科醫生、銷售人員、律師）都涵蓋在內。就在美國近300萬有關生產和事務性工作消失的同時，幾乎有500萬個新的互動式工作被創造出來（如下頁圖所示）。在這當中，有許多工作是屬於「非流通」產業，包含醫療保健、教育和政府服務，至於像生產商品和提供服務的產業，幾乎是針對國內的顧客，所以很難輸出或輸入人力。

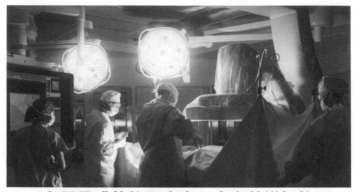

在開發成熟的國家中，大多數增加的就業機會都需要進行複雜的互動，他們並非是例行的生產或事務性工作

2001~2009 年間，在美國新創造出來的工作

單位：百萬員工

4.8

互動性工作
涉及複雜的問題解決、經驗的累積、事情來龍去脈的交流（代表性的工作，如律師、醫生）

-0.7

事務性工作
所進行的作業可以照本宣科，並予以程序化、自動化（代表性的工作，如銀行櫃員、零售業的收銀員）

-2.7

生產性工作
所參與的作業流程涉及將實體原料轉換為成品（代表性的工作，如工廠的操作員、農夫）

資料來源：美國勞工統計局（US Bureau of Labor Statistics）；麥肯錫全球研究所的分析

除了在創造就業機會和取代工作上的影響之外，科技正漸漸使雇主重新設計和拆解工作，並且重新分配例行性作業給低技能的員工。每一種互動性工作，都有著數百種不同的作業，其中有許多是不需要進行互動，或者不需要具備最高技能的人才來進行的互動。這些作業可以被研究、記錄和予以標準化，一旦成慣例，低附加價值的作業將被區分出來，而這些作業可以指派給其它員工——通常是那些具備低技能或者勞動成本較低的員工。

這個趨勢在醫療保健產業特別常見，慢性病患的管理（如生活方式、飲食及運動方面的諮詢），可以分配給中階技能的醫療工作者，如執業護士而非醫生。企業的人力資源單位發現，涵蓋具體範圍的基本客服來電，可以重新分配給人力資源共享的服務中心，讓人力資源的專業人士可以專注投入人才開發及企業文化建立的工作上。

職場本身也可被拆解，當勞動力由生產和事務性工作移轉到可以交付遠端進行的互動性工作，愈來愈多企業正嘗試利用無所不在的電信技術和靈活的工作調度安排。例如，已發展成擁有國際航線的捷藍航空（JetBlue，為一新興的廉價航空公司，早期主要營運美國的內陸航線），其多數的機票代訂仲介都是在家中工作。

在科技和創新商業模式的驅動之下，強大的網路平台正改變許多人對於工作的定義。就像亞馬遜和 eBay 的線上平台，已經連結消費性商品的購買者和生產者；其它新的平台、行動裝置軟體和網站，則連結服務的購買者和提供者——這正是全新且顛覆以往的型態。

　　Lyft 身為 Uber 手機叫車服務軟體的競爭對手，允許用戶加入成為該公司的專職司機，並可依自己的方便，使用自己的車來載客。Airbnb 是一套廣受歡迎的民宿預訂服務，它媒合了旅行者和家中有空房且願意租借出去的人們，讓成千上萬想要兼差經營非常小規模的旅館業者，可在保有原來所從事的工作原則下，實現經營小旅館的夢想。

　　像 oDesk、派遣兔（TaskRabbit）和 Elance 等新創公司已建立線上的人力市集，其所提供的服務範圍從軟體開發到基本的清潔、跑腿。有愈來愈多的工作不再需要人們每天到一個定點，待上固定的時段；反而是強調在新的安排下，要求人們從事不斷擴展出來的一系列作業。

改變終點目標，到處都有技能差距

　　技能差距不再是新的傳聞，在接下來的十年，它將成為我們所熟知的情況。全球可能會出現約 4,000 萬名高技能人才及 4,500 萬名中階技能人才的短缺，而且到了 2020 年會伴隨著 9,500 萬名過剩的低技能勞動者。

　　如果上一個時代被定義為數以百萬的中國勞工加入全球勞動市場，那麼下一個時代將會經歷技能差距，而且這個情況甚至也會在中國出現——預計從現在到 2030 年間，大陸內地的年輕勞動力將縮減近 50％，同時間，高技能人才的短缺將減少 2,300 萬名。[4]

　　「技能安全性」（skills security）似乎也在下降，受到科技變

全球高技能勞動者的人數很可能過少，
而且沒有足夠的工作機會
可以提供給低技能的勞工

依照教育程度來區分，估計 2020
年將會出現的勞動人口供需差距

☐ 技能勞動者的供給百分比（%）
■ 技能勞動者的需求百分比（%）

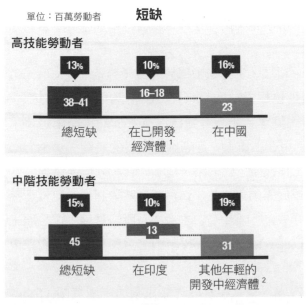

單位：百萬勞動者　　**短缺**

高技能勞動者

13%	10%	16%
38–41	16–18	23
總短缺	在已開發經濟體[1]	在中國

中階技能勞動者

15%	10%	19%
45	13	31
總短缺	在印度	其他年輕的開發中經濟體[2]

過剩

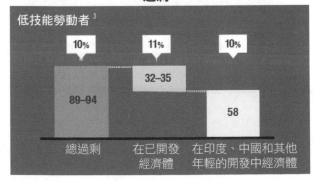

低技能勞動者[3]

10%	11%	10%
89–94	32–35	58
總過剩	在已開發經濟體	在印度、中國和其他年輕的開發中經濟體

1 從已分析的 70 個國家中挑選出 25
個國家，這些國家在 2010 年的人均
GDP 皆超過 2005 年 2 萬美元的購
買力平價
2 從已分析的 70 個國家（包含南亞
及撒哈拉以南的非洲地區）中挑選出
11 個國家，這些國家在 2010 年的
人均 GDP 皆少於 2005 年 3,000 美
元的購買力平價
3 對已開發經濟體來說，低技能的勞
動者被定義為沒有大學學歷的工作
者；對開發中的經濟體來說，低技能
的勞動者則被定義為有小學學歷（或
以下）的工作者
資料來源：麥肯錫全球研究所的分析

遷的影響，不斷且快速變化的工作（職務）要求，成為今日勞動市場的一大特色。在 20 年前，基本的電腦操作和網際網路技能都是額外而非基本必要的條件。到了今日，企業求才廣告上不列出得熟悉微軟 Word、Outlook 及 PowerPoint 等軟體操作，實在很少見。不僅如此，許多企業還會要求求職者得精通會計、資料庫和網頁設計軟體。

即使在科學、科技、工程和數學等領域（合稱 STEM），工作要求的快速變動也相當常見，而且這讓企業和員工雙方都疲於處理。這就好比將應用在半導體技術革新上的「摩爾定律」（Moore's law）套用在工作上，每隔兩年左右的時間，勞動者必須精通一套新的工作技能，如網路、電子商務、社群媒體等。

隨著巨量數據展露頭角，並成為從金融產業到政府單位下階段發展應用的大好機會，無論是求才者本身所需具備，還是雇主認清企業所需的技能，僱傭雙方都得努力修習、掌握此一新技術的應用。

麻省理工的電腦科學家和管理思想家桑迪‧潘特蘭（Sandy Pentland）表示：「現階段沒有足夠的數據科學家，甚至還差得遠呢！我們傾向於教導人們，在你身旁所發生的每一件要緊事，事實上，多數都發生在人與人之間。」

潘特蘭教授認為，數據科學家的不足，會更難充分應用巨量數據的技術[5]，有超過三分之二的企業都在努力反對有限或無發展潛力的數據資料分析技術。[6]

這個情況不僅限於數據資料分析上，根據美國經濟諮商理事會的報告，美國在 2005 ～ 2012 年間，對於技能熟練的工廠工人需求增加了 38％。[7] 當該國從經濟大蕭條和幾年前遭受到重創後復甦，製造商沒辦法簡單地重新僱用那些曾在不景氣時被裁撤掉的員工。因為這些業者已在電腦和技術精良的生產上進行大量投資，因而需要更多有經驗的工廠工人來操作這些以電腦控制為基礎的機器。[8]

根據麥肯錫在 2012 年針對世界各地超過 2,700 位企業主所做的調查，有 39％受訪者表示，技能短缺是導致基本職位出現空缺的主因，而且有超過三分之一的受訪者認為，缺乏技能會對企業在成本、品質及時間上帶來重大問題 [9]，但這又不足以鼓勵人們去取得大學學位。

對於經濟迅速成長的中國來說，他們正面臨一項難題——每年難以讓 700 萬名大學畢業生找到工作。[10] 雖然這有一部分是受到經濟成長趨緩的緣故，但對於有高度人力需求的產業，如資訊科技、金融和會計等，中國本身也無法訓練出合格的人才。所以，一個兩相矛盾的情況就此出現——意即在大學畢業生就業困難的市場中，仍存有高技能的人才短缺問題。[11]

上述的矛盾情況，也會發生在提供靈活且良好高等教育的國家。至今仍深受長期未充分就業之苦的美國，截至 2014 年 10 月，仍有 480 萬職位空缺找不到人來填補。在 2013 年有項針對近 5,000 名美國大學畢業生所做的調查，約 45％受訪者表示他們不需要有四年的學歷才能就業。[12] 有工程專業背景的學生可能發現，他們能獲得多項工作機會，而其它專業的大學畢業生則可能最終落得找不到工作的下場。

如何去適應

　　在勞動市場上所出現的矛盾情況和技能差距，是無法自行解決的。搭配實體資源，再利用高價和刺激這類直接的手段，常常能有助解決供給面的問題。但是人力資源的問題更為複雜，隨著科技進一步加快勞動市場的供需失衡，反覆出現的技能差距將變成一種常態。政府、企業和個人將需要改變以下看法，包括他們對勞動市場、何處可以招募到員工，以及科技與工作間之關係。

　　他們需要專注在技能的培養上，同時需要學習單位機構所需跟上，但卻不斷變化的技術。並且，為了能做出敏捷反應，企業也需要探索新的人才庫，並保持最新的招募和訓練方法。未來雇主和公家單位間的互動也需要加強，以確保各方能即早發現和解決人才供需失衡的問題。

開發新的人才庫

　　在美國將近有三分之二的企業反應，對於內部的某些職務，他們常常無法找到符合資格的人選，其中又以科學、科技、工程和數學等領域為首。但美國只有 15％畢業生主修這些領域；在中國，主修這些領域的畢業生占 42％；在印度則有 26％。[13]預計到了 2030 年，全球增加的 STEM（即主修這些領域的）畢業生人數，有超過三分之二是來自這兩個國家。

　　這種地域差距也愈來愈常見，甚至以範圍較小的區域和城市為比較基準，都會有所差距。匹茲堡是卡內基‧美隆大學和欣

全球主修科學及工程領域
的畢業生占比差異很大

取得科學、技術、工程或數學（STEM）學位的大學畢業生

占 2008 年所有畢業班級的百分比（%）[1]

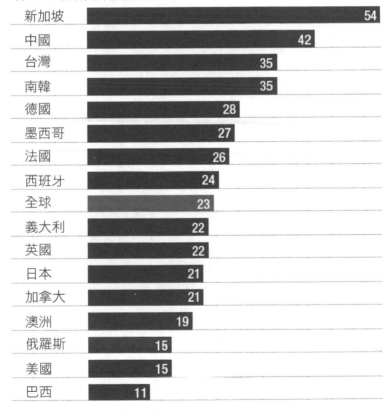

新加坡	54
中國	42
台灣	35
南韓	35
德國	28
墨西哥	27
法國	26
西班牙	24
全球	23
義大利	22
英國	22
日本	21
加拿大	21
澳洲	19
俄羅斯	15
美國	15
巴西	11

1 STEM 領域的定義為：物理和生物科學、數學、電腦科學、建築和工程。
資料來源：美國國家科學基金會（National Science Foundation）出版的 2012 年科學和工程指標刊物中，依選定地區及國家人民的第一個大學學位統計圖表：2008 年或最近資料；新加坡統計局（Singstat）；麥肯錫全球研究所的分析

欣向榮的科技產業所在之地，該地蘊育了比同州距離 140 英里遠的費城還多的工程專業畢業生。對企業來說，在決定總部所要設立的地點時，能否監控當地的教育素質、人口老化及工資發展趨勢，是相當重要的，如此一來，企業才能準確評估人才的可用性。

　　除了提供上述服務的私人公司，如 PayScale 專門提供薪資行情，也有愈來愈多的地方和區域經濟發展單位，開始提供這方面的資料，兩者都能吸引潛在的投資者。除了評估含有適當技能的人才庫大小之外，企業還有必要衡量當地教育體系的水準和市場的動態，以便決定薪資的差別。這樣的分析將變得愈來愈精細，下至掌握全球各地大學畢業生的人數和曾接受專門訓練的勞動者人數。利用這些資料，企業可以取得優勢來建立全球專業人才分布的供給圖，及早知道何處可進行人才的投資佈局。

　　愈來愈多的企業領導者意識到這些差異，並且開始挖掘全球的人才庫，藉此滿足他們的人力需求。許多企業不僅透過建立具吸引力的「雇主形象」做法，將部分部門單位搬遷到有合適人才供應充足的地方，還會祭出搬遷獎勵和升遷發展機會來吸引海外人才。在對 STEM 人才需求高漲的矽谷來說，企業的管理階層正對議員們遊說，增加臨時工作簽證配額的可能性。[14]

　　有些公司正積極考慮設立海外辦公室，以便他們可以更容易地透過內部職務的調動來引進國際人才。[15] 在資訊產業，有愈來愈多的全球龍頭企業，將他們對技術人才的焦點移往中歐和東歐，儘管 2011 年他們在印度設立新的外包廠數量位居全球之冠。

　　波蘭的布雷斯勞（Wrocraw），長期依賴重工業的發展，受到像惠普公司（HP）在當地成立營業據點的關係，現正經歷部分的產業新生。惠普的布雷斯勞中心在 2005 年開始營業，現在已僱用超過 2,300 名的員工，比該公司過去預期的數量還多了兩倍以上。[16]

除了放眼海外的勞動力之外，企業可以開發人數增長中、還未被充分聘僱的居家人才，如年長的勞動者、婦女及青年。缺乏創新的工作安排和千篇一律的聘僱方式，意味著這些族群時常被雇主所忽視。若能利用聰穎創新的做法，人才庫可能會成為企業與其競爭對手的一大差異處。

像 Etsy 這類的公司，示範了科技是如何被應用在挖掘新的人才庫、建立可行的商業交易，以及開始彌補因科技進步和全球化發展而消失的一些傳統生產和事務性工作。Etsy 是一個電子商務平台，2005 年成立於紐約布魯克林，該公司試圖去複製古董市場的概念。自 2009 年獲利後，該平台便擁有 100 萬名活躍的賣家。

為了將商品陳設在虛擬店舖上，這些賣家必須支付每件商品 20 分美金的上架手續費，才能對全球買者銷售他們的手工藝品，如手工印製的床單枕頭、西藏牛皮編織的波希米亞風手環等。

在 2013 年，Etsy 網路平台的買賣交易額就達 14 億美元，較前年（2012）成長了 63％。更重要的是，該公司發現一種利用人們的巧智創新、工藝技能及創業幹勁等資源的方式，而這些資源在過去一直未被注意到。在 Etsy 網路平台上的七成賣家都沒有傳統的全職工作，在 2013 年，該公司推出了一個工藝創業計畫（Craft Entrepreneurship Program），用意在幫助長期沒有固定工作的人能利用他們的工藝和製造技能來補貼收入。

Etsy 的成長證明了未充分就業人才的潛力；在 Etsy 的美國網站，約有 88％賣家是女性；若以更廣泛的全美勞動力來看，只有 57％女性加入就業市場。[17] 放眼國際，我們可以看到在某些企業的努力之下，也開始出現類似的成果。在日本，豐田汽車正僱用退休的員工來從事兼職的生產性工作。

全球知名酒商帝亞吉歐公司與英國獨立的慈善機構 Tomorrow's People 合作多年，目標在幫忙與社會脫節的青少年和長期失業者。帝亞吉歐公司的前身為大都會公共有限公司（Grand Metropolitan plc.），在 1984 年以 GrandMet 信託的方式成立了 Tomorrow's People 慈善機構，該機構成立的目標便是在政府、企業及求職者之間填補差距。

這個機構提供年輕人特定產業工作的培訓，使他們能與雇主連結，並且提高訓練的成果表現。到目前為止，該機構已幫助超過 40 萬名長期失業者在帝亞吉歐公司或其它公司找到工作，又或者是接受專業的教育及訓練課程。在這些接受幫助的人當中，有超過四分之三的人在一年後仍繼續獲得企業的聘僱。[18]

重新思考科技

傳統上，科技一直被視為取代勞力及降低勞動成本的有效方法。隨著技術人才短缺的問題日益嚴重，企業將著眼在利用科技來使大多數員工的技能得以發揮，同時提高他們的生產力。例如，投資條碼掃瞄設備的零售商，能讓在結帳櫃台工作的收銀員具有更高的工作效率。

採用電腦數值控制車床來進行車削（turning）和銑切（milling）的製造商，便不再需要進行手工測量及重新調整的作業。配有智能科技設備的低技能勞動者，可以使他們從事高技能的工作。舉例來說，作為金融包容性計畫（financial inclusion program，是提供弱勢族群都負擔得起的金融服務）的一部分，導入科技能讓 2,000 名位在印度南部從事鄉村銀行業務代理但技能不熟練的員工，利用智慧卡、手機和互動式多媒體資訊站來處理付款作業。

傳統上，利用科技來提升專業和管理工作的效率，一直不像勞力密集的職務能獲得較多關注。但是，有研究顯示，組織可以實現提升知識工作者約 20％的生產力。[19] 利用社交平台作為主要溝通以及與他人合作的工具，可以大幅地降低撰寫和回覆電子郵件的時間、消除搜尋內部知識和專業知識的冗長時間，並且減少需耗費一個工作天的其它作業時間。

到目前為止，很少有企業願意全面地採用社交媒體工具。因為如此一來，企業必須挑戰現行的規範，開放一定程度的交流和資訊分享。源訊（Atos）是法國資訊科技服務公司，該公司則是少數的例外。這家公司的願景，是希望能成為電子郵件使用率為零的公司，於是他們取而代之地使用社群平台來分享資訊和知識。該公司估計，員工們花費 25％的工作時間在搜尋資訊或專業知識，而且在新的社群平台上線後第一週，全公司電子郵件使用量就減少了 20％。

科技在教育和訓練未來工作世代上，也發揮了極為重要的作用。例如，南非政府和諾基亞（Nokia）率先推出 MoMaths 計畫，讓成千上萬的學生能在有數百萬年輕用戶使用的 Mxit 行動社群網路平台上，完成並訂正他們的數學作業。這些學生在完成選擇題作答時，會收到即時回饋，不僅如此，他們還可以與全國各地的同學們比較作答結果。

　　這項計畫 2009 年第一次在三個省試辦時，只有 260 名學生參與，隨著此計畫的快速成長，到 2013 年底，範圍已擴及 150 所學校 1.4 萬名學生。[20] 根據 2010 年中期評估報告顯示，參與者的數學能力提升 14％，而且有非常高的比例—— 82％的學生會在放學後學習數學。[21]

　　巴基斯坦的行動通訊商 Mobilink 與聯合國教育科學暨文化組織（United Nation Educational, Scientific and Cultural Organization, UNESCO）及一個非政府組織的 Bunyad 共同合作，在旁遮普省（Punjab）南部的一個農村地區，幫助當地婦女和女童以使用預付卡手機的方式，來學習基本的識字能力。參加這個計畫的女性用戶會收到各式各樣主題的文字簡訊，包括宗教、健康和營養等，然後他們可以練習閱讀和寫下簡訊內容，並且透過簡訊服務（Short Message Service, SMS）回應老師。[22]

拆解和交叉訓練

　　企業和員工都必須重置自己對於「什麼是構成工作要件」的看法及直覺，對員工和企業來說，長期職務的具體構成要件和要求都將是關鍵。雙方必須了解「拆解」（disaggregation）的概念——即降低技術難度（de-skilling）和工作的淘汰，例如 ATM 機器取代銀行櫃員。不過，當高技能工作所需的技術水準持續增加時，對於非常複雜職務的拆解，實際上可能變成是在創造新的中階技能專長。

例如在醫療保健產業，為了解決成本上漲和一般內科醫生日益短缺的問題，可以藉由分割涉及技術較少的部分，如例行性檢驗和流感疫苗注射，將從事這方面工作的人歸類為非醫生的醫療技術人員（nonphysicians）。在這個過程中，新的醫療保健工作被創造出來，而且高技能的專業人員有更多時間進行更有價值的工作。

不僅如此，這麼做還有其它潛在好處。根據英國研究發現，將一般內科門診的醫護比例調整成現階段 60（醫師）：40（其它醫療技術人員），將是更有效率的，而且還能提供照護品質。在美國，拆解一般醫療（primary care）可以減少醫療保健的支出，同時間可以開放新的工作機會給修業少於四年制的大學畢業生——如果專業實務法規可以更新並允許做這樣的改革創新。

像這樣的轉變已經在法律界發生，在 2000 ～ 2009 年間，律師助理和法務助理的職務需求成長了 2.5 倍，這與對律師需求的增長幅度相同，也改變了整個產業的就業組成結構。

更複雜工作的拆解可以產生新的商業和招募模式，亞馬遜的群眾外包網站 Mechanical Turk，可以讓企業找到能從事簡單作業（如撰寫產品說明書或分辨照片中的人物）的勞動者。對於需要高技能的職務空缺，可以透過如創新中心（InnoCentive）的挑戰平台，以及專門舉辦軟體開發競賽、從事數位資產開發的 topcoder 公司來尋覓。

雖然工作拆解可以幫助企業提高生產力，但是交叉訓練和抵抗過於專業化的誘惑，則可增加更進一步的優勢，亦即了解勞動力供需變化的速度。西班牙食品雜貨商 Mercadona 利用交叉訓練員工從事各種作業，包括從訂貨到商品庫存的檢查。當店內擠滿顧客時，員工會將焦點放在與客戶相關的作業（如結帳）上，然後當顧客減少時再進行後勤工作。

在 2008 年，該公司創下比西班牙其它同業更好的銷售成績，即每位員工的銷售額比同行者高出 18％。在 2011 年，當西班牙從毀滅性的經濟衰退中，步履蹣跚走出來時，Mercadona 比其它西班牙公司多僱用 6,500 名員工。處在高度挑戰的經濟環境中，這家食品雜貨商在 2011 年的銷售額和利潤分別成長了 8％和 20％。[23]

更積極、深入地參與教育

要解決現今一些技能短缺的問題，加強政府、企業和教育機構之間的互動似乎是個顯而易見的做法。許多人以為擺上一個標誌或豎立一個求才廣告，就能吸引到有相稱技能的合適應徵者。但這在現行實務上卻不是有效的方法！

愈來愈多的企業不得不去關心他們的員工當初是如何準備好進入職場的。根據 2012 年的調查指出，在直接提供訓練和接觸年輕勞動者的雇主中，有七成招募人才上沒有遭遇困難。相較之下，有四分之一沒能與求職者做好互動的企業，持續在尋找合適人才上遇到了困難。[24]

　　巴西的石油和天然氣業者，展現他們如何做好員工招募的工作。即使擁有蘊藏豐富的石油和天然氣資源，在人口超過 2 億的國度中，仍然沒有足夠人才來開採這些豐富的天然資源。

　　為了解決這個問題，國有能源巨頭的巴西石油股份有限公司（Petrobras）和巴西石油和天然氣工業動員計畫 Prominp（由幾十個政府機構、私人企業、貿易協會及勞動工會所組成的聯盟）共同推動一項五年期的特定專業人員發展計畫，鎖定的技能領域如船塢焊接、管路接管和石油工程。

　　Prominp 接著確認最佳的訓練機構，並與精選的公司共同發展一套課程，以符合所需。巴西石油股份有限公司支付大部分費用，政府則負擔剩餘的費用。自 2006 年起，Prominp 已訓練超過 10 萬人次，而且有八成以上的受訓者透過這項人員發展計畫獲得工作。在汽車、旅遊、先進製造及造船等產業，都有業主「預先僱用」（pre-hiring）年輕人的個案實例──只要這些年輕人能完成嚴格的訓練，基本上就保證他們能夠獲得一份工作。

　　在美國，企業和社區學院已結盟進行類似上述的努力。根據汽車製造訓練和教育共同體（Automotive Manufacturing Training and Education Collective），汽車製造商和教育機構設計了一系列的培訓計畫。汽車製造商列出他們需執行的每一項作業，同時將這些作業所需的相關能力依重要性來排名。再加上社區學院，他們設計了一套 60 種不同學習模組的課程，每一種模組都專注在特定的技能培訓上，且受訓時間從三到八週不等。業主可以選擇所想僱用的員工，而員工們必須從這項培訓畫中養成部分或全部（110 種）的能力。

　　顯然地，為了滿足這些產業的人才需求，各國政府需要確保其教育體系能產出具備就業所需技能的勞動力。隨著各國政府尋求能夠回應勞動市場需求的做法，與公共部門成為合作夥伴，正式產業界的新機會。在英國，全國職業服務（National Career Service）是集中勞動市場資訊的樞紐；這些資訊都是由教育和技能委員會（Commission on Education and Skills）以及各個行業技能委員會（Sector Skills Councils）所公佈。

　　這個網站提供全面性的工作介紹，包含薪資、工作時數、必須具備的條件（如學歷、證照）、產業發展趨勢及培訓計畫等。該網站自 2012 年 4 月上線以來，已有超過 100 萬瀏覽人次，而且已進行 27 萬場面對面視訊會議。

　　成立於 2005 年的「哥倫比亞勞動觀察所」（Labor Observatory）匯集了全國教育機構每年畢業和就業率的資料，年輕人可以依全國、地區、州和都市別來查閱這些資訊，藉此了解畢業學長姐的發展狀況。無論他們是否有接受更進一步的訓練、到哪個機構受訓、進修什麼領域、何時找到工作、起薪多少等。例如，一位住在麥德林（Medellín）的青少年可以搜尋當地大學的經濟學課程，並對他個人未來的發展獲得充足資訊。

　　對企業領導者和個人來說，勞動市場的變遷是最難以駕馭的。多數成年人從小就相信，他們所受的學校教育會提供學歷證明和進入職場前所需具備的技能。但是，此景不再！許多年過

40、仍在職場上打拼的工作者，會發現某些企業或行業在他們畢業後就不復存在了。

　　沒有人可以肯定地說，從現在起的 10 年內，自己將一直待在某個產業、做著相同的職務，或者服務於同一家公司。現正興起的產業，其對人力所要求的技能和能力，可能不是今日的我們所可以理解的。而且，想要在目前最新趨勢下站穩腳步，將需要不斷地接受訓練和更新工作技能。

　　隨著機器生產更多的商品和服務，我們對於工作的界定，確實可能在今日就全面改變。科技變遷的規模大小、工作方式的徹底顛覆，以及技能與工作之間的不協調，都是在新的全球勞動市場中令人畏縮的挑戰。不過，這些並非無法克服。每當一個新的技術革命釋放出強大力量，人們總是可以想出辦法來適應環境的變遷，並找到新的努力方向，最終獲得成功。至少這點是長期看來尚未被突破的趨勢。

9

Chapter

小魚創業者 vs. 鯊魚型大企業：
新競爭對手與不斷變化的競爭基礎

隨著世界變得更加相互連結，在新興市場崛起的
企業正加速進攻全球市場。科技不僅正在改變大
型、成立已久之企業，與小型、敏捷的新創公司
之間的力量平衡，也正在移轉每個產業的價值，
並使產業之間的界限變得模糊，以強制要你對競
爭對手重新定義。

提供線上銷售商品及服務市集的 eBay 網站，自 1995 年成立以來，一直在改變全球競爭的樣貌。從一開始讓人們使用豆豆公仔（Beanie Babies）和棒球卡來交易的平台，如今發展成一個國際市集。其所販售的商品包含了小城鎮（加州的布里奇維爾 Bridgeville 小鎮自 2002 年起已被拍賣了三次），到一塊被咬了一口且土司上出現聖母瑪麗亞肖像的烤起士三明治；該三明治最後以 2.8 萬美元的高價被標得。[1] 價值 2,642 美元的商品每秒鐘在 eBay 上被售出，這象徵著個人對個人（peer to peer）的小型商業機會已然來臨。[2]

到了 2002 年，當 eBay 發展成一家年營收高達 10 億美元的企業時，許多人認為這是勢不可擋的趨勢。[3] 憑藉著低的交易成本和經常性費用，eBay 打造出一個可以快速擴展的商業模式，同時也對許多零售業者造成威脅。在 2003 年，eBay 仗著在美國市場的成功，投入才剛萌芽的中國電子商務市場。

到了 2005 年，根據《富比士》（Forbes）的調查，在市值 10 億美元的中國電子商務市場中，eBay 的市占率已達二分之一。在隨後不久接任 eBay 執行長的梅格‧惠特曼（Meg Whitman）提到：「有一群小的競爭對手正在我們的腳後跟追著跑」。[4]

在這些競爭對手當中，其中一個便是阿里巴巴。曾為學校老師的馬雲，當初是在一間公寓創辦阿里巴巴網站。阿里巴巴因為擔心 eBay 可能會進攻其企業對企業的市場，於是在 2003 年推出了一個名為「淘寶」的顧客對顧客（customer-to-customer）拍賣網站。[5]

從早期市場萌芽開始，中國的電子商務市場已發展成猶如廣闊的大海，且阿里巴巴現已扮演這條食物鏈頂端的大白鯊角色。到了 2006 年，淘寶網已追上 eBay 的 EachNet，成為中國個人對個人的電子商務市場領導者，且該網站繼續不斷茁壯成長。[6] 2014 年 9 月，阿里巴巴首次在美國那斯達克市場（Nasdaq）公開募股，尋求集資 250 億美元，金額之大不僅轟動一時，也吸引成群的投資人認購。[7]

根據其首次公開募股（Initial Public Offering, IPO）的申請，阿里巴巴宣稱擁有 2.31 億的活躍買家，且單在 2013 年的過去 9 個月裡就賺了 65 億美元。[8] 到 2014 年 11 月底，阿里巴巴的市價超過 2,700 億美元，不僅超過臉書，還是 eBay 市值四倍之多。[9]

顛覆性力量正相互結合，改變全球每個產業中的競爭本質。電子商務玩家也不例外，像 eBay 這樣的破壞者，經常會發現在他們的運作發展成熟前，往往會為市場帶來一陣騷動。新興經濟體的工業化和都市化，正提供有著優越實力的強大企業鉅子，迅速在世界舞台上取得領導地位。

隨著世界變得更加相互連結，在新興市場崛起的企業正加速進攻全球市場。科技不僅正在改變大型、成立已久之企業，與小型、敏捷的新創公司之間的力量平衡，也正在移轉每個產業的價值，並使產業之間的界限變得模糊，以強制要你對競爭對手重新定義。你不該專注所熟知的本土競爭對手，反而該去了解你未曾聽過但發展迅速的新興公司。尤其是那些設立在你未曾拜訪過的城鎮，使用著你未曾接觸過的平台，以及其所發展的優勢可能難以複製的對手。

趨勢突破

在 20 世紀的大部分時間裡，全球競爭的樣貌就像一個穩定且移動緩慢的遊戲。戰場是由已開發國家的企業巨擘所主導，尤其是北美和歐洲的企業；這些企業與眾所皆知的競爭對手纏鬥了幾十年。在那段日子裡，可以看到福特汽車與通用汽車的相抗衡、可口可樂與百事可樂的競爭、雀巢與賀喜（Hershey）的角力、漢堡王（Burger King）與麥當勞的對決、《時代》雜誌與《新聞週刊》（Newsweek）的激烈較勁、西班牙巴塞隆納與英格蘭切爾西的足球大戰等。

年復一年，企業巨頭們為了取得市場的主導地位而一決高下；整體上來看，市場並沒有出現洗牌的局面。大約三分之二的企業在 60 年代名列美國《財星》（Fortune）雜誌評選的 500 強，經過 15 年後依然屹立不搖，保持在此排行榜上。[10] 當一個市場新進入者到來，它最有可能是來自鄰近地區或國家，甚至是相關產業的知名競爭對手。

在 50 年代，通用汽車和福特汽車曾長期預料福斯汽車（Volkswagen）會進軍美國市場。例如，在 60～70 年代間，通用汽車、福特汽車、飛雅特汽車（Fiat）和福斯汽車共同拿下超過 9 成的巴西國內汽車市場。然而，在上個世紀的最後幾十年裡，市場的動態開始產生變化──到了本世紀的第一個十年，發生了一項明確的趨勢突破。

首先，來自新興市場的企業隨著其國內經濟的工業化發展，開始成長茁壯，並發展成一定的規模和質量。日本企業如索尼

（Sony）、豐田汽車及 Panasonic 集團等，70 年代在全球崛起，隨後南韓及台灣的企業在 80 年代躍上國際舞台；中國的企業則在 90 年代末期興起。[11] 接著在 1980 ～ 2000 年間，僅有 20 幾家企業維持穩定的發展，而名列美國《財星》雜誌評選的全球 500 強公司中，將總部設於新興市場者，在 2005 年增加了五成，到了 2010 年則多了一倍，總計達 130 家公司。[12]

　　根據麥肯錫全球研究所的預測顯示，到了 2025 年，全球財星 500 強公司將有半數會以新興經濟體為發展的根基（如下頁圖所示）。沃爾瑪、IBM、可口可樂及艾克森美孚等公司仍名列在全球財星 500 強公司的排行榜上；不止這些公司，中國海洋石油公司（CNOOC）、墨西哥西麥斯集團（Cemex）及馬來西亞國家石油股份有限公司（Petronas）也都榜上有名。全球貿易的發展和金融的相互連結，正使得這些在新興市場的企業巨頭得以成長，並進入世界各地的新市場。

　　其次，科技的發展使得競爭更加劇烈，同時縮短企業壽命。位居於企業食物鏈頂端者，愈來愈像湯瑪斯・霍布斯（Thomas Hobbes；譯注：英國的政治哲學家）以冷酷口吻定義人類生在缺乏組織群體的自然狀態：「污穢、野蠻又短暫」。

　　名列在標準普爾 500 指數中的企業，其平均維持在榜上的時間，由 50 年前的 61 年，到了 2012 年約縮減至 18 年。[13] 這不足以再將大型企業視作潛在的競爭對手；利用數位化平台技術的新創企業可以在世界各地成立、在一轉眼間成長茁壯，並打破長久以來的市場競爭規則，其所涉及的市場範圍可從計程車服務到飯店和零售業。

2013 年全球《財星》500 強公司中，原有 130 家的總部是設立在新興區域，預期到 2025 年，將增加至 230 家

全球財星 500 強公司的發展變化 [1]

各地區全球財星 500 強公司的家數

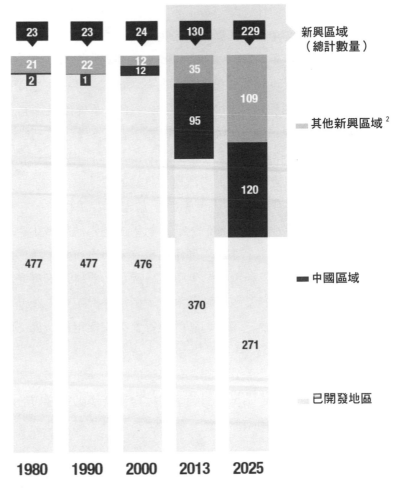

新興區域
（總計數量）

其他新興區域 [2]

中國區域

已開發地區

	1980	1990	2000	2013	2025
新興區域（總計數量）	23	23	24	130	229

1980: 21 / 2 / 477
1990: 22 / 1 / 477
2000: 12 / 12 / 476
2013: 35 / 95 / 370
2025: 109 / 120 / 271

1 全球財星 500 強公司是以全球前 500 強企業的總營收（以美元計算）來做年度排名
2 一直到 2000 年，新興區域的市占率是排除中國和拉丁美洲的部分
說明：全球《財星》500 強公司的 2025 年市占率預測是根據其在 2025 年於各國間的營收比例
資料來源：全球財星 500 強公司；麥肯錫全球研究所的企業觀測；麥肯錫全球研究所的分析

　　許多這些微型跨國公司藉由一個全新的「共享經濟」概念，顛覆了傳統的競爭模式，例如在觀光服務（Airbnb）、公共運輸（Lyft），甚至家用的 Wi-Fi 租借（西班牙的 Fon）等行業都有實例可見證。科技已使市場上大大小小玩家的競爭實力趨於一致，同時也增加企業進入新市場和拓展新產業的意願。

　　微軟花了 15 年的時間才達到 10 億美元的銷售額[14]，亞馬遜則花不到五年時間便達到相同的銷售成績。[15] 提供網際網路隨選串流媒體播放服務的 Netflix 公司，不再僅是擾亂影音內容的訂閱服務市場，現在也發揮其強大的實力，投入原創內容的製作上。Zipcar 和其它汽車共享的新創公司，不僅對汽車租賃生意帶來衝擊，也挑戰傳統上對汽車所有權的看法。

　　上述案例突顯了人們對競爭基礎的看法轉變。在過去幾十年間，企業不只熟知他們的競爭對手，也對他們做生意的方法瞭若指掌。從根本上來說，通用汽車、福斯汽車和福特汽車都做出相同的努力──利用組裝生產線將鋼材、塑料及橡膠變成汽車成品。然而，今日隨著科技的進步，使得我們可以不斷地創造全新的平台，即使員工可能對新的競爭對手所採用的技術、商業模式和能力還不夠熟悉。

　　從 2000 ～ 2010 年間，新興經濟體的快速成長、科技的變遷和全球的相互連結，已對競爭的世界帶來趨勢的突破。它不再是一個移動緩慢的棋盤遊戲，玩家也不侷限於鄰近地區和相關產業的大型企業。

　　現在，它更像是一個移動快速的電玩遊戲，新的競爭對手看似可瞬間從世界任一地方、任一產業出現，而且可以在市場上獲得一定的質量和規模。長期習慣舊有競爭規矩的企業，將需要重置他們的直覺，以脫胎換骨成為更有競爭力的企業。

新興市場競爭對手的崛起

對西方企業來說，全球競爭對手的第一波浪潮出現在戰後的日本廢墟中。在 60 及 70 年代間，許多美國及歐洲的企業面臨日本企業的崛起。到了 1965 年，在化工、塑料及其它工業相關的產業，日本企業不僅一舉名列國際排名，還拿下最多席次。爾後到了 1980 年，南韓的集團，如現代汽車（hyundai）和三星，則躋身進入全球的企業集團排行榜。

隨著日韓企業開始提升他們的價值鏈，緊接著第二波加入全球市場戰局的是來自新興市場的競爭對手，他們都是在國家進入工業化發展的早期漸露頭角。在 20 世紀後期，出現在全球競爭市場上的大型企業，尤其是自然資源、建築、製造和消費用品等產業，都是來自中國、巴西和其它新興國家。如中國石油（China National Petroleum）、中國石化（Sinopec）、俄羅斯天然氣（Gazprom）和巴西石油等新興石油和天然氣公司，與艾克森美孚、殼牌和法國道達爾等石油巨擘相互較勁。

這些來自新興市場的巨擘提供其它產業的業者，在面臨全球競爭白熱化下可能會遭遇到的體驗。在採礦、基礎材料和礦產業，如巴西的淡水河谷公司（Vale）、俄羅斯的諾里爾斯克鎳業公司（Norilsk Nickel）和中國的神華集團（Shenhua Group）已拿下了全球約二分之一的銷售。若要與上述礦產業的例子相較，在

全球建築和房地產業中，有 40％銷售總額來自於新興市場業者
的貢獻。

　　接下來是當前的第三波浪潮，且這次較以往更為洶湧、激
烈。新興市場人口眾多，對於主導新興市場的企業來說，其企業
規模早已超過那些來自已開發國家的同行。巴帝（Bharti Airtel）
是印度最大的電信公司，目前在南亞和非洲大約擁有 2.75 億的
行動電話用戶。相較之下，美國最大的電信公司 AT&T，僅有 1.16
億的無線用戶。[16]

　　印度孟買的塔塔集團在全球僱用超過 58 萬名員工，且現在
是英國私人產業的最大業主之一（與 19 家僱用超過 5 萬名員工
的企業相較）。[17]根據我們的研究顯示，來自新興市場的企業，
其成長速度比來自已開發經濟體的企業還快上兩倍以上（如下頁
圖）。[18]在接下來的 10 年，新興市場的 GDP 可能以 2.5 的倍數
增長，而這將改寫全球市場競爭的樣貌。

　　在年營收達 10 億美元以上的新企業中，有十分之七的業者
——即年銷售額超過 10 億美元的企業——很可能以新興區域為
主要的發展據點。總部設在這些國家的企業家數，可能從今日的
2,200 家成長至 7,000 家左右。如果這個推測屬實，到了 2025 年，
總部遷至中國的大型企業家數，將超過美國或西歐國家。[19]

如小魚般的小本創業者 對上鯊魚般的大型企業

　　科技也使得權力的平衡從大型、成立已久的企業，移轉至小
型、新創的公司和企業家。在全球市場上，企業規模的大小不再

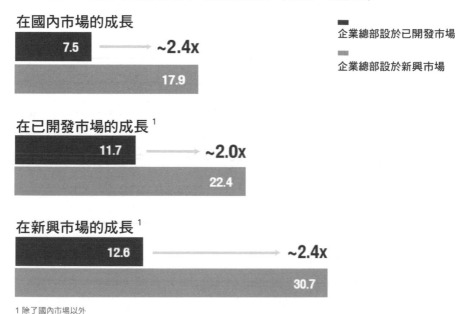

來自新興市場的企業正全面加速成長

1999 ～ 2008 年間的營收年均複合成長率（單位：百分比）

在國內市場的成長

7.5　　～2.4x

17.9

■ 企業總部設於已開發市場

■ 企業總部設於新興市場

在已開發市場的成長 [1]

11.7　　～2.0x

22.4

在新興市場的成長 [1]

12.6　　～2.4x

30.7

1 除了國內市場以外

　只是一個代表性的優勢，儘管它還是有其必要性。在 90 年代，小型企業要在全球各地市場上競爭求生，或者立即擴展其業務到全球範圍，幾乎是不可能的事。

　　若將商業市場喻為浩瀚無邊的海洋，像鯊魚般的大型企業將輕而易舉地掠食如小魚般的小型企業。然而，今日小魚們（小型企業）漸漸追趕上鯊魚（大型企業），甚至生存得更好，這一切有很大的部分都要歸功於新技術平台及其勢力的崛起，如阿里巴巴網站和英國政府的採購入口網站。

　　科技讓規模小的、敏銳的攻擊者（小型企業）得以與大型且成立已久的企業競爭，這是一個重要的趨勢突破。今日，新創公司可以像大型企業，容易連接上非常強大的全球平台，並且可以在短短幾年內，甚至只用幾個月的時間觸及數以百萬的客戶。

　　因「共享經濟」而成功的新創公司，如 Airbnb 和 Lyft 便展現出科技正消除進入市場和企業規模的障礙，允許兼職的個體可以與在戰場上生存已久的玩家相互競爭。以色列軟體廠商（Waze Mobile）開發一套以社群定位為基礎（community-based）的導航行動裝置軟體 Waze，該軟體在推出不到五年的時間，用戶人數從零成長到 5,000 萬人以上。[20]2013 年 6 月，谷歌——身為行動裝置軟體和地理位置映對（mapping space）領域的霸主——支付了 10 億美元收購 Waze。

　　另一個例子是 TransferWise，它是由一家英國新創公司所開發的平台，提供 17 種不同貨幣的個人對個人轉帳金融服務。[21]該平台在上線不到四年的時間內，交易量由零成長到 10 億美元，還威脅到傳統貨幣兌換商業模式和提供轉帳服務的金融業者。[22]

　　對於突發事件的處理，大型機構常會顯得措手不及，而且運轉速度不夠快。許多公司發現他們被複雜的作業流程和舊有的大型資訊系統給困住，使得行動往往被拖延數個月，甚至好幾年。新的競爭對手可以添購最新的資訊系統，並在幾週內安裝完成。

　　例如，3D 印表機讓新創公司和小型企業能運用各式材料輸出高度複雜的雛型、模型和產品，而不用壓型或負擔安裝成本。雲端運算提供小型企業更便宜的 IT 能力和後勤支援的服務，而這在過去是只有大型企業才享有的資源。

　　事實上，當新創公司擁有更好的配備、變得更有競爭力，而且可以觸及任何地方的客戶和使用者後，幾乎所有行業的大型企業都變得脆弱、易受創。小型企業要對大型企業發威已變得如此容易，因此，對於不久前才擾亂整個產業生態的小型企業來說，必須持續地注意其它會引發環境騷動的同業。

　　在 1996 年創立的智遊網（Expedia），現已發展成全球最大的（線上）旅遊公司，其 2013 年的營收高達 48 億美元。[23] 透過整合價格、資料、評論和付款方式，這家以網路為根基的新創公司建立了一個重要新平台，徹底改變旅遊業競爭的基礎。不過，智遊網和其同業目前面臨了 Airbnb 所帶來的新型態商業模式衝擊。

　　Airbnb 是一個提供個人對個人的民宿預訂網站，它的數百萬用戶可以研究、預訂民宿、支付住宿費和檢視成千上萬的民宿所在地點，而無須與智遊網互動。就連科技界的巨擘，如臉書和谷歌，也都必須對新進入者有所了解。

　　Snapchat 是一套在 2011 年推出的照片分享（photo-messaging）行動裝置軟體，能夠讓傳送者設定在多久時間內，允許接收者瀏覽他們所分享的照片。到了 2014 年，這套軟體的用戶已證明他們比那些臉書和 Instagram 的用戶還要多產，每天分享的照片數達 4 億張。[24]

　　在 2014 年，WhatsApp 擁有高達 5 億的活躍用戶，且每日處理的訊息量超過 100 億則，這也促使著臉書以 190 億美元進行收購。臉書所採取的這個做法，是防守多於作為策略性的業務擴張。[25]

模糊了界線

　　科技的進步早已模糊了實體和線上消費的界限，也改變了商品的價值，例如從實體書到 Kindle 的電子書、從唱片 CD 到 iTunes 下載音樂，再到 Spotify 線上串流音樂服務，用戶雖然沒有音樂所有權，但可以在線上（或離線）收聽音樂。隨著資訊科技賦予消費者更大的能力去比較價格和商品，企業已被迫削減其傳統業務的利潤空間，更得尋找新的商機。

　　有愈來愈多的企業跨足到新的領域，以便利用他們特有的技術、資料或客戶，亦或者只是重塑自身來面對環境的變遷。因科技發展帶來無止盡和快速的騷動，正導致一些不太可能發生的雙重雙後果。

　　日產汽車（Nissan）的執行長卡洛斯・高恩（Carlos Ghosn）已敏銳地指出：「商學院可能訓練好人才來處理企業內部的危機。不過，我認為我們需要為外部危機做足更多準備。這裡所指的危機並不是出問題的企業策略，而是領導者找出如何適應策略的能力。因為我們生活在如此動盪的世界——在這個時代下，每件事都會起槓桿作用，再加上科技發展神速——所以將會面臨更多的外部危機。本來是置身事外（不在領域內的事），但卻可能連帶遭受波及。」[26]

　　在 21 世紀之初，英國的汽車保險業者都對比價網（如 Confused.com）興起而感到措手不及。傳統保險業者的勢力不再，在 10 年內，聚集各家保險商品資訊的線上保險比較網站，其市占率由零成長到超過 50％。[27]

　　隨著價格日趨透明和消費者採取貨比三家的做法下，許多傳統的保險業者一直在汽車保險的承保核心上苦心經營、賺取利潤。有鑑於這些網站的成功，市場上非傳統的玩家，如谷歌，便開始注意後續發展並進行市場的試驗。在英國近期數位保險業者活動（Digital Insurer Event）中所做的調查顯示，有75％受訪者表示擔心像谷歌這樣的企業會對保險業造成最大威脅。[28]

　　除了新的線上玩家之外，傳統保險業者現在也擔心汽車製造商會進攻他們的領域。隨著智能汽車技術的進步，汽車製造商，如雪鐵龍汽車（Citroën）宣布計劃將黑盒子安裝到某些車款的新車中。

　　透過使用無線數據通訊系統的技術，能讓車商監控客戶的駕駛習慣，如長距離的行駛、速度和煞車的時機，以便更了解客戶開車的行為。[29] 汽車製造商是否將成為保險業的主要玩家，其實仍有待觀察，但保險業者，如安聯，早已與車商建立夥伴關係，以減輕其威脅。

　　在媒體業，科技長期改變了玩家們的價值，同時也模糊了相關行業和發行管道之間的界限。提供線上隨選串流服務的Netflix，便是一家成功因應競爭基礎迅速變化的企業實例。最初推出的電影DVD訂閱服務是透過實體寄送，但是當線上影音變得流行時，Netflix快速轉型成提供串流影音內容的企業。之後，隨著線上影音串流播放服務的競爭日益白熱化，Netflix決定跨足自製內容的市場。

　　在2012年，因熱切希望其2,400萬用戶能有繼續訂閱影音服務的理由，Netflix與知名導演大衛・芬奇（David Fincher）、

254 Chapter9 小魚創業者vs.鯊魚型大企業：新競爭對手與不斷變化的競爭基礎

獨立製片公司 MRC（Media Rights Capital）共同合作，在線上播出《紙牌屋》（House of Cards）影集。這是一部內容極為憤世嫉俗的高品質影集，由凱文・史貝西（Kevin Spacy）主演，詮釋一位邪惡的政治家。這部影集改編自英國（BBC）的同名電視影集，同樣吸引那些喜歡熱門電視節目的觀眾，光在美國境內的收視觀眾就達 300 萬人。[30]

如何適應

要適應不斷改變的競爭本質並不容易，尤其是那些在舊有全球競爭世界中建立自己文化、策略和作業流程的企業。對於多數管理階層來說，今日的問題不是他們是否將受到重挫，而是何時、被誰以及情況會多嚴重。

能夠超越傳統的競爭對手去擴展思維，監控新競爭對手的成長，並且努力去了解新興產業的經濟情況和商業模式，這才是最為重要的。除此之外，更應花費時間和精力來明確發展自己的資產、核心能力和競爭優勢。最為成功的管理階層，將會選擇合適的盟友，並且準備採取果斷的行動，即便可能會影響到自身的業務。

了解並監控新的生態系統

身為企業管理者的你，將需要追蹤新興區域中即將嶄露頭角的商業中心。位在新興國家的中小型都市，特別容易被忽略。但這些地方往往會蘊育出未來最危險的競爭對手。舉例來說，位在台灣北部的新竹，可能不是全球家喻戶曉的地方，但它卻是大中華地區第四大的先進電子產品和高科技中心，同時也是 13 家大型企業總部的所在地。

同樣地，位於巴西的聖卡塔琳娜州（Santa Catarina）也還沒受到多數管理階層的關注。但是全球最大的雞肉加工企業（BRF）、全球領先的冰箱壓縮機製造商（Embraco）、拉丁美洲領導的服飾紡織公司（Hering）以及拉丁美洲最大的電動馬達製造商（WEG Indústrias）皆設立於這個位在巴西南部的繁榮行政區（州）。

以科技為基礎的新創公司，帶來了意想不到的挑戰，這對某些行業來說，是有必要去觀察監控的。但什麼才是持續觀察監控這些年輕新創公司的最好方法呢？還有他們在經營公司上，用了哪些創新的做法？一些大型企業正使用加速育成模式（accelerator model）來緊跟著潛在的變革。

奇異集團的奇異車庫是一個蘊育點子，讓創意孵化的實驗室，它提供新創企業能夠使用高科技的設備，如 3D 印表機、電腦化數值控制機械、雷射切割機等。新創企業不僅能使用這些設備，還可以獲得奇異的技術和管理專業上的協助，且當新的技術發展到成熟之際，奇異便能從中獲益，加速企業的成長。[31]

不過，奇異集團並不是唯一的個案。三星在美國矽谷和以色列特拉維夫市也進行所謂的加速育成計畫。2014 年 7 月，迪士尼邀請了 11 家科技和媒體的新創公司，加入他們的加速育成計畫。BMW 創投（iVentures）則與 Life360 和 ParkatmyHouse.com 等公司合作。微軟創投（Microsoft Ventures）在協助新創公司的做法上，則包括透過資深指導者（mentor）社群、在草創初期提供資金援助，以及在全球設立七個創新育成中心，來加速推展新創公司的營運成功及規模擴大。

開發內部的力量

　　新競爭樣貌的顛覆性本質，意味著傳統玩家需要能自行支配所有資產。因此，對企業來說，能否以另一個角度來思考他們的資產和特有定位，這點非常重要。

　　在競爭日益激烈的汽車製造業中，德國高檔的汽車製造商都採取一種多方位做法，即同時著重在深厚的品牌傳承，提供優越的產品品質、強健的組織能力，以及加快在材料、軟體與連結上的創新能力。

　　例如，BMW 透過特有的遠端控制服務，其中包括手機的行動裝置軟體，讓用戶可以設定車內的溫度、定位車子的停放位置和確認門窗是否已關閉上鎖，來提升客戶經驗。該公司是第一大的原始設備製造商（original equipment manufacturer），以大規模生產碳纖維汽車的方式來生產其 i 系列的車款。其 i3 車款所提供的技術性能中，有項停車輔助功能，駕駛只要按下一個按鈕，車子便會自動停車。[32]

　　戴姆勒（Daimler）旗下的賓士（Mercedes-Benz）E 系列及起動」（stop & go）功能，能使汽車在自主駕駛時，偵測到紅綠燈、迴轉路段及道路上其它車輛。[33]2014 年，奧迪推出了一套最新軟體系統── Audi Connect，提供 4G 行動通訊連線、影像導航及多媒體娛樂等功能；其 2014 年的北美 A3 系列車款都全面應用此套系統，並與 AT&T 合作。[34]

　　像這樣的產品改進做法，更能加深品牌的傳承，且已讓德國高檔的汽車製造商避開日益激烈的競爭；在 2013 年，賓士、奧迪和 BMW 都各自創下歷史銷售的新記錄。[35] 換句話說，在這個全球汽車製造商能以相對較低成本的時代，來打造性能完整的汽車產品時，德國汽車製造商已決心在資訊技術、行動裝置軟體、軟體系統及客戶經驗等面向上一較高下，而非僅是依賴其既有的車身底盤和動力傳動系統優勢。

組成聯盟

　　在競爭基礎正快速地產生變化，且傳統商業模式可能快被連根拔起的時代下，想要維持企業成長，尋找合作夥伴是很重要的。採取明智的聯盟策略將會愈來愈重要，因為它可以為未來提供一個防備措施、快速獲得新的能力，或者有助轉換現有的商業模式。

　　當新的競爭縮減利潤空間，以及新技術同時為現有業務帶來挑戰和機會，傳統的電信產業面臨了不確性。當 WhatsApp 和類似的訊息行動裝置軟體漸漸奪下簡訊服務市場，傳統電信業者正努力存活下去。漸漸地，這些業者透過檢視其所擴展的行動網路和客戶群，並將他們視作提供其它服務的平台，來尋求改變競爭的根基，傳統業者的思維會將醒目的明智夥伴關係賦予更高的價值。

　　在新興市場上，行動網路的存取人口通常超過銀行交易的人口。例如，像阿根廷、哥倫比亞和烏克蘭等國家，幾乎每個人都有一支手機，但不到一半的人有開設銀行帳戶。當訊息行動裝置軟體威脅要去除中介的核心業務時，電信業者早已與銀行業者合作，提供新的支付管道。

　　在肯亞，東非最大的行動電信商 Safaricom 於 2007 年與非洲的商業銀行（Commerical Bank of Africa）合作推出 m-pesa 服務（m 表示「行動」的意思；pesa 在斯華西里語中表示「錢」的意思），該服務是非洲第一個以簡訊傳送為基礎的轉帳服務。在此服務推出的 18 個月內，m-pesa 擴獲 400 萬的用戶，其中許多人沒有銀行帳戶，而且依賴代理商的網路，讓他們可以查看自己用來兌換虛擬貨幣的提存款金額。

　　在 2013 年，m-pesa 擁有 1,500 萬用戶，且該公司被公認為全球最成功的金融服務創新者之一。[36] 巴西最大的電信商 Oi Telecom，則與英國的一家資料分析公司 Cignifi 合作，以客戶使用手機的行為為基礎，來產生信用評等的資訊。之後，此資訊可延伸用在巴西境內沒有銀行記錄之客戶的貸款服務上，像是透過電子商務業者 Paggo 及 Oi Telecom 以簡訊傳送為基礎的虛擬信用卡系統。

　　在已開發市場，醫療保健業者已變成電信業者有價值的合作夥伴。法國電信（Orange）開始提供行動醫療服務，如針對糖尿病和心臟病患者的遠端監控系統，以便透過提供居家照料需求客戶的行動解決方案，以期在成長中的醫療保健市場分一杯羹。德國電信（Deutsche Telekom）與德國最大的健康保險公司 Barmer 合作，開發健身的行動裝置軟體，可記錄像心跳和運動時所移動的距離等資料，並將其傳送到公司的健康入口網站，以產生新的訓練計畫。

吸引、招募全球的人才

隨著新競爭對手的出現，所有企業將會發現自己愈來愈為所需的技能而爭。根據一項針對管理階層所做的調查，有76％受訪者表示他們所服務的公司需要發展全球領導能力，但只有7％受訪者認為他們目前做法非常有效且能達成這個目標。[37] 約有30％的美國企業表示，他們並未充分地利用國際交流的機會，因為在他們的員工中，只有極少數人具備跨國工作能力。

獲得最佳人才強而有力的做法，就是提供來自新興市場管理階層走向全球管理職涯的機會。2010 年，聯合利華指派約 200 位來自印度子公司的經理，到母公司擔任全球重要的職務，現今有三分之二者已是領導團隊中的成員。

其它企業發現，傳統的單一總部模式不再符合他們的需求。有些企業因此設立第二總部，或者依功能劃分總部，使其更貼近本國以外的地方市場。奇異集團和卡特彼勒集團都已將他們的企業中心分設在兩個或兩個以上的地點；這些中心辦公室彼此分享決策的制定、生產及服務的領導。

主要總部和管理階層人才的培育集中在倫敦的聯合利華，新加坡則成立第二全球領導力發展中心，其宗旨在吸引及留住具有全球思維的領導人才。畢竟，該企業的營收有57％是來自新興市場。[38]「新加坡位在已開發和新興市場的交匯之處。它不僅是領導和創新能力的領先樞紐，還是亞洲經濟體快速成長的門戶」聯合利華的執行長保羅‧波爾曼（Paul Polman）說到。「當我們未來的領導人來自這裡，無論他們是來自世界何方，我們都知道他們將獲得全新見解和觀點。」[39]

避免慣性

　　這是我們在前面章節已強調過的重點，企業領導者必須在競爭的新時代裡變得更為敏捷。他們必須小心翼翼地維持現狀，並發展新的技能，尤其是有關資金配置和科技。

　　除了擴大和監控他們的競爭對手之外，企業領導者必須訓練自己在配置和運用資金上更為靈活。事實上，我們已發現，能有效採取敏捷做法的企業，如每年重新調整資金配置，都有非常好的經營績效，同時還伴隨較低的風險。我們透過超過1,600家的企業資料發現，前三分之一最敏捷的企業，即每年擁有最高的資金重新配置率之企業，比最不敏捷的企業（每年維持固定的資金重新配置率），回饋給股東的完全回報多了30％。[40]

　　拜科技發展所賜，在今日這個大型企業會被如小蝦米般的新創公司給踹倒的世界，企業領導者勢必得精通資訊科技。隨著企業尋求協商新的視野，當他們注視著潛在的競爭對手和合作夥伴時，每個業務單位都必須將科技應用層級提升至策略思考的核心。

　　除了聘僱資訊長（chief information officer）來規劃企業所使用資訊科技的具體細節之外，還應該設置一個數位長（chief digital officer），以戰略議題的思維層級來管理資訊科技的應用。科技已成為控制企業成敗的槓桿，不論是破壞企業的商業模式，還是能幫助企業適應不斷變化的競爭根基。

　　英國時裝公司 Burberry，由內而外地重建自己成為技術領先的時尚品牌。[41] 該公司主打「民主的奢華」（democratic luxury）概念，是指一般大眾都能接觸其品牌，而為了達成此目標，Burberry 推動一個跨平台的數位化策略。

　　Burberry 整合了公司網站、社群媒體、其它社群應用，例如推廣英國不知名音樂家的 YouTube 計畫 Burberry Acoustic，以及技術創新的旗艦店。[42] 當時 Burberry 的執行長安吉拉·阿倫德（Angela Ahrendts）表示：「走進位於倫敦攝政街的旗艦店，就像進入我們的官方網站」。[43] 在落實數位化技術後，阿倫德補充說到：「Burberry 的業績在七年內幾乎成長了三倍之多」。[44]

　　就某些方面來說，在全球經濟市場中競爭，類似四年一度的世界盃足球賽。它是一個高規格、高賭注、高度緊張的競賽，而且一支球隊的命運可以上下起伏得非常快。一支球隊可能花上數年時間才能打入資格賽，並在建立基礎後，進入世界舞台與其它球隊競爭，但往往當對手意外射進一球時，在重要時刻亂了手腳

或者就此瓦解潰堤。

　　儘管新創公司偶爾攻下一局，成立多時的企業在多數時間仍是主要的贏家。晉級 2014 年世界盃足球準決賽的球隊——德國、阿根廷、巴西和荷蘭等國家代表隊——早已在 20 次的錦標賽中獲得 11 場的勝利。不過，足球和商業之間仍有一個很重要的差別。2014 年在巴西舉辦的世足賽，有來自世界各地的 32 支球隊相互競賽。這些球隊都使用相同的足球、在同樣大小的足球場上較量，並且得遵守相同的比賽規則。

　　然而，受到快速變化的競爭根基影響，「經濟世界盃」更像是個任何人都可參加的競賽。參賽者是來自世界各地具有熟練控球技巧的前鋒和無敵的守門員，且他們各自擁有自己的規則。有些球隊可能在同一個時間派出 18 位球員上場，而非標準的 11 位球員；其它球隊則可能使用可以遠端操控的球。為了競爭獲勝，你的組織（球隊）必須部署有效的偵察網路、加倍努力做足訓練，並且發掘你的組織文化和員工潛能，以發展最有效的策略。

Chapter

10

**最關鍵政策：
接下來的社會與管理挑戰**

公共部門的支出「即將破表」是無可
避免的，隨著歷史上的低利率時代結
束，資本成本可能開始上升。對於政
府而言，其所掌管的龐大浮動利率債
務，需要不斷地展期和再次融資處
理，這將會是未來一大麻煩。

在 90 年代後期，德國經常被稱為新的「歐洲病夫」（stick man of Europe）。之所以被喻為「歐洲病夫」[1]，具有很充足的理由。在富裕的西德與貧窮的東德統一後七年，總理赫爾穆特‧柯爾（Helmut Kohl）在其任期內，一直與近 10％的失業率、緩慢的 GDP 成長、人口逐漸老化及牽強的社會福利制度等問題奮鬥。

在接下來的幾年，情況變得更糟。每年的經濟成長不到 0.5％，而且經歷兩次短暫的經濟衰退，到 2005 年，失業率仍高居不下，維持在 11％。[2] 然而，不到 10 年後，德國被譽為經濟奇蹟。到了 2008 年，其失業率已下跌至 7.5％。

正當全球景氣衰造成世界各國數百萬名的勞工失去工作，德國失業率維持穩定的走勢，在 2012 年時，甚至下滑至 5.4％，儘管其 GDP 一度出現明顯緊縮。[3] 世界各國的領袖，從美國的巴拉克‧歐巴馬（Barack Obama）到中國的習近平，都已從德國總理安格拉‧梅克爾（Angela Merkel）和「德國奇蹟」（German miracle）中獲得啟發。究竟這個病夫是怎麼快速地恢復呢？

在 2003 ～ 2005 年間，德國政府頒佈一系列積極進取的勞動市場改革，並列入其 2010 年計畫之中。在此次俗稱的「哈茲改革」（Hartz reforms）中，總理施羅德（Gerhard Schröder）透過提升技職教育、創造新就業型態和改善失業率及社會福利等方式，來改造德國的勞動市場。

這項改革所涉及的範圍相當廣大，引起國民強烈反彈。在 2003 年，有超過 10 萬人參與「星期一大遊行」（Moday Demonstrations），抗議政府削減人民的社會福利。[4] 此次改革的其中一項訴求便是延長退休年齡，但並非所有年長的勞工都有意延長自己的職業生涯。總理施羅德所代表的政黨在 2005 年選舉中輸給梅克爾；之後梅克爾上任，並從造就這個德國奇蹟的改革中獲利。

在趨勢突破的時代中，政策制定者所面臨的主要挑戰，就如同德國政府在 21 世紀初期所遭遇的情勢。政府該如何更快回應和發展所需的政治成熟度及領導力，才能帶領社會大眾安然度過變化並確保他們得以在過程中生存下去？

改變的實例

全球競爭和科技變遷已加快創造性破壞（creative destruction）的發生，並超出勞動市場所能適應變化的能力。正當企業抱怨技能差距時，創造就業機會對政策制定者來說，是一個關鍵性的挑戰。

在此期間，人口老化正開始磨損社會福利制度，甚至加劇已開發國家債務纏身的問題，因而使得挑戰隨著資金成本上揚而更為緊迫。生產力急需成長的目標，持續難倒了公共部門。收入不平等現象日益增加並造成民眾的反彈；在某些情況下，對於貿易、金融、人與人流通非常頻繁且緊密連結的國家來說，過去 30 年反而助長了這個情勢的發展。

本書所討論到的顛覆性力量和趨勢突破，都對政策制定者形成一套獨特挑戰，影響好幾個領域，包含勞動、財政、貿易和移民政策，以及資源和技術法規等。

在全球競爭及科技創新時代下的勞動政策

在 2008 年經濟衰退之後，創造就業機會仍是已開發國家和新興國家最大的政策挑戰。同時間，科技持續的進步不僅威脅到知識工作者，還使得機器更容易取代人類從事一系列新領域的工作。對於「OECD 國家」中年輕與低技能的勞動者來說，首當其衝的便是面臨政府創造就業機會和技能需求的影響。下頁圖說明已開發國家正面臨日益嚴重的青年失業率問題。

同時，雖然這看起來是有違常理，但已開發及新興經濟體都極力在處理勞動短缺的問題。面臨勞動市場的老化，有些企業已經在擔心資深員工退休後所會帶來的衝擊。許多企業也正費盡心思在解決技能差距的問題，尤其是在科學、技術及工程領域。[5]因女性勞動參與率低落，加劇了勞動市場的失衡。

在人口老化速度最快的國度，特別是中東及北非國家，不到四分之一的女性投入勞動市場。像這樣的勞動失衡市場，也發生在一些已開發國家。例如，在日本及韓國，有 70％男性參與勞動市場，但處於工作年齡的女性，其勞動參與率卻不及二分之一。[6]

我們估計在沒有重大干預之下，這些趨勢應該會持續下去，到了 2020 年，勞動市場失衡將造成近 8,000 萬名中高技能勞動者的短缺，以及約 9,500 萬名低技能勞動者的過剩。

為了縮小差距，已開發經濟體將需要加快 2.5 倍的速度，讓年輕人完成大學教育。除此之外，他們將需要提供更好的激勵措施來推廣工作相關的訓練。就每月一般有 400 ～ 500 萬職缺的美

青年失業率偏高且不斷攀升，使整個年輕世代暴露在風險之中

已開發國家的青年失業率[1]

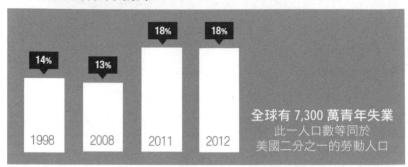

14%　1998
13%　2008
18%　2011
18%　2012

全球有 7,300 萬青年失業
此一人口數等同於
美國二分之一的勞動人口

選錄各國青年失業情勢

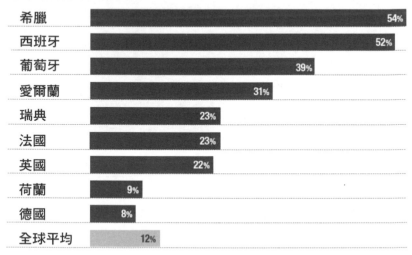

希臘	54%
西班牙	52%
葡萄牙	39%
愛爾蘭	31%
瑞典	23%
法國	23%
英國	22%
荷蘭	9%
德國	8%
全球平均	12%

1 包含歐盟的 27 國和其它富裕的經濟體，如澳洲、加拿大、日本及美國。
資料來源：國際勞工組織（International Labor Organization, ILO）的全球青年就業趨勢；麥肯錫全球研究所的分析

國來說，其具有大學學歷的勞動者，只有 14% 是主修 STEM 領域。

至於新興經濟體所面臨的挑戰，是要找到創新方法來訓練數以億計的青壯年，同時提高中學教育的普及率。根據 2012 年的估計，為達成政府的目標，到了 2016 年印度將需要僱用兩倍的中學教師並增加 3,400 萬個中學生名額。[7]

在人口老化及資本成本上揚時期的財政政策

從美國、歐洲到日本及中國，許多世界上最大經濟體正面臨人口老化和退休潮逼近的挑戰。到了 2040 年，已開發國家年齡超過 65 歲以上的年長者將快速成長（四分之一），屆時將考驗其上個世紀所建構的社會福利制度是否完善，儘管這些國家的兒童比例仍幾乎維持不變。

中國的公共養老津貼支出，目前占 GDP 的 3.4% 水準，預計到了 2050 年，比例會上升至 10%。受到人口老化及醫療保健費用持續上漲的影響，預期公共衛生保健成本會增長得更快。在美國，絕大部分國民都享有聯邦醫療保險和醫療輔助計畫（Medicaid），到了 2050 年，預計在醫療保健的公共支出將會超過兩倍，幾乎將占 GDP 的 15%。[8]

公共部門的支出「即將破表」是無可避免的，隨著歷史上的低利率時代結束，資本成本可能開始上升。對於政府而言，其所掌管的龐大浮動利率債務，需要不斷地展期和再次融資處理，這將會是未來一大麻煩。2011 年全球財政赤字達到史無前例的 4

預算減少和政府債務偏高，
讓各國政府資源吃緊

所有國家的財政收支總和
單位：兆美元

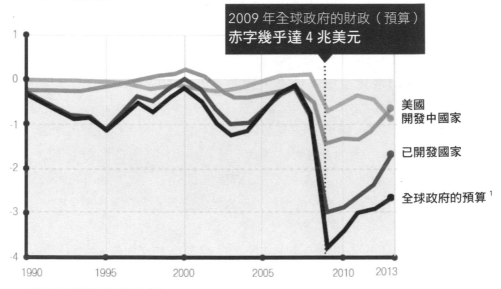

2009 年全球政府的財政（預算）
赤字幾乎達 4 兆美元

美國
開發中國家

已開發國家

全球政府的預算[1]

1 開發中及已開發國家的財政收支總和
資料來源：經濟學人智庫的世界資料庫；麥肯錫全球研究所的分析

兆美元（如上圖），且政府總負債占了 GDP 的 120％，這使得政府在施政、提供服務上備感壓力。[9]

　　歐盟執委會預測，高齡化的人口將使政府在 2030 年額外增加「未明列在資產負債表上的帳目」（off-balance-sheet commitment），且將占 GDP 的 3％。如果 GDP 無法達到較高的成長水準，那麼所增加的負債將需要嚴苛的財政緊縮措施。[10]

在全球整合時期的貿易、移民及貨幣政策

在全球日益繁榮和數位化的帶動下，加快了貿易、金融、人與人之間及數據資料的跨境流通。正如我們在前面章節所提，每多一個國家參與這些交流，就能獲得更大的經濟利益。在國家之間的經濟活動成長，每年對全球 GDP 的貢獻高達 25％。[11]

然而，大眾以及企業、政府精英中的某些人，通常是小心翼翼地參與這類活動；有一部分的原因是因為他們造成了明顯的混亂。全球貿易常被指責是造成失業的罪魁禍首。資本流動可能頻繁出現波動，使其難以管理。

在許多國家，持有反移民觀點的人們占了多數，不論是已開發或新興國家都是如此，而且高漲的反移民情緒可能會挑起法律及非法移民的問題。還有，許多政策制定者強調在全球相連性增加下所會帶來的黑暗面，也就是會高度暴露在全球衝擊下。[12]

經濟衰退、財政緊縮和經濟復甦疲軟，都已使得社會福利支出大為增加，而且高漲的反移民情緒不只出現在歐洲國家，連傳統上由外籍移民所組成的國家也出現類似的聲浪。新加坡歷來一向對移民者持友好的態度，且其國民有三分之一者是出生在其它國家，但今日卻削減其外籍勞工的國家配額。[13]

新加坡的人力資源部代理部長（現為社會及家庭發展部長）陳川仁（Tan Chuan-Jin）在 2013 年表示：「我們現在所做的便是採取措施，來促使雇主提供公平的工作及發展機會給新加坡人，尤其是年輕的畢業生和專業人士、經理和管理階層。即使我們開放外籍勞工來彌補國內不足的勞動人口，所有的企業仍都必

須作出努力，公平地考慮新加坡人。」[14]

　　從歷史的經驗得知，這類偏袒某方的政策，一旦建立後是很難鬆綁的，而且可能透過阻礙技術移民的手段，來減少這些地方的潛在移民人口成長。

在生產力成長時期的不平等現象

　　當中國和其它新興經濟體快速成長時，各國間的全球不平等現象正逐漸縮小中。隨著這些新興國家的景氣繁榮，他們透過生產力的提升，持續縮減與已開發經濟體的人民收入差距。然而，同時間卻又使得國民的收入差距變大。

　　自80年代中期，有四個OECD會員國的頂端10％家庭收入，較底部10％家庭收入出現顯著的成長。有少數例外的國家，其底部10％的家庭收入也出現較快的增長，這些國家包括了葡萄牙、愛爾蘭、希臘及西班牙；這幾個國家都遭逢非常嚴重的經濟衰退。[15]

　　已開發經濟體並不是唯一面臨這個挑戰的國家。中國和印度的吉尼係數（Gini coefficient，一種用來判別一國人民年收入分配情況的指標，介於0與1之間，數值愈大代表國民的年收入分配愈不平均）在過去20年來不斷地成長，有一部分是因為農村和都市之間不斷增加的廣大差距。

　　尤其在中國，與全球貿易和金融流通最為頻繁的都市，如上海、北京、廣州和深圳等地的居民收入，早已遠遠超過內陸城市的居民收入。[16] 國際貨幣基金組織的總裁克莉絲汀娜‧拉加德

（Christine Lagarde）針對這個問題提出：「簡單地說，一個嚴重扭曲的國民收入分配，長期而言勢必會損害其經濟成長的步伐和持續性。它會使得國家被排除在單一經濟體之外，成為可能被拋棄的一塊荒地。」[17]

關於日益加劇的不平等之說，無論其由來是否只有一個，坊間仍舊進行激烈爭辯。不過，有一件事是確定的，那就是生產力經常被忽視。根據某些研究指出，只有一小部分的人口因生產力的成長而變得富足，往往會使不平等的情況更為惡化。只有富裕的人變得更有生產力時，其所獲得的利益將不成比例。因此，讓大眾都能提升自己的生產力，才能解決日益加劇的不平等現象。

然而，在需求成長出現疲弱的一段時間裡，經濟政策制定者常會面臨到大眾認為生產力是扼殺就業機會的看法。事實則不然。除了一次之外，自 1929 年起，每 10 年為一週期，就業和生產力同步成長已在美國發生。[18] 可惜不幸的是，當傳統的認知牽涉到相反的結果，總是難以消除。

就前面幾章曾討論過的人口結構發展趨勢來看，在未來 50 年裡，生產力的提升是有其必要的，甚至是更為關鍵的。在上半個世紀，全球 GDP 成長快速，平均每年成長幅度約達 3.6％，而造就其成長的力量是源自於全球勞動力和生產力的增長。例如，根據一份對 20 個國家（包括 G19 國家和奈及利亞）所做的分析顯示，與 50 年前相較，今日受僱勞動人口是過去的 2.3 倍，且每位勞動者的產出比過去增加了 2.4 倍。

但今日的人口結構發展趨勢反而削弱了這股成長力道，在某些國家甚至還出現相反的走勢。受到生育率下滑及人口老化的影響，全球就業成長率可能每年僅有 0.3％的水準，而且在接下來的半個世紀，很可能就會達到全球就業率的高峰。因此，生產力的提升將有助於帶動 GDP 成長。

　　為了維持近期 GDP 成長軌跡，我們將需要加速提升到近兩倍的歷史生產率。在未來 50 年裡，若只是使生產力成長簡單地維持在 50 年的歷史比率水準，將會每年削減全球經濟成長率從 3.6％至 2.1％，而非增長六倍。就如同過去 50 年那樣，全球經濟在接下來的 50 年裡，只會成長三倍。

　　這次的生產力成長將從何而來？就我們的研究中發現，約四分之三所需的成長是可以簡單地從「追趕上」（catch-up）的改進來達成，也就是更廣泛的採取現有最佳的實務做法。至於剩餘的四分之一成長，將透過科技、營運或商業上的創新，來超越今日最佳的實務做法。

　　但是要抓住這個發展潛力並不容易，因為它需要所有行業和國家接受大幅且持續的改變。如果沒有全套環境支援——靈活的勞動市場以及對技能發展的充分投資——單單只有生產力，是不能克服當前人口結構的發展劣勢。

　　我們已經發現十項能大幅助長生產力提升的方法：（1）移除服務業的競爭障礙；（2）將焦點放在公共和監督管理部門的效率與績效管理上；（3）投資實體及數位化基礎建設，尤其是新興市場；（4）為促進需求，對創新產品及服務進行研發投資；（5）建立規章制度來激勵生產力和支持創新；（6）利用數據資料分析出改進的機會並促進改革；（7）透過開放式的數據資料和數位平台，就生產力的面向來管理新勞動者的力量；（8）無論是年輕一代還是年長者，鼓勵女性參與勞動市場；（9）修改移民制度，以幫助強化勞動者的技能和人才庫；（10）提高教育品質、使技能培育符合就業市場所需，同時確保勞動市場更為靈活。[19]

生產力的提升是有其必要的，尤其適用在政府單位，特別是它對不平等後果所造成的影響。在許多已開發國家，公共支出占了各國 GDP 的二分之一以上，而光是政府部門的就業就占了總勞動人口的 15 ～ 20%[20] 然而，在談到生產力的增加時，公共和準公共部門，如教育和醫療保健單位總是墊底的。

在八大工業國組織（G8，包含加拿大、法國、德國、義大利、日本、俄羅斯、英國及美國）中，到了 2016 年，受惠於政府工作績效的提高，能夠釋出 6,500 億至 1 兆美元的年度價值。[21] 在印度，大約 50% 的公共支出都是花費在基本服務上，其中超過三分之二是用於醫療保健、家庭福利、飲用水和公共衛生；因為缺乏效率、腐敗和挪用經費到其它專案上，而使得這個支出比例沒有達到預期的受惠程度。[22] 公共部門的生產力是同時解決醫療保健及公共部門成本上漲、新勞動技能差距和其它社會議題挑戰的關鍵。

在科技和自然資源引發動盪時期的標準

重大科技發展所帶來的環境騷動已經愈來愈頻繁，同時間，不管是軟體、網際網路服務，還是硬體部分，企業都比以往更快採用新的技術。不單是企業和個人參與其中；政府也在支持研究和開發方面扮演相當重要的角色，也同時擔任為企業創造基本推動者的角色。

　　但是，受到不確定性和科技變革速度的影響，令人難以決定該支持哪些研發，還有該投資哪些人才和基礎建設。了解科技的政策制定者，可以利用它來改善各式社會議題的成效，例如從提供醫療保健、教育和其它公共服務來提升生產力，並使政府的管理更為透明化也深負責任。

　　此外，政府需要不斷修改法律和監督的架構，以確保其相關性，舉例來說，加州議員正嘗試為自動駕駛車輛的發展做準備。來自幾州的部門官員定期開會，試著了解此項科技需要做的所有立法改革，例如在責任保險方面，駕駛的執照、安全要求和基礎設施的需求。他們知道提早的好處，特別是相關企業可以創造潛在工作機會，而這個好處大到足以抵消早期的困境。[23]

　　世界各國的政府也面臨新的挑戰——全球日益增加的相連性所帶動的數據資料和通訊流量。最近在美國國家安全局（National Security Agency, NSA）的醜聞被揭露後，許多國家都重新思考其資料隱私和保護法。

　　在德國，隨著政府計劃恢復反間諜措施和有意提高歐洲網路連結的安全性，反而引發特別激烈的反彈。[24]德國總理梅克爾刻意表示：「我們將與法國討論如何能使資料保持在高度的防護狀態。最重要的是，我們將商討提供國民通訊安全的歐洲電信商，以確保不該有人將電子郵件或其它資訊傳送到大西洋的另一端。」[25]

　　同時，監督的觸角也延伸到了自然資源。有些科技發展所帶來的騷動，直接影響到自然資源產業。在美國，油壓裂解技術已引發一場頁岩氣的革命，並引起監督管理部門的注意，尤其是甲烷排放、水污染和相關問題對環境所造成的影響。

從全球來看，自然資源的價格從 2000 ～ 2013 年增長了一倍，這反映出新興經濟體對這些資源和增加供給的需求，以及資源探勘的挑戰。同時，在過去 13 年間，平均每年自然資源價格的波動一直約維持在三倍上下，這在 90 年代即已見證了。[26] 受到科技創新和自然資源價格大幅波動的影響，政府對於該如何扮演有效的監督者角色，的確備感壓力。[27]

對於未來施政的啟示

這些趨勢突破所帶給政治領導者的挑戰，將更為急迫，因為大眾能透過愈來愈多的管道發表看法和參與公共議題。對於世界各地的公民需求，各國政府通常以較低成本，在較短時間裡提供品質不變的公共服務。在預算緊縮、選舉週期短且民眾即時給予回應的時期下，公共部門領導者的犯錯空間是很小的。

從香港到烏克蘭，從埃及到巴西，我們經常可以看到一大群對改變不耐煩的民眾，走上街頭示威或抗議，以表達自己的不滿。主權債務違約在經過 30 年期的減少趨勢後，自 2011 年來卻不斷增長（以全球債務和全球 GDP 的比重來看），這表示我們可能正處於另一個違約週期的開始，而前一次是在 80 年代由新興市場的債務危機所引發的。[28]

通常公共部門官員的挑戰並非欠缺遠見，而是在短時間內只能從待處理的問題中擇一解決，但結果往往差強人意，目前有許多政府已面臨此種情況。例如，某個亞洲國家在其轉型計畫中的第一年，減少 35％的街頭犯罪。某個南美洲政府減少 80％醫院候診時間，另外增加 50％以上的頂尖畢業生選擇成為老師。某個新興市場政府在兩個月內為其數以萬計的勞動者，實施了社會安全計畫。

在這些個案中，政策制定者都使用了一個麥肯錫稱之為「交付 2.0」（Delivery 2.0）的方法。它是一個設計良好的綱要，結合了適當的指標、試驗性的「成果實驗室」（delivery labs）、精巧且執行率高的工作團隊、能給予實質支援的領導者，以及一個對成效負責的文化。[29]除了交付成果之外，有效溝通也非常重要。可公開取得的施政成果指標（dashboards），即時呈現政策的推行績效，可以建立行政透明化和促進施政者與民眾之間的意見交流，以改善公共服務。

正如趨勢突破已迫使許多企業重新審視自己的策略，以及重新設想自己業務的假設條件，政府也該如此效法。當政策制定者試著進行改變時，這些趨勢突破也喚起三個關於政府在未來本質的有趣問題：組織的大小、採行中央集權還是地方分權化的程度多寡，以及主要扮演的角色。

大小：第一個問題是有關政府組織在未來的規模大小。以 OECD 為例，其會員國的平均政府支出占 GDP45％，不過，各國間仍有很大的差異。以政府支出占 GDP 比例來看，超過 55％的國家有丹麥、芬蘭和法國，30％（含）以下的則有南韓及墨西哥。在挪威，公共部門所僱用的人力占該國勞動人口 30％，在日本，該比例則小於 10%。

　　在過去 10 年間，大部分政府機關的僱用率維持不變或略微縮減，而且大多數的工作都隸屬在一般行政單位，即便是設有大型國營企業的國家。[30] 總歸一句，政府效能比其大小更為重要。但是當政策制定者在思考趨勢突破所帶來的影響時，「政府組織的大小是否適切？」這個問題是值得一問的。這一點很重要，即使政策制定者尋求以電子化政府來提高施政成果。英國和義大利的經濟結構以及中央政府所僱用的人力是大致相同的，但是英國為每個公務員花費在資訊科技的項目上，卻高出義大利 4 倍之多。[31]

　　中央集權化：第二個基本問題是有關政府組織和政策是否應該更為地方化、國家化，或者是更為全球化。在愛爾蘭，中央政府花費占整個政府支出的 76%，其僱用人數占整個公共部門的 90%。不過在德國和瑞士，其州和地方政府較為健全，中央政府的花費反而占不到整體的 20% 且其僱用率僅為 15%。

　　大量的決策已交由各市及各州來做定奪，無論是美國基礎建設計畫的挑選，還是德國勞工的在職訓練。在美國，各州政府全權負責近 85% 的政府投資案。在過去 10 年裡，西班牙已變得更為地方分權化，而挪威則變得更為中央集權化──至少以公共部門的僱用率來衡量就是如此──不過在其它多數 OECD 會員國，則尚未發現任何變化。[32]

　　而且，隨著全球愈來愈緊密相連接，我們也看到有更多全球和多國間的決策機構崛起，如歐洲聯盟的貨幣監管機構、國際刑事法院（International Criminal Court）及東南亞國家聯盟

（Association of Southest Asian Nations, ASAN，簡稱東協）的貿易官員。各國政府也漸漸增加相互合作的機會，分享知識及政策的擬定。

　　普惠金融聯盟（The Alliance for Financial Inclusion, AFI）是目前最大的發展中世界組織之一，該機構在 2008 年成立，是專為開發中國家的政策制定者提供有關普惠金融方面的知識分享及政策選擇。[33] 伴隨著事務間的互連性日益增加，有關政府的哪些決策應該採取地方分權化的做法，以及哪些決策應該偏向全國性或者該超越國家層次來定奪，像這類問題就變得非常貼切。

　　角色：第三個問題是有關政府在未來的角色。一般來說，中央政府著重在撥款提供重大建設的資金，如社會福利和國防經費；而地方政府則將重點放在提供教育、居住及其它與地方團體相關活動的支援上。我們將看到政府放棄當前的許多計畫（如基礎建設的興建），並投入新的領域（如資源的效率）嗎？

　　整體而言，在 OECD 會員國之中，最大的支出類別是社會福利──即養老津貼、失業救濟、弱勢補助──這些占了總支出35％以上。不過就大型的新興經濟體來說，如中國和印度截至目前還未建置完善的社會福利制度，所以在這方面的支出僅占15 ～ 20％。韓國用於社會福利的預算比例只占 13％，但在投入地方產業的經濟保護上，則超過預算的 20％，是英國的四倍之多。美國政府在醫療保健支出上，編列 20％的預算，但瑞士政府的預算比例僅有 6％。希臘在教育支出的預算為 8％，而以色列和愛沙尼亞則分別編列近 17％的預算在此項目上。[34] 這些國家在不同支出項目的比重差異很大，是否有「正確的」政策組合比重呢？還有政府該怎麼實現這個組合呢？

　　撥款提供資金是唯一用來衡量政府實際作為的辦法，廣義來說，為了達成期望的施政成果，執行政策的用意往往可分成 3 大類別，即獎勵、監督管理及提供資訊。世界各國的政府正利用這三種方法（手段），搭配政策的靈活度、創新程度及最佳的實施經驗，來掌控施政的方向。

利用獎勵來加快變化

　　一般我們認為獎勵措施就像紅蘿蔔（甜頭）和棍棒（懲處）一樣，是政府提供給私營企業的獎懲。但是政府常常精心擬定高明的獎勵，使其本身更能明智推動各項業務。德國的哈茲改革，利用獎勵措施來改造該國的勞動仲介，如改變社會福利工作者的績效目標以及更具目標性的工作實習和訓練計畫。

　　隨著政府獎勵企業僱用長期失業者，以及在需求低迷時留任（不裁撤）員工的措施，這些努力對改變國家勞動市場的狀況，具有非常關鍵的作用。[35] 在已開發和新興國家中，目前用來創造其它就業機會的推動計畫，便是利用了獎勵措施，其所涉及的範圍包含從增加出口到提供社會服務的基礎建設，以及個人創業等。

　　以美國政府的國家出口計畫（National Export Initiative, NEI）為例，其目標便是要擴大出口規模，讓企業更容易透過出口市場來為該國服務業及先進製造產業創造更多就業機會。[36]

　　中國是世界上擁有最多海外僑民和留學生的國家，該國正利用獎勵措施吸引高技能人才回國服務，而這正是其 2010 ～ 2020 年國家人才發展計畫（National Talent Development Plan）的一部分。中國的千人計畫（The Thousand International Talents Program）鎖定居住在海外的中國工程師和科學家，以提供誘因的方式，例如對於願意返國至少從事三年全職工作的人才，給予大筆的研究資助、房屋補助和免稅的子女教育津貼。像這樣的獎勵措施，再加上中國強大的經濟發展動力，光在 2012 年就帶動近 30 萬名留學生回國服務。[37]

有些國家正利用獎勵措施，來解決人口老化所帶來人口結構與經濟上的挑戰。其中一項關鍵的努力成果，便是有更多女性投入勞動市場。在 2012 年，相較 77％的男性就業率，全球處於工作年齡的女性，只有 51％是有工作的。[38] 丹麥已制定一系列獎勵措施，包括在 3 個月內提供父母所要求的兒童照料設施，如日間托兒所、幼兒園，或休閒娛樂中心及以學校為主體的中心。

在採行這類措施後，超過八成的丹麥嬰幼兒以及超過九成介於 3 ～ 5 歲的孩童，都接受正規的托育照料。[39] 在 2009 年，年齡介於 15 ～ 64 歲的丹麥婦女，其勞動參與率高達 76％，是 OECD 會員國中比率最高的。[40] 在勞動市場上的這些婦女，超過 95％是處於就業狀態。[41]

有條件的現金轉換獎勵已被證實能有效降低貧窮，在墨西哥，在機會計畫（Oportunidades）推出的五年內，貧困情況已減少 10％的[42]。部分原因是因為這項計畫專門提供現金援助給符合特定條件的家庭，使生活陷入貧困的人也可以接受醫療診治和上學受教育。更重要的是，此計畫建立了強大的金融獎勵措施，鼓勵富裕家庭藉由資助方式提升長期的人力資產。

　　政府也可以就前瞻性的採購政策和標準，提供獎勵措施。從電報和鐵路的舖設，再到半導體和行動電話系統的建置，對於未經證實之技術，政府長期以來在其關鍵性的早期需求上，扮演了主導者角色。

　　美國海軍一直是節能技術（包含燃料）的買主；它在 20 世紀帶動燃料由煤炭轉換成石油，然後在 50 年代轉換成核能。面對高居不下的油價，今日美國海軍轉而鼓勵發展生物燃料和高效能源技術。但是獎勵措施必須得仔細設計，以避免引發意想不到的後果，並造成市場扭曲的風險，像農業補貼就常這樣。[43]

利用法規來直接因應變化

　　政府立法的職權──制定標準以及定義行為與市場的規則──在促進經濟現代化和為未來做準備上，發揮重要的作用。法律規章被證明是特別有效的工具，尤其在市場失靈時以及結構性問題禁止採取最佳做法的情況下，其效果更是明顯可見。大型金融機構的股東不能有效監控管理階層所採行的冒險行為，所以監督管理機構必須強制實行資本標準並謹慎監督。要使建築更加節能需要屋主進行前期投資，而這可能不能直接轉嫁給房客（租屋者）。因此，明智地設計產業標準或許是有用的。

　　為了解決人口老化問題，有些國家已經延長法定的退休年齡，某些國家至多將退休年齡增加 2 歲。而這只是開端，因為現在幾乎還沒有跟上世界人口結構的改變步伐。根據最近一份針對

43 個主要已開發國家所做的分析發現，1965 ～ 2005 年間的平均法定退休年齡增加不到 0.5 歲。[44] 在此同時，男性的平均壽命增加 9 歲。

在高齡化的歐洲，丹麥早就意識到即將引爆退休潮的這顆定時炸彈，於是該國法律制定了以平均壽命來調整退休年齡的規定，並且限制提早退休的申請。在修法後，年齡介於 55 ～ 64 歲的丹麥年長者，具有較高的勞動參與率（58％），比歐盟國家的平均勞動參與率（少於 50％）還高，且到了 2050 年，其法定退休年齡（69 歲）將是所有 OECD 會員國中最高者。[45] 為了因應這個人口結構的變化趨勢，日本政府在 21 世紀初推動強制的長期照護保險制度，要求 40 歲以上的國民必須投保。[46]

有些國家——尤其是金融機構發展尚未健全，或者是在全球流動下暴露了特定風險的國家——會使用監督管理的方法，來控管他們參與全球事務的弱點。例如，各國政府已精心設計各種監管措施來處理資本流入增加的狀況，不論是採取短期還是高度干預的做法，有系統地長期改變其金融市場。當市場發展不全時，監管措施通常是最具侵入性的做法。

經濟結構相對現代，卻不成比例地依賴銅出口的智利，其對外國資本維持開放的態度，但財政立場卻一直非常保守。在 2007 年，智利政府成立了經濟和社會穩定基金（Economic and Social Stabilization Fund, ESSF）並在一開始就投入 26 億美元的資金。

此基金設立宗旨是專門用來降低該國對全球商業週期的依賴，以及銅價波動對收益變動的影響。[47] 它主要投資政府債券，其中一部分資產可用來彌補財政赤字支出或償還政府負債。該基金的資產已增長至 150 億美元左右，而且智利已成為該區域金融最深化*的國家之一。國際貨幣基金組織最近以智利在波動不斷的全球流動中仍有傑出應變能力表現，而被提名為代表。[48]

　　各國政府在因應全球趨勢發展之際，都已利用監督管理措施來控管社會、環境及其它各式各樣議題的成果，同時讓產業界利用所需的技術來達成目標。在這些情況下，應該要有一個「需要做些什麼」的社會共識，但現在對「如何凝聚出社會共識」卻沒有一致看法。而且，爭執原因大部分是因為市場參與者可能執著於在任何現狀中，趨勢的突破卻總是發生在科技發展之後。

　　例如，在美國大幅飆漲的能源價格，使得大眾對各車廠的新車汽車油耗數據更為重視。這反而鞭策許多車廠投入技術創新，如電動車與混合動力車的開發、以鋁取代鋼的材質，以及整合起動和停止*（start-stop）的引擎技術。歐盟和美國對食品安全及追蹤的監管要求，促使食品業有意對整個供應鏈建立資料平台及進行進階分析工作。

　　在因應自然資源的政策方面，到處都有利用監督管理措施的案例。在美國，俄亥俄州、德州和賓夕法尼亞州都允許使用紐約州所禁止的油壓裂解技術。[49] 在歐洲，受到大眾擔心頁岩氣的開採會對環境造成影響，使得保加利亞、法國及德國頒布禁止鑽井的法規。[50]

　　瑞典政府利用課徵垃圾掩埋稅以及在商品價格中包含回收費

---

* 金融深化（financial deepening）是一個專業術語，是指一個國家的金融服務和取得資金（連同銀行、金融機構和資本市場）的方式正變得更為容易。

用的做法，來鼓勵資源回收。在採取這些措施後，大約 99％的家庭垃圾是被回收處理，或被焚化產生電力及熱能。[41] 德國政府正利用監督管理措施來加速國內發生再生能源，並授權有關單位達成有效用電的目標。[52]

利用資訊來提升生產力

巨量數據並不只應用於行動裝置軟體和電子商務上，資訊在改善公共部門的生產力上也是很重要的一項工具，尤其身處在必須持續提高生產力和服務品質的壓力下。為了能更好地管理資源及任務，如教育、醫療保健、勞動市場的供需平衡，甚至是國防安全，各國政府開始把資訊優先列為有效的工具。而政府正在支援產業提供資訊，讓消費者可以加以運用並做出更好的決策。

中歐國家，特別是奧地利、德國及瑞士，早已施行以產業為根基的（industry-based）職業教育模式。在這些國家，職業課程鎖定超過 200 個不同的職業，而且旨在確保能達成勞動供需平衡。瑞士政府負責管理認證，而潛在的僱主則負責確認所需培育的技能和具體的職業課程形式。其它國家也有類似的職業教育模式，只不過規模較小且只針對特定產業。巴西政府正透過Prominp（國家石油和天然氣工業動員計畫）帶頭號召企業、大學及工會等組織機構，一起提升國內教育水準，並使巴西石油及天然氣產業更具競爭力。[53]

在法國總統尼古拉・薩科齊（Nicolas Sarkozy）的領導下，提出公共政策總檢討。該檢討被稱為「少花錢、多辦事」

（do more with less），旨在降低國家的公共支出，並提供國民更好的服務品質，同時發揚一個「有成果的文化」（culture of results）。在所採取的其它措施中，這項提倡在高能見度領域中改善服務的總檢討，反而獲得市民更高滿意度，例如導入 15 種服務品質的衡量指標，其中包含急診室的候診時間。[54]

　　資訊的另一個用途是可以作為辨別及監測經濟生產力的主要驅動因子，即便是經濟表現最亮眼的國家，各產業之間的經濟表現仍有很大的差異。就準公共部門而言，國家可能同時存有表現優異及差強人意的醫療院所和學校。就表現最好的國家來說，通常其私營企業知道如何實踐並能實務磨練精實原則、資料分析、明智的採購及績效管理，以獲得更好的成果。

　　科技和巨量數據提供政策制定者另一個提升公共服務部門生產力的方法；在肯亞，國民政府推出一個開放式的資料入口平台，分享先前難以取得的跨領域資訊，如教育、健康和能源等。這些資料的公布不僅促進上百個行動裝置軟體的發展，估計還可以節省 10 億美元的採購成本。[55]

　　愛沙尼亞的 130 萬國民可以使用電子身份證投票、納稅，以及使用超過 160 種線上服務，從申請失業救濟金到產權登記皆可；甚至私營企業透過國家的入口網站提供服務。[56] 巴西的透明度入口網站（The Brazilian Transparency Portal）公布了一系列資訊，包括聯邦機構的支出、民選官員以公費支出的交際費，以及禁止承包政府工程的公司名單。[57]

對於企業的新機會

　　當政策制定者重置他們的直覺並改變他們治理國家的做法，私營企業將會受到影響，進而做出改變。在某些領域，遊戲規則可能會改變；在其它領域，新的機會可能就此出現在參賽者眼前。我們正親眼見證許多企業受益於各式的政策，例如反應全球事務的深度參與、基礎建設和教育計畫的合作，以及資源和技術問題的解決等。

　　政府回應科技發展趨勢的態度，決定了所有新市場（從房地產到消費金融）的機會。政府對電子商務和資料交換所制定的法規，以及願意將大眾的資料分享給私人企業，將有助這些新市場的發展。以房地產為例，透過使用地理空間、通勤者交通路線和基礎建設的資料，便可做出最佳的地點選擇。

　　彙集可取得的地產即時資訊、價格、近期交易和其它非財務相關稅收資訊的內容聚合網站，可有效地媒合買賣雙方。像Zillow 的房地產內容聚合網站正取代傳統房仲經紀人；這類網站能讓用戶以自訂的喜好偏愛來搜尋房地產物件，然後自動產生預估售價。

　　消費金融是另一個有趣的例子，許多新玩家不斷湧現並利用公開資料來幫助消費者從日益激增且複雜的金融商品中精挑細選。Wallaby 是一家支持風險投資的美國公司，該公司建議在進行不同類型的購買行為時，應思考使用哪張信用卡來支付款項可以獲得最多的紅利回饋。BillGuard 是一家提供個人財務安全服務的公司，它彙集來自所有用戶的信用卡交易，以突顯出那些沒有必要，甚至是欺騙用戶的交易和支付款項。

　　全球智能城市技術的市場，包含智能能源（smart energy）、水資源、交通運輸、建築和政府，預計將從 2014 年的 90 億美元規模成長至 2023 年的 275 億美元。[58] 此產業的企業正與全球具開創性的城市，如舊金山、巴賽隆納及阿姆斯特丹合作。同時，全球智能城市技術市場的成長，也連帶助長如視訊監視系統等相關產業的發展。

　　對企業而言，還可利用各國政府尋求合作夥伴的機會，來提供公共服務。像這類合作夥伴關係，可跨越國家和產業。在非洲和拉丁美洲這些世界最缺水的地區，可口可樂公司與國際組織，如世界野生動物基金會（World Wildlife Fund, WWF）和聯合國開發計畫署（United Nations Development Programme, UNDP）合作，以改善水資源的取得和衛生、保護河川流域、提供生產用水，並提高人們對水資源問題的意識。

　　在美國，私營企業在備受矚目的基礎建設專案上正發揮作用，這些基礎建設包含了邁阿密港口隧道、華盛頓特區的有軌電車及亞特蘭大的多型態交通運輸樞紐。在印度，由國有技能發展公司（National Skills Development Corporation）所主持負責的一項計劃，將在 2022 年培育出 5 億強健勞動大軍；而該公司是由公共部門及私營企業所組成，其中私營企業持股 51％——當中的企業代表來自各行各業，如建築、航太、零售及生命科學。

　　丹麥的企業也提供一個好案例，可用來說明從資源政策變化所帶來的機會。當丹麥成功地從石油的開採轉型到再生能源的發展，政府的需求和明確的政策目標都使得該國企業能提早進行投資，以幫助他們在各自發展的領域中成為世界的領導先驅。

風力渦輪製造商 Vestas 利用其國內市場的經驗去拓展全球市場——最初只開發美國等重要市場，之後則大刀闊斧進軍歐洲及亞洲市場。在過去 10 年間，再生能源市場在上述這些區域都有所成長，而且從 2000 年起，Vestas 已創下年營收成長率超過20％的記錄。今日，這家製造商的全球營收超過 60 億歐元。[59]丹麥能源計畫的其它國內受益者還包含了全球最大的幫浦製造商Grundfos 以及節能零件生產商 Danfoss。[60]

趨勢突破的時代，正把不確定性和壓力加諸在各國政府及政策制定者身上，這就像是將所要突顯及賦予的意義，寄託在各家企業及管理階層的身上。愈來愈多的公共部門領導者在直接面對這些挑戰時，其調度資源和建立社會共識的能力，將受到民眾評斷。

總而言之，要指出適合政府大小及形式的政體，是有其因難的，每個國家必須各自決定其政體。但是不管政府處境為何——擴展或縮小、已開發或開發中、有盈餘或赤字——都必須努力對當前環境做出靈敏且快速的回應。唯有這麼做，才能使各國政府保護自己，免於一些潛在趨勢的威脅，更重要的是，這將使得公共部門能利用呈現在眼前的巨大機會。明智調度的獎勵、制定法律規章以及善用資料數據，都是政策成功的必要條件。

結語 ｜ 重置直覺 挖掘機會

「……我認為時代會繼續發展、進化。所以，『你的壽命會更長』、『人口不斷擴增』，而且『新興經濟體會變得更富有』等等這些所有的事，都意味著商機和風險。」——瑞士諾華製藥執行長丹尼爾‧魏思樂

　　現在該怎麼辦呢？

　　如果你在過去生活中所建立的多數直覺都是錯誤的──或者，至少是有待商確的──那麼你該如何管理好你的投資、你的職涯，還有你的事業呢？

　　在前面章節中，我們已提出了 21 世紀商業和經濟環境會是怎麼不同的例子。坊間「怎麼做」的工具書（how-to books），例如怎麼節食、如何吃得營養、如何運動、怎麼投資、徹底改造自己成為型男美女、照著 10 項待辦清單做就保證能在幾週內成功改變生活等，內容是很典型的，甚至是讀者必須照著做的。讀者只要簡單地確認自己辦到了書中所提的要點，就能實踐、達成。

　　閱讀到此，你應該已經猜到，這本書並不像上述的工具書，因為我們所陳述的轉變太過複雜且強大，因而難以簡單地拆解。在趨勢突破的時代，變化是如此迅速，不僅充滿機會，也充斥著危險，很難總結出讓全球管理階層可以理解、提列並執行的行動清單和做法。就算再怎麼認真努力，我們每一天在工作中所看到的世界，是不可能只作出幾點摘要，或者濃縮成幾張投影片。

　　任何在書中所討論到的強大顛覆性力量及趨勢突破，都正對各式組織──不論是企業、政府還是非營利單位，以及這些組織的領導者──帶來重大的影響。總之，它們的影響是深遠的，在未來幾十年裡，將重新定義哪些國家、企業及個人會駕馭全球經濟的發展。

　　全球經濟有望在一組綜合了歷史、科技、經濟、政治及社會相互影響的論點下，達成平衡狀態。我們正經歷的轉變有時會被比喻為工業革命，但事實上，工業革命若和今日的社會動盪相比，可能還顯得遜色，因為當今的變化正以更快的速度、更大的規模發生。

敏捷的先行者

都市化和消費、科技和競爭、人口老化和勞動力——他們彼此之間是如此緊密相連——而且，因為他們增強了彼此的力量，使得今日的變化更難以預測，他們所帶來的影響也更為強大。除此之外，他們也挑戰我們想像力的程度，就如同挑戰我們的能力和技能一樣。造成今日管理是如此困難的因素之一，正是我們無時無刻都在目睹第二和第三階段可能產生的影響。

現在，讓我們來思考個例子。有幾家企業，包含正在發展自動駕駛汽車的谷歌，只要配有無線通訊技術，理論上這些車輛就能有效地在路上行駛，同時避免與其它車輛發生碰撞。如果自動駕駛車輛變成標準，將可能減少事故的發生並且降低道路交通事故的死亡人數。

而這個無可爭議的理想結果，也將對其它產業和部門帶來一系列的影響。它可能減少對專業駕駛的需求、大傷緊急救援人員的需求，或者提高醫療保險公司的底線，但我們也期望看到對人工心臟迫切需求的增長。

為什麼呢？由於愈來愈多駕駛在駕照上勾選願意「捐贈器官」，致命的車禍意外已變成器官捐贈（用於移植）的重要來源。如果以這些願意捐贈器官的駕駛為榜樣，那麼無人駕駛汽車可能間接打亂這個運作極為順利的制度，使得一場不幸的車禍終結了能夠拯救一條人命的機會。

在我們之中，有多少人可以將無人駕駛汽車的技術和對人工心臟需求所產生的第四階段影響連結起來，然後設計解決方案呢？這似乎很牽強，但我們的世界就是如此運作的。就如同把一塊石頭丟進平靜的池塘裡，在一個產業中的突破或創新，將會創造向外擴散的漣漪。

讀者在遭遇到下列情況，可能會率先感到一股驚慌和慌亂感：當熟悉的確定性消失和已建立的經濟關係破裂；當波動增加，迫使做決策的速度超出現有多數能力所能反應的速度；以及一次面臨多重的挑戰。管理階層表示，解決不確定性可能是勢不可擋的，而且任何解決方案的成本可能過高或費時過長。不確定性可能使人感到麻痺，這對在市場上已占有一席之地的企業來說，更是如此！那些已經自我麻痺的企業，反而會失去更多。

不過，趨勢突破的時代也應該是一段非常樂觀的期間──這不僅僅是對正在打破現有常規的暴發戶而言。即使處在這種複雜且具挑戰性的年代，有些趨勢發展仍是明確可見的。當世界變得愈來愈富有，但國家卻變得愈來愈不平等，我們一般都活得更長壽、更健康。

瑞士諾華製藥集團（Novatis）的執行長丹尼爾‧魏思樂（Daniel Vasella）說到：「毫無疑問地已經時過境遷了──而我認為時代會繼續發展、進化。所以，你的壽命會更長、人口不斷擴增，而且新興經濟體變得更富等等這些所有事，都意味著商機和風險。」[1] 身為消費者的我們可以獲得愈來愈多的商品和服務。

我們對於很多現代生活中的事物都視為理所當然，如電燈、疫苗的接種、免於飢餓、可自由溝通的能力等；對世界上許多人來說，每過一天，這些東西就變得更容易取得。

在未來幾年，數億名生活在新興國家人民將脫離貧窮，並進入全球財富民主化的中產階級。科技正提供數百萬的人們經濟機會，使他們能成為新一代的創業者和改造社會（從教育到健康）的基石。

更重要的是，這些發展正提供管理階層一套新工具，可幫助他們穩站在突破新趨勢之上、發展新的做法，並驅使他們通過複雜的組織。福特汽車的執行長艾倫．穆拉利（Alan Mulally）在 2013 年曾表示：「這個世界一直是個複雜且變化反覆無常的地方，現在我們有工具來辨別它、試著去了解它，並對其做出回應。」[2]

當然，這個問題是在於我們該如何安然度過這波浪潮，而不會被它消滅。在前面 10 個章節中，我們已提出能在這個全新世界成功發展所需的各式戰術、策略及心態。在某些情況下，說起來容易但做起來難，特別是在需要徹底改變我們直覺的時刻。

直覺是生活經驗、知識和勞心勞力理解世界所到的產物，它更是花了幾十年或一生經歷所得來的結果。對於已經成功並身感責任重大的人們來說，總是在很大程度上直接或間接相信自己的直覺。

有效回應改變

　　要求一個資深領導者去重置他對於一系列事物的直覺、看法，就像要求一個已經歷過暴風雨、強風和寒冷等惡劣天候，且翻山越嶺度過深谷的快遞，改以一個全新、未體驗過且不熟悉的交通運輸工具（譬如說一台汽車）來送達貨件。這麼做可能有時是有違直覺、感到困難、困惑和疏離的。但是，它的報酬、成果——對於快遞個人、客戶，大至國家經濟，甚至是運輸工具，可能是很顯著的。

　　即使這樣，也難以做到（重置直覺）。社會學家和行為經濟學家發現，人類是安於現狀的，而且對於會改變他們的假設前提和習以為常的方法，即便有證據放在眼前，他們也會有所抗拒。

　　1988 年，波士頓大學經濟學者威廉‧薩繆爾森（William Samuelson）和哈佛大學經濟學者理察‧查克豪瑟（Richard Zeckhauser）不約而同談到一個案例——有關德國政府需要重新安置一個小鎮，以便開挖位於地下的褐煤。

　　德國政府對於規劃這個新的小鎮，提出了許多方案，但是該鎮鎮民所選擇的方案，看起來「格外像是古老城鎮蜿蜒的街道——就像已經發展幾百年沒頭沒腦地的街道改建設計」。[3] 在面對能夠選擇一個全新、有合理規畫之居住空間的機會時，鎮民反而鍾情於原有老鎮的街道樣貌。同樣地，對於常自豪自己能夠提出且執行影響深遠計畫的企業，總是受到有著驚人程度的慣性之苦，尤其是當牽涉到現金的備案計畫。

　　麥肯錫發現，在 1990 ～ 2005 年間，美國企業幾乎是根據過去情況來重新配置資源，而不是以未來可能的發展和機會來衡量。實際上有三分之一的企業，就照著過去幾年的比例來重新配置資源。[4] 即使在 2009 年全球經濟衰退期間，這種被動的行為依舊存在。

那麼，領導者可以做些什麼來重置他們企業的直覺呢？

最根本的認知就是，為了帶動必要的改變，領導者必須率先發展可以重置自己直覺的能力。根據麥肯錫的研究和客戶經驗顯示，50％的企業轉型失敗是因為高層領導者沒扮演好帶動企業改變的角色，或者是因為既有傾向而堅持維護現狀。

許多領導者藉由集中在技術上的解決方案，來因應不斷變化的環境。他們將焦點放在改變政策、流程或組織型態上，雖然這麼做是必要的，但仍顯不足。如果海平面上升 3 英尺，傳統的思想家會傾向於把現有堤防額外增加 3 英尺、用管線填沙，或者把靠近海濱地區的房子架高，而不是從根本上來重新思考建築的原理、投保房屋險及保護面海的房屋。

對所有領導者來說，首要的第一步是建立自我意識。如果領導者想要有效回應改變，了解自己的傾向和偏見，並認清會影響自己做決策過程中的因素，這些都是有其必要的。[5] 而且，他們必須投入必要的時間和努力，去改變那些影響自己提出解決方案的心態和行為。

另一個生存的關鍵是，在組織中帶著好奇心和學習心態。在變化快速的時代，被環境或競爭對手打得落花流水的企業實例比比皆是，成功的領導者必須做到管理大師湯姆‧彼得斯（Tom Peters）所說的：適應去「成為過去可能未曾扮演過的學生方式」。[6] 去了解、監測和觀察商業環境中不斷變化的趨勢，將可以獲得極大的回報。

　　就我們所服務的麥肯錫全球研究所來說，單位職責便是作為內部智庫和研究部門，肩負著深入挖掘重大的趨勢和提供有用的分析與觀點。每天只要稍微撥出一段時間去跟上不斷變化的外在環境，並且鼓勵其他人也這麼做，如此便可使你的表現有所不同──主動對新的趨勢做出回應，而非被動地處在狀況外。

　　比爾・蓋茲（Bill Gates）在經營微軟期間，曾花了一至兩週的時間待在湖邊的房子，與外界斷絕聯繫，所有時間都用來閱讀各類文章及書籍。BlackRock 是全球最大資產管理公司之一，該公司的執行長賴瑞・芬克（Larry Fink）聲稱他每天仍然盡可能的像剛踏入投資行業般那樣學習，他說：「到目前為止，我經營公司還不到 25 年，而我每天還是花 1 小時來學習全球和市場。就我的觀點來看，如果你不相信你正在學習，如果你不當自己是個學生，那麼你大概會處於落後狀況。」[7]

　　此外，身邊能圍繞合適的人也是有其必要的，那些人能夠為整個組織扮演「激勵催化者」（reset catalysts）的角色。大型的組織和群眾不會簡單地就領導高層的命令及法令快速做出回應。21 世紀的企業，其運作方式不像 19 世紀的軍事單位。相反的，人們往往會受到同行、競爭對手和工作伙夥的激勵與行動，進而做出回應。

　　基於我們所見的，而非他人所告知的，讓我們重新思考什麼是可能的和值得擁有的。這麼多年來，要在不到四分鐘的時間內跑完一英里的路，被認為是不可能辦得到的事。但是，有很大的原因是因為還沒有人嘗試過，所以多數人一直這麼認為──沒有不可改變的物理定律能阻止人類在 240 秒裡移動 1760 碼。

　　1954 年，羅傑‧班尼斯特（Roger Bannister）在英國牛津的一場比賽中打破了這個 4 分鐘的障礙，幾乎瞬間顛覆了幾十年來根深柢固的看法。班尼斯特在歷史上成為第一位不到四分鐘跑完一英里的選手，但他不是唯一的一位。事實上，到了 1957 年，有一位 16 歲多的跑步選手打破了這個難以超越的記錄。透過身體力行來展示什麼是可能的，班尼斯特為熱愛跑步的運動選手發揮了激勵催化的作用，迅速改變大眾對長跑運動員極限的直覺。

　　我們已一次又一次見證這種情況——不管是攀登世界高峰、電腦處理速度飛快成長，還是車輛燃油效率的提升。要使一個大型組織徹底將直覺改觀，有時會覺得不可能辦到，但是常常需要有一個人帶頭去接受新的觀點，並積極放棄舊有的思維模式。[8]

　　想要在趨勢突破的時代裡成功發展，敏捷是另一個關鍵的必要特質。在職業運動領域，曾著重蠻力和速度的訓練方案已開始將瑜珈、伸展運動和其它以提高靈活度和平衡感的運動納入其中。為什麼呢？事實證明，靈活度發展較佳的運動員——不論是 300 磅重的足球防守員、200 磅重的網球選手，或者是 100 磅重的體操選手——往往可以避免受傷，而且可以在比賽中表現得更為出色。

　　上述這個比喻也適用於商業界。當外在環境出現變化時，可以敏捷適應該變化的企業，將能夠抓住新的商機。但是，企業可以辦到的前提是，唯有他們的領導者將敏捷性（靈活度）列為優先考量，而不是因為改變的代價太過昂貴、過於保守的態度，或者因為「一切都是未知數」而感到困難重重，就此摒棄了提高敏捷性的做法。

　　不幸的是，敏捷性的替代做法就是觀望現況，但這個方法對任何人沒有好處。在 21 世紀裡，敏捷性並非總是需要投入昂貴資金才能做到。

　　設置一個分區銷售據點來取代成立一個新的總部、設置一個臨時店舖來取代開設一間大型店舖、投資一台快餐車來取代開設一家餐廳，或是持續改進基本「精實」技能的所有做法，都能讓企業迅速回應變化多端的競爭環境或者在市場上試水溫。即便處於穩定的環境下，企業也能繼續展現改進的成果。「敏捷」幾乎不會是採取保守態度的企業所會使用的策略──成功的企業早已使用技術上的靈活性、建立按訂單生產的能力，甚至是動態調度人力安排等方式，來為組織建立完善的敏捷性。

　　最後，也是最重要的一點，所有領導者必須抵抗誘惑，以便將焦點放在危機出現之前，而不是只看著伴隨危機而來的機會。放眼今日的全球，在談到地緣政治時，是有充足的理由感到悲觀。經歷了像 2008 年的金融危機或者居高不下的青年失業率，可能讓我們都留下明顯的傷疤。

　　儘管悲觀者在這幾年裡自憐自艾、相互取暖，更值得我們注意的是，有許多針對長期趨勢發展的指標，都呈現向上且穩健的走勢。在 1930 年，當經濟大蕭條蔓延到世界各地時，英國偉大的經濟學家約翰・梅納德・凱因斯（John Maynard Keynes）就大膽預言，100 年後，進步的國家，其生活標準將是現在的四至八倍高。儘管經歷了經濟大蕭條、造成巨大傷亡的世界大戰以及冷戰時期，比凱因斯樂觀預期還高的生活標準，已在今日實現了。

　　我們相信，即使是身處在趨勢突破的時代，保持樂觀態度將能戰勝一切。在顛覆性力量相互發揮作用下，我們所處的世界在今後的 10 年或更多年後，將變得更加美好。那些了解當前變化大小和影響程度的人，在重置他們的直覺，並察覺出眼前的機會後，將能塑造全新的世界並茁壯成長。

致謝 |

　　自 1990 年以來，麥肯錫全球研究所（以下簡稱 MGI）及全球知名管理顧問公司麥肯錫（McKinsey & Company）的商業和經濟研究部門，一直在尋求可作為商業、公共和社會部門領導者管理和決策制定的實情和深入見解。MGI 一直在進行有關生產力、競爭力、科技發展所帶來的影響、資本市場、自然資源、勞動市場及都市化的細部研究。

　　在 MGI 服務的 25 年裡，我們已經跳脫個別研究，以更宏觀的角度，著眼於全球經濟和這些研究領域間的相互連結處。在這個過程，我們是以過去與目前 MGI、麥肯錫公司的研究，以及共事伙伴、所提供之服務，還有與世界各地客戶面談的經驗作為基礎。

　　身為麥肯錫管理顧問公司的一員，其中最可喜的一點，便是提供我們從工作中與來自世界各地的客戶、同事一起學習的機會。我們在書中所提到的經驗和趨勢，絕不會是抽象或學術的概念。它們幾乎發生在每個國家、每個市場上，更是我們每天致力要解決的問題。

　　我們很幸運也能成為已承諾要投資 MGI 研究之公司的一員；我們的任務很簡單，就是要了解世界是如何運作以及正在做何改變，以便幫助我們知會企業領導者和政策制定者，在做出決策前能獲得相關的資訊。還有，我們也感謝能夠從共事的伙伴、工作以及與客戶面談中，獲得寶貴的教訓。

麥肯錫領導階層從一開始就支持這項任務，因此，我們想要特別感謝多明尼克‧巴頓（Dominic Barton）和伊恩‧戴維斯（Ian Davis），這兩位分別是公司的現任及前任執行董事，接著是 MGI 的主席艾瑞克‧拉貝（Eric Labaye），以及 MGI 理事會的成員──雅克‧巴芬（Jacques Bughin）、圖斯‧達魯沃拉（Toos Daruvala）、海因茲－彼得‧艾爾斯卓（Heinz- Peter Elstrodt）、阿格‧力克（Acha Leke）、史考特‧尼奎斯特（Scott Nyquist）、希里斯‧聖卡（Shirish Sankhe）──另外，還有公司的其它高層，包括彼得‧比森（Peter Bisson）、彼得‧喬爾德（Peter Child）、馬丁‧赫特（Martin Hirt）、湯瑪斯‧卡區（Tomas Koch）、高登‧奧爾（Gordon Orr）及席倫‧欣亨（Seelan Singham）。

許多作為本書骨架的基本研究，都是在 MGI 的主持下進行的。我們萬分感謝 MGI 的工作夥伴傑納‧雷梅斯（Jaana Remes）、麥克‧翠（Michael Chui）、蘇珊‧倫德（Susan Lund），還有資深研究員艾倫‧菲茲杰若德（Alan FitzGerald）、阿努‧麥得格爾（Anu Madgavkar）、珍‧蜜希卡（Jan Mischke）、成正敏（Jeongmin Seong）、佛瑞斯‧湯普森（Fraser Thompson）及斯瑞‧拉馬斯瓦米（Sree Ramaswamy）。也要感謝一群卓越的經濟學家和從業人員所提供的建議，其中包括了多位諾貝爾獎的得主，現擔任 MGI 的研究顧問。

我們尤其要感謝幾位朋友和顧問在檢視本書後，提供了重要的指正意見，包括了馬丁‧貝利（Martin Baily）、理查‧庫伯（Richard Cooper）、霍華‧戴維斯（Howard Davies）、約翰‧曼佐尼（John Manzoni）、麥克‧史班斯（Michael Spence）及阿代爾‧透納（Adair Turner）。還要謝謝 MGI 的前任高層戴安娜‧菲雷爾（Diana Farrell）、佛瑞德‧格魯克（Fred Gluck）、泰德‧霍爾（Ted Hall）、赫伯‧亨茲勒（Herb Henzler）、比爾‧路易斯（Bill Lewis）、蘭尼‧曼丹卡（Lenny Mendonca）、大前研一（Ken Ohmae）及查理斯‧羅克斯伯（Charles Roxburgh）。

對於軼事、指點、建議及接連不斷的事實確認，我們也要向同行的同事和專業人士致謝。同事們付出了跟我們還要多的努力，因此，我們要特別感謝麥肯錫策略及企業金融業務的派翠克‧維格瑞（Patrick Viguerie）、伊麗莎白‧斯蒂芬森（Elizabeth Stephenson）、安宏宇（Yuval Atsmon），以及商業科技室的保羅‧威爾莫特（Paul Wilmott）等人全心投入這整個過程。

從開始收集點子和觀察到的資料、意見，到整合成一本脈絡清楚的書籍，全書的書稿經過多次的修訂和精細的內部編修及審閱流程。在珍奈特‧布希（Janet Bush）、大衛‧格斯卡（David Gasca）、斯瑞‧拉馬斯瓦米（Sree Ramaswamy）、安卓亞‧茲那（Andrea Zitna）和裴昂‧力特（Joāo Leite）等人的帶領下，有了這番努力成果；在此過程中，也和麥肯錫的顧問團隊密切合作，其中包括了雷南‧安卓德（Renan Andrade）、尼森‧卡普蘭（Nathan Kaplan）和古溫豪（Wonhoe Koo）。

我們在麥肯錫出版公司（McKinsey Publishing）的同事有項任務就是不斷地修訂有關經濟和產業研究的初稿，直到調整成易於理解的文章及報告。里克‧柯克蘭（Rik Kirkland）是這個出版專案的負責人，從概念的發想到完成最終的書稿都得到他的協助，甚至也幫助我們與出版商進行洽談。

負責《麥肯錫季刊》（McKinsey Quarterly）的工作團隊，使我們在書中所提到的部分論點，能夠透過該刊物分享給讀者。所以，在此特別感謝艾倫‧韋伯（Allen Webb）、法蘭克‧康思（Frank Comes）及麥可‧伯魯索（Mike Borruso）。還有，就像我們所參與的所有刊物，都有 MGI 的編輯和傳播工作團隊協助；此次出書要感謝提姆‧比康（Tim Beacom）、珍奈特‧布希（Janet Bush）、傑夫‧路易斯（Geoff Lewis）、梅莉莎‧卡德爾（Marisa Carder）、茱莉亞‧菲爾波特（Julie Philpot）、麗莎‧雷諾（Lisa Renaud）及瑞貝卡‧諾伯威（Rebeca Robboy）等人提供支援及建議，確保我們的研究成果可以盡可能地傳達給所有讀者。

我們也仰賴一些重要的專業編輯，來潤飾初稿以及進行媒體曝光。在此要特別謝謝丹尼爾‧格羅斯（Daniel Gross），其精簡洗鍊的編輯功夫和一流的專業實力，對本書貢獻良多。莎黎‧賽朋（Sari）促成我們得以完成本書，而瑪麗‧莫里斯（Marie Morris）則幫忙編修書稿。

PublicAffairs 是一家水準和抱負能與我們相互配合的出版商。創辦人彼得‧奧斯諾（Peter Osnos）和發行人克萊夫‧皮德爾（Clive Priddle）從一開始就看到本書的銷售潛力。約翰‧馬哈尼（John Mahaney）不僅對書中的內容提要提供初期的見解和建議，還熟練地編輯本書。凱特‧穆勒（Kate Mueller）編修了本書的初稿，而提姆‧布萊森（Timm Bryson）則勤奮地付出心血，產出具有視覺吸引力的成書。

　　最後要提到的是，本書大部分的章節都是我們利用假日來撰寫的。因此，要感謝我們的家人能容忍這段寫作時間占去了與彼此相處的歡樂時光。

　　　　　　　　　詹姆士（James）撰於舊金山
　　　　　　　強納生（Jonathan）撰於上海
　　　　　　　　　理查（Richard）撰於倫敦

各章注釋

開場白

1. Adobe Digital Index, December 1, 2014, www.adobe.com /news-room/pressreleases /2 01412/120114AdobeDataShowsCyberMondaySalesUp.html.

2. Adam Jourdan, "Alibaba reports record $9 billion Singles'Day Sales," Reuters, November 11, 2014; www .nytimes .com /2013 /11 /12 /business /international/online -shopping -marathon -zooms -off -the -blocks -in -china .html ?_r =0. Note that

3. "North Dakota field production of crude oil," Energy Information Administration, www .eia .gov.

4. Amit Chowdhry, "WhatsApp hits 500 million users," Forbes.com, April 22, 2014, www.forbes.com/sites /amitchowdhry /2014/04 /22 /whatsapp-hits-500-million-users.

5. PRNewswire, "Facebook reports third quarter 2014 results," October 28, 2014, http: // investor.fb.com/releasedetail.cfm ?ReleaseID =878726.

6. Gardiner Harris, "On a shoestring, India sends orbiter to Mars on its first try," New York Times, September 25, 2014.

7. James H. Stock and Mark W. Watson, "Has the business cycle changed and why?," National Bureau of Economic Research working paper no. 9127, August 2002, www .nber .org /papers /w9127.

8. Richard Dobbs, Jaana Remes, Sven Smit, James Manyika, Jonathan Woetzel, and Yaw Agyenm- Boateng, Urban world: The shifting global business landscape, McKinsey Global Institute, October 2013.

9. Dominic Barton, Andrew Grant, and Michelle Horn, "Leading in the 21st century," McKinsey Quarterly, June 2012.

10. Richard Dobbs, Sven Smit, Jaana Remes, James Manyika, Charles Roxburgh, and Alejandra Restrepo, Urban world: Mapping the economic power of cities, McKinsey Global Institute, March 2011. 9781610395793-

11. Richard Dobbs, Jaana Remes, James Manyika, Charles Roxburgh, Sven Smit, and Fabian Schaer, Urban world: Cities and the rise of the consuming class, McKinsey Global Institute, June 2012.

12. 更為麥肯錫全球研究所的 Cityscope 資料庫。若想取得更詳細的資料，可以透過免費的 Android 及 Apple iOS 版本的行動裝置軟體 Urban World 來查閱全球城市的。

13. International Telecommunication Union, World Telecommunication Development Report 1999, October 1999, www .itu .int/ITU -D/ict/publications/wtdr_99 /material/wtdr99s. pdf.

14. eMarketer, "Smartphone users worldwide will total 1.75 billion in 2014," eMarketer. com, January 16, 2014, www.emarketer.com/Article/Smartphone-Users-Worldwide-Will-Total-175-Billion-2014 /1010536; "The state of broadband 2012: Achieving digital inclusion for all," Broadband Commission for Digital Development, September 2012,

www.broadbandcommission.org/Documents/bb-annualreport2012 .pdf.

15. Jay Winter and Michael Teitelbaum, The Global Spread of Fertility Decline: Population, Fear, and Uncertainty (New Haven, CT: Yale University Press, 2013).

16. European Commission, "The 2012 ageing report: Underlying assumptions and projection methodologies," Economic and Financial Aff airs, April 2011, http: //ec .europa .eu /economy fi nance /publications /european economy /2011 /pdf/ee -2011-4 en .pdf.

17. United Nations, "World fertility patterns 2013," Department of Economic and Social Affairs, Population Division, January 2014, www.un.org/en/development/desa/population /publications /pdf/fertility/world-fertility-patterns-2013.pdf.

18. United Nations, "South- South Trade Monitor," No. 2, UNCTAD, July 2013; James Manyika, Jacques Bughin, Susan Lund, Olivia Nottebohm, David Poulter, Sebastian Jauch, and Sree Ramaswamy, Global flows in a digital age: How trade, finance, people, and data connect the world economy, McKinsey Global Institute, April 2014.

19. Dambisa Moyo, "China helps Africa to develop," Huffi ngton Post World Post, March 31, 2014, www.huffingtonpost.com /dambisa-moyo /china-is-helping-emerging b_5051623 .html.

20. Manyika et al., Global flows in a digital age.

21. Richard Dobbs, Jeremy Oppenheim, Fraser Thompson, Marcel Brinkman, and Marc Zornes, Resource revolution: Meeting the world's energy, materials, food, and water needs, McKinsey Global Institute, November 2011.

22. Richard Dobbs, Jeremy Oppenheim, Adam Kendall, Fraser Thompson, Martin Bratt, and Fransje van der Marel, Reverse the curse: Maximizing the potential of resource- driven economies, McKinsey Global Institute, December 2013. As measured by the McKinsey Global Institute' s Commodity Price Index of forty-three key commodities broken into four subgroups: energy, metals, food, and nonfood agricultural materials; Angus Maddison, The World Economy: A Millennial Perspective, vol. 1 (Paris: OECD Publishing, 2001).

23. Richard Dobbs, Susan Lund, Charles Roxburgh, James Manyika, Alex Kim, Andreas Schreiner, Riccardo Boin, Rohit Chopra, Sebastian Jauch, Hyun Kim, Megan McDonald, and John Piotrowski, Farewell to cheap capital? The implications of long- term shifts in global investment and saving, McKinsey Global Institute, December 2010.

24. "10 year treasury rate by year," www .multpl .com/interest -rate/table.

25. Richard Dobbs, Anu Madgavakar, Dominic Barton, Eric Labaye, James Manyika, Charles Roxburgh, Susan Lund, and Siddarth Madhav, The world at work: Jobs, pay, and skills for 3.5 billion people, McKinsey Global Institute, June 2012.

26. Ibid.

27. Grigory Milov, "Smart computers, skilled robots, redundant people," Vedomosti, May 28, 2013, www.mckinsey.com/globallocations /europeandmiddleeast/russia/en/latest

thinking/smart computers.

28. Dobbs et al., The world at work.

第 1 章

1. Based on Tuesday flight schedule, www.google.com/flights/#search;f=KMS;t=ACC ;d=2014-09-02;r=2014-09-07;tt=o;q=kumasi+to+accra+direct+flights;based on Africa World Airlines advance promotional fare of GHS 75.

2. "2010 population and housing census: Summary report of final results," Ghana Statistical Service, May 2013, www.statsghana .gov.gh/docfiles/publications/2010_PHC _National _ Analytical _Report.pdf; "The composite budget of the Kumasi Metropolitan Assembly for the 2013 fiscal year," Kumasi Metropolitan Assembly, Republic of Ghana, www.mofep.gov.gh/sites/default/files/budget/2013/AR/Kumasi.pdf.

3. "GNI per capita, PPP," World Bank database, http://databank.worldbank.org/data/ download/GNIPC.pdf.

4. Richard Dobbs, Jaana Remes, James Manyika, Charles Roxburgh, Sven Smit, and Fabian Schaer, Urban world: Cities and the rise of the consuming class, McKinsey Global Institute, June 2012.

5. World Bank Database, http://data.worldbank .org /indicator/N Y.GDP.MKTP.CD.

6. World Bank database; James Manyika, Je Sinclair, Richard Dobbs, Gernot Strube, Louis Rassey, Jan Mischke, Jaana Remes, Charles Roxburgh, Katy George, David O'Halloran, and Sreenivas Ramaswamy, Manufacturing the future: The next era of global growth and innovation, McKinsey Global Institute, November 2012.

7. Paul Hannon, "Emerging markets take largest share of international invest- ment in 2013," Wall Street Journal, January 28, 2014, http://online.wsj.com/news/articles/SB1 0001424052702303553204579348372961110250; Global InvestmentTrends Monitor no. 15, United Nations Conference on Trade and Development, January 28, 2014, http:// unctad.org/en/publicationslibrary/webdiaeia2014d1_en.pdf.

8. Yuval Atsmon, Peter Child, Richard Dobbs, and Laxman Narasimhan, "Winning the $30 trillion decathlon: Going for gold in emerging markets," McKinsey Quarterly, August 2012.

9. Dobbs et al., Urban world: Cities and the rise of the consuming class.

10. Exhibit E2; Dobbs et al., Urban world: Cities and the rise of the consuming class.

11. Ibid.

12. Richard Dobbs, Sven Smit, Jaana Remes, James Manyika, Charles Roxburgh, and Alejandra Restrepo, Urban world: Mapping the economic power of cities, McKinsey Global Institute, March 2011.

13. Bloomberg News, "Li Keqiang urges more urbanization to support China's growth," Bloomberg News, November 21, 2012, www.bloomberg.com/news/2012-11-21/li-keqiang-urges-deeper-urbanization-to-support-china-s-growth.html; UN Department of Economic and Social Affairs, World Urbanization prospects 2014 revision, http://esa. un.org/unpd/wup/CD-ROM/Default.aspx.

14. Daniel Gross, "The real China: Urban wealth, rural poverty," Yahoo Fi- nance, November 7, 2011, http://finance.yahoo.com/blogs/daniel-gross/real-china-urban-wealth-rural-poverty-124416045.html.

15. Stephen S. Roach, "Generating 'next China,'" China Daily USA, September 1, 2012, http://usa.chinadaily.com.cn/opinion/2012-09/01/content_15725888.htm.

16. Ian Johnson, "China releases plan to incorporate farmers into cities," New York Times, March 17, 2013, www.nytimes.com/2014/03/18/world/asia/china-releases-plan-to-integrate-farmers-in-cities.html.

17. Dexter Roberts, "China wants its people in the cities," Bloomberg Business week, March 20, 2014, www.businessweek.com/articles/2014-03-20/china-wants-its-people-in-the-cities.

18. Richard Dobbs and Shirish Sankhe, "Comparing urbanization in China and India," McKinsey & Company, July 2010, www.mckinsey.com/insights/ urbanization/comparing_urbanization_in_china_and_india.

19. The Millennium Development Goals Report 2013, United Nations, 2013, www.un.org/millenniumgoals/pdf/report-2013/mdg-report-2013-english.pdf.

20. Dobbs et al., "Urban world: Cities and the rise of the consuming class."

21. Exhibit 1; Yuval Atsmon, Peter Child, Richard Dobbs, and Laxman Narasimhan, "Winning the $30 trillion decathlon," August 2012.

22. Anne-Sylvaine Chassany, "Danone expands in Africa with 49% stake in dairy," Financial Times (London), October 24, 2013, www.ft.com/cms/s/0/7da59ec2-3cbe-11e3-86ef-00144feab7de.html#axzz3alaccule.

23. Shirish Sankhe, Ireena Vittal, Richard Dobbs, Ajit Mohan, Ankur Gulati, Jonathan Ablett, Shishir Gupta, Alex Kim, Sudipto Paul, Aditya Sanghvi, and Gurpreet Sethy, India's urban awakening: Building inclusive cities, sustaining eco- nomic growth, McKinsey Global Institute, April 2010.

24. Shirish Sankhe, Ireena Vittal, Richard Dobbs, Ajit Mohan, Ankur Gulati, Jonathan Ablett, Shishir Gupta, Alex Kim, Sudipto Paul, Aditya Sanghvi, and Gurpreet Sethy, India's urban awakening: Building inclusive cities, sustaining economic growth, McKinsey Global Institute, April 2010. Department of population and economic affairs, "World urbanization prospects, Highlights," 2011, revision.

25. Ibid.

26. Department of population and economic affairs, "World urbanization pros- pects, Highlights"; Dobbs et al., Urban world: Cities and the rise of the consuming class.

27. Dobbs et al., Urban world: Cities and the rise of the consuming class.

28. Luís M. A. Bettencourt et al., "Urban scaling and its deviations: Revealing the structure of wealth, innovation, and crime across cities," PLOS ONE, Novem- ber 10, 2010, www. plosone.org/article/info:doi/10.1371/journal.pone.0013541.

29. Scott Burnham, "Reprogramming the city: Can urban innovation meet growing needs?" Guardian (Manchester), September 28, 2013, www.theguardian.com/ sustainable-business/reprogramming-city-urban-infrastructure-changes.

30. Ibid.

31. Scott Burnham, "Existing city infrastructure can be 'reprogrammed,' Green Futures Magazine, September 26, 2013, www.forumforthefuture.org/greenfutures/articles/existi ng-city-infrastructure-can-be-% E2% 80%98reprogrammed%E2%80%99.

32. "Visual explorations of urban mobility: Tracorigins," Senseable City Lab, Massachusetts Institute of Technolog y, http://senseable.mit.edu/visual-explorations-urban-mobility/ tra c-origins.html

33. Raoul Oberman, Richard Dobbs, Arief Budiman, Fraser Thompson, and Morten Rossé, The archipelago economy: Unleashing Indonesia's potential, McKinsey Global Institute, September 2012.

34. Mercer, "2014 cost of living survey rankings," July 2014, www.mercer.com/newsroom/ cost-of-living-survey.html.

35. "Panasonic to pay China workers pollution compensation," BBC.com, March 12, 2014, www.bbc.com/news/business-26555874.

36. "Ghanaian city to get a skytrain," African Review of Business and Technol-ogy, March 14, 2014, www.africanreview.com/transport-a-logistics/rail/kumasi-metropolis-to-get-a-skytrain.

第 2 章

1. "The Knowledge," The London Taxi Experience, w w w.the-london-taxi.com/london_ taxi_knowledge

2. Brendan Greeley, "Cabsplaining: A London black car driver on the Uber protest," Bloomberg Businessweek, June 11, 2014, www.businessweek.com/articles/2014-06-11/ cabsplaining-a-london-black-car-driver-on-the-uber-protest.

3. "Uber: Why London cabbies hate the taxi app," The Week, June 11, 2014, www. theweek.co.uk/uk-news/58491/uber-why-london-cabbies-hate-taxi-app.

4. Juliette Garside and Gwyn Topham, "Uber taxis face legal battles from London black-cab drivers," Guardian (Manchester), May 29, 2014, www.theguardian.com/uk-news/2014/may/29/uber-taxis-legal-battles-london-black-cab-drivers.

5. John Alridge, "Fare fight: It's Uber v Hailo v Addison Lee in London's taxi wars," London Evening Standard, January 17, 2014, www.standard.co.uk/lifestyle/esmagazine/fare-fight-its-uber-v-hailo-v-addison-lee-in-the-londons-taxi-wars-9064289.html.

6. "TripIndex Cities 2013," TripAdvisor United Kingdom, www.tripadvisor.co.uk/infocenter-a_ctr.tripindex_Cities_2013_UK.

7. "Hailo arrives in Cork" (press release), July 1, 2013, https://hailocab.com/ireland/press-releases/hailo-cork-release.

8. www.uber.com/cities.

9. Evelyn M. Rusli and Douglas MacMillan, "Uber gets an uber-valuation," Wall Street Journal, June 6, 2014, http://online.wsj.com/articles/uber-gets-uber-valuation-of-18-2-billion-1402073876.

10. Ian Silvera, "Uber CEO Travis Kalanick: We will have 42,000 London drivers in 2016," International Business Times, October 2014, http://www.ibtimes.co.uk/uber-ceo-travis-kalanick-we-will-have-42000-london-drivers-2016-1468436.

11. "Angry London cabbies attack Hailo taxi app offce," BBC.com, May 22, 2014, www.bbc.co.uk/news/technology-27517914.

12. Rhiannon Williams, "Uber adds black cabs amid claims taxi strike 'could cost lives,' Telegraph (London), June 11, 2014, www.telegraph.co.uk/technology/news/10891442/Uber-adds-black-cabs-amid-claims-taxi-strike-could-cost-lives.html.

13. "2,500,000 BCE to 8,000 BCE timeline," Jeremy Norman's Historyof In- formation.com, www.historyofinformation.com/expanded.php?Id=4071.

14. W. Brian Arthur, "The second economy," McKinsey Quarterly, October, 2011.

15. www.mooreslaw.org.

16. "Innovation in Cambridge: Human Genome Project," www.cambridgehistory.org/discover/innovation/Human_Genome.html.

17. James Manyika, Michael Chui, Jacques Bughin, Richard Dobbs, Peter Bisson, and Alex Marrs, Disruptive technologies: Advances that will transform life, business, and the global economy, McKinsey Global Institute, May 2013.

18. Ibid.

19. Exhibit E3; Manyika et al., Disruptive technologies.

20. Ashlee Vance, "Illumina's DNA supercomputer ushers in the $1,000 human genome," Bloomberg Businessweek, January 14, 2014, www.businessweek.com / articles/2014-01-14/illuminas-dna-supercomputer-ushers-in-the-1-000-human-genome.

21. Manyika et al., Disruptive technologies, and accompanying slideshow "A Gallery of Disruptive Technologies."

22. Ibid.

23. Joseph Bradley, Joel Barbier, and Doug Handler, "Embracing the Internet of everything to capture your share of $14.4 trillion," Cisco Systems, February 12, 2013.

24. Manyika et al., Disruptive technologies.

25. HowieT, "The big bang: How the big data explosion is changing the world," Microsoft UK Enterprise Insights Blog, April 15, 2013, http://blogs.msdn.com/b/microsoftenterpriseinsight/archive/2013/04/15/the-big-bang-how-the-big-data-explosion-is-changing-the-world.aspx.

26. James Manyika, Michael Chui, Brad Brown, Jacques Bughin, Richard Dobbs, Charles Roxburgh, and Angela Hung Byers, Big data: The next frontier for innovation, competition, and productivity, McKinsey Global Institute, May 2011.

27. 隨著資料量的激增，需要更大的計量單位來描述資料的儲存空間：1,024 gigabytes（GB，吉位元組）= 1 terabyte（TB，兆位元組）；1,024 terabytes = 1 petabyte（PB，拍位元組）；1,024 petabytes = 1 exabyte（EB，艾位元組）。John Gantz and David Reinsel, "The digital universe in 2020: Big data, bigger digital shadows, and biggest growth in the Far East," IDC, EMC Corporation, December 2012, www.emc.com/collateral/analyst-reports/idc-the-digital-universe-in-2020.pdf.

28. James Manyika, Jacques Bughin, Susan Lund, Olivia Nottebohm, David Poulter, Sebastian Jauch, and Sree Ramaswamy, Global flows in a digital age: How trade, finance, people, and data connect the world economy, McKinsey Global Insti- tute, April 2014.

29. James Manyika, Michael Chui, Diana Farrell, Steve Van Kuiken, Peter Groves, and Elizabeth A Imasi Doshi, Open data: Unlocking innovation and performance with liquid information, McK insey Global Institute, McK insey Center for Government, and McKinsey Business Technology Office, October 2013.

30. "Innovation in government: Kenya and Georgia," McKinsey & Company, September 2011.

31. Blair Claflin, "Employees use skills to reduce tra c congestion in Pune," Cummins Inc., www.cummins.com/cmi/navigationAction.do?nodeId=219&siteId=1&nodeName=Reducing+Tra c+in+Pune&menuId=1050.

32. "Haiti," Humanitarian OpenStreetMap Team, http://hot.openstreetmap.org/projects/haiti-2.

33. Michael Chui, James Manyika, Jacques Bughin, Richard Dobbs, Charles Roxburgh, Hugo Sarrazin, Geo rey Sands and Magdalena Westergren, The social economy: Unlocking productivity and value through social technologies, McKinsey Global Institute, July 2012.

34. Drew DeSilver, "Overseas users power Facebook's growth; more going mobile-only," Pew Research Center Fact Tank, Februar y 4, 2014, www.pewresearch.org/fact-tank/2014/02/04/overseas-users-power-facebooks-growth-more-going-mobile-only.

35. Josh Ong, Tencent's WeChat messaging app passes 300m users, adding its latest 100m in just 4 months," The Next Web, January 16, 2013, http://thenextweb.com/asia/2013/01/16/tencents-wechat-tops-300-million-users-days-before-its-second-birthday/1.

36. MG Siegler, "App Store now has 150,000 apps. Great news for the iPad: Paid books rule," TechCrunch, February 12, 2010, http://techcrunch.com/2010/02/12/app-store-

numbers-books-ipad.

37. Seth Fiegerman, "Apple App Store tops 75 billion downloads," Mashable, June 2, 2014, http://mashable.com/2014/06/02/apple-app-store-stats-2014.

38. Manyika et al., Disruptive technologies,; Nirmalya Chatterjee, "Global indus-trial robotics market (products, functions, applications and geography)-global analysis, industry growth, trends, size, share, opportunities and forecast-2013–2020," A llied Market Research, May 2014, www.alliedmarketresearch.com/industrial-robotics-market.

39. "Cisco Visual Networking Index: Forecast and methodology, 2013–2018," Cisco Systems, June 10, 2014.

40. Matthieu Pélissié du Rausas, James Manyika, Eric Hazan, Jacques Bughin, Michael Chui, and Rémi Said, Internet matters: The Net's sweeping impact on growth, jobs, and prosperity, McKinsey Global Institute, May 2011.

41. Jacques Bughin and James Manyika, "Measuring the full impact of digital capital," McKinsey Quarterly, July 2013.

42. Richard D. Kahlenberg, Broken Contract: A Memoir of Harvard Law School (NY: Hill and Wang, 1992).

43. "Creative destruction whips through corporate America," Innosight Exec- utive Briefing, winter 2012, w w w.innosight.com/innovation-resources/strategy-innovation / upload /creative-destruction-whips-through-corporate-america _final2012.pdf.

44. Ibid.

45. Ibid.

46. Bill Gurley, "A deeper look at Uber's dynamic pricing model," Above the Crowd, March 11, 2014, http://abovethecrowd.com/2014/03/11/a-deeper-look-at-ubers-dynamic-pricing-model/; Matthew Panzarino, "Leaked Uber numbers, which we've confirmed, point to over $1B gross, $213M revenue," TechCrunch, December 4, 2013, http://techcrunch.com/2013/12/04/leaked-uber-numbers-which-weve-confirmed-point-to-over-1b-gross-revenue-213m-revenue.

47. Salvador Rodriguez, "Lyft surpasses 1 million rides, expands to Washington, D.C.," Los Angeles Times, August 9, 2013, http://articles.latimes.com/2013/ aug/09/business/la-fi-tn-lyft-1-million-washington-dc-20130808.

48. "AHA statistical update: Heart disease and stroke statistics-2013-up- date," American Heart Association, Circulation 2013:127:e6 –e245, December 12, 2012.

49. "Medtronic launches CareLink Express ™ Service" (press release), Medtronic, August 14, 2012, http://newsroom.medtronic.com/phoenix.zhtml?C=251324&p=irol-newsarticle&ID=1769548.

50. Amy Dockser Marcus and Christopher Weaver, "Heart gadgets test privacy-law limits," Wall Street Journal, November 28, 2012, http://online.wsj.com/news/articles/SB10001424052970203937004578078820874744076.

51. Kiva website: www.kiva.org/about.

52. Kickstarter website: www.kickstarter.com/help/stats?ref=footer.

53. Martin Hirt and Paul Willmott, "Strategic principles for competing in the digital age," McKinsey Quarterly, May 2014.

54. Amit Chowdhry, "WhatsApp hits 500 million users," Forbes.com, April 22, 2014, www.forbes.com/sites/amitchowdhry/2014/04/22/whatsapp-hits-500-million-users.

55. Darrell Etherington, "Snapchat accounts for more photo shares than Ins- tagram as pic sharing set to double in 2013," TechCrunch, May 29, 2013, http://techcrunch.com/2013/05/29/snapchat-accounts-for-more-photo-shares-than-instagram-as-pic-sharing-set-to-double-in-2013.

56. Jacques Bughin, Michael Chui, and James Manyika, "Ten IT-enabled business trends for the decade ahead," McKinsey on Business Technology 33, spring 2014; Panzarino, "Leaked Uber numbers"; Rodriguez, "Lyft surpasses 1 million rides."

57. Francesco Banfi, Paul-Louis Caylar, Ewan Duncan, and Ken Kajii, "E- journey: Digital marketing and the 'path to purchase,' McKinsey & Company, January 2013.

58. http://uk.burberry.com/store-locator/regent-street-store.

59. Matthieu Pélissié du Rausas, James Manyika, Eric Hazan, Jacques Bughin, Michael Chui, and Rémi Said, Internet matters: The Net's sweeping impact on growth, jobs, and prosperity, McKinsey Global Institute, May 2011.

60. w w w.linkedin.com/mnyfe/subscriptionv2?displayProducts=&trk=nav_responsive_sub_nav_upgrade.

61. 2013 Annual Report, LinkedIn, April 2014, http://investors.linkedin.com/annuals.cfm.

62. "Glossybox flogs 4 million boxes within two and a half years," deutsche- start-ups.com, July 9, 2013, www.deutsche-start-ups.com/2013/07/09/glossybox-flogs-4-million-boxes-within-two-and-a-half-years.

63. Graham Ruddick, "Families snack on graze boxes," Telegraph (London), Nove mber 10, 2 013,www.telegraph.co.uk/finance /newsbysector/retailandconsumer/10439490/Families-snack-on-graze-boxes.html.

64. Doni Bloomfield, "New York Times drops after forecasting decline in ad revenue," Bloomberg, October 2014, www.bloomberg.com/news/2014-10-30/ new-york-times-beats-earnings-estimates-as-online-ads-increase.html.

65. "Paywalls open doors," The Economist, March 27, 2014, www.economist.com/blogs/babbage/2014/03/start-ups-slovakia.

66. Rick Edmonds, "Slovakian Piano Media acquires Press+ and aims to take paid digital content global," Poynter.org, September 8, 2014, www.poynter.org/ latest-news/business-news/266839/slovakian-piano-media-acquires-press-and-aims-to-take-paid-digital-content-global.

67. Misty White Sidell, "Is this the future of make-up? New 3-D printer lets you create unlimited lipstick and eyeshadow at home—for $200," Daily Mail (London), May 6, 2014, www.dailymail.co.uk/femail/article-2621837/Is-future-make-New-3-D -printer-lets-

create-unlimited-lipstick-eyeshadow-home-200.html.

68. Ben Elgin, "Google buys Android for its mobile arsenal," Bloomberg BusinessWeek, August 16, 2005, w w w.businessweek.com/stories/2005-08-16/ google-buys-android-for-its-mobile-arsenal.

69. Stephen Baker, "Google-YouTube: Was it worth $1.6 billion?," Bloomberg BusinessWeek, May 21, 2008, www.businessweek.com/stories/2008-05-21/google-youtube-was-it-worth-1-dot-6-billion.

70. Larry Page, Larry Page at Zeitgeist Americas 2013, YouTube video clip, September 20, 2013.

71. Christina Farr, "Tech IPOs in 2013: Enterprise rules, and a watershed e-commerce moment," VentureBeat, December 26, 2013, http://venturebeat.com/2013/12/26/tech-ipos-in-2013 -enterprise-rules-and-a-watershed-e-commerce-moment.

72. www.gegarages.com.

73. http://digital-accelerator.com.

74. "Walgreens appoints Sonia Chawla to newly created role as president of digital and chief marketing officer" (press release), Walgreens, November 21, 2013, http://news.walgreens.com/article_display.cfm?Article_id=5823.

75. "Walgreen to buy drugstore.com," Dealbook, New York Times, March 24, 2011, http://dealbook.nytimes.com/2011/03/24/walgreens-to-buy-drugstore-com.

76. Brian T. Horowitz, "Walgreens opens API for mobile prescription scanning to developers," eWeek.com, February 13, 2013, www.eweek.com/developer/walgreens-opens-api-for-mobile-prescription-scanning-to-developers/?Bcsi-ac-e9597abe29b9070f=225a122e000000051s0pg2wbcqfx1kzbtjdvptjxtbqmaaaabq aaaitsggdaqaaaaaaaakxbcqa=;Adam Pressman and Deepika Pandey, "Chains need to go beyond multichannel, omnichannel," Chain Drug Review, October 28, 2013, www.chaindrugreview.com/inside-this-issue/opinion/10-28-2013/chains-need-to-go-beyond-multichannel-omnichannel.

77. Michael Zennie and Louise Boyle, "Billion dollar deal makes 26-year-old America's next tech tycoon: High school drop-out behind blogging site Tumblr sells it to Marissa Mayer's Yahoo," Daily Mail (London), May 19, 2013, www.dailymail.co.uk/news/article-2326998/Yahoo-buys-Tumblr-1-1billion-Founder-David-Karp-tech-tycoon.html.

78. Sarah Perez, "@WalmartLabs buys adtech start-up Adchemy, its biggest talent deal yet," TechCrunch, May 5, 2014, http://techcrunch.com/2014/05/05/ walmartlabs-buys-adtech-start-up-adchemy-its-biggest-talent-deal-yet.

79. www.sephora.com/about-us; Jason Del Rey, "In-store tech is so hot right now: Sephora acquires fragrance software start-up Scentsa," All Things D, August 7, 2013, http://a llthingsd.com /20130807/in-store-tech-is-so -hot-right-now-sephora-acquires-fragrance-software-start-up-scentsa.

80. Colin Morrison, "How Axel Springer can be a digital media champion," Flashes and

Flames, April 25, 2014, www.flashesandflames.com/2014/04/how-axel-springer-can-become-a-digital-media-champion.

81. Ibid.

82. David Meyer, "A xel Springer invests in privacy-friendly search start-up Qwant," Gigaom, June 19, 2014, http://gigaom.com/2014/06/19/axel-springer-invests-in-privacy-friendly-search-start-up-qwant.

第 3 章

1. Awesome-o, "Robovie R3 unveiled," Robotics Zeitgeist, April 22, 2010, http://robotzeitgeist.com/2010/04/robovie-r3-unveiled.html.

2. "Field listing: Median age," The World Factbook, US Central Intelligence Agency, www.cia.gov/library/publications/the-world-factbook/fields/2177.html; "Population ages 65 and above (% of total)," World Bank database, http://data.worldbank.org/indicator/SP.POP.65UP.TO.ZS.

3. "Fertility rate, total (births per woman)," World Bank database, http://data.worldbank.org/indicator/SP.DY N.TFRT.IN.

4. Daniel Gross, "Why Japan isn't rising," Slate, July 18, 2009, www.slate.com/articles/business/moneybox/2009/07/why_japan_isnt_rising.html.

5. "South Asia: Pakistan," The World Factbook, US Central Intelligence Agency, www.cia.gov/library/publications/the-world-factbook/geos/pk.html.

6. "Country comparison: Total fertility rate," The World Factbook, US Central Intelligence Agency, www.cia.gov/library/publications/the-world-factbook/rankorder/2127rank.html.

7. Elizabeth Kolbert, "Head count," New Yorker, October 21, 2013, www.new yorker.com /a rts /critics /books /2013/10/21/131021crbo_book s _kolbert?Currentpage=2.

8. "Country comparison," The World Factbook.

9. Ibid.

10. MGI analysis: Demographics and Employment, 2014.

11. Ibid.

12. Ibid.

13. Jay Winter and Michael Teitelbaum, The Global Spread of Fertility Decline: Population, Fear, and Uncertainty (New Haven, CT: Yale University Press, 2013).

14. "Fertility rate, total," World Bank database.

15. MGI analysis: Demographics and Employment, 2014.

16. "EU27 population is expected to peak by around 2040" (press release), Eurostat, European Commission, June 8, 2011, http://epp.eurostat.ec.europa.eu/ cache/ITY_PUBLIC/3-08062011-BP/EN/3-08062011-BP-EN.PDF.

17. The 2012 ageing report: Economic and budgetary projections for the 27 EU member states (2010 –2060), European Commission, February 2012, http://ec.europa .eu / economy_f inance /publications /european _economy/2012/pdf /ee-2012-2_en.pdf.

18. The 2012 ageing report: Underlying assumptions and projection methodologies, European Commission, April 2011, http://ec.europa.eu /economy_finance/ publications/ european_economy/2011/pdf/ee-2011-4_en.pdf.

19. Ibid.

20. MGI analysis: Demographics and Employment, 2014.

21. World population prospects: The 2012 revision, United Nations Department of Economic and Social Affairs, Population Division, June 2013, http://esa.un.org/wpp.

22. Ibid.

23. Sarah O'Connor, "World will have 13 'super-aged'nations by 2020,"Fi nancial Times (London), August 6, 2014, www.ft.com/cms/s/0/f356f8a0-1d8c-11e4-8f0c-00144feabdc0.html.

24. "Dean Xie Danyang blueprints Wuhan's future: An international city in 2040" (press release), EMBA Education Center of Wuhan University, April 16, 2014, http://emba.whu.edu.cn/en/News/News/2014-04-16/1287.php.

25. "Field listing: Median age," The World Factbook.

26. Richard Dobbs, Anu Madgavkar, Dominic Barton, Eric Labaye, James Minyika, Charles Roxburgh, Susan Lund, and Siddarth Madhav, "The world at work: Jobs, pay, and skills for 3.5 billion people," June 2012, McKinsey & Company.

27. Benjamin Shobert, "Bank on it," Slate, November 5, 2013, www.slate.com/articles/ technolog y/future _tense/2013/11/feng _kexiong _s_volunteer_bank _plan_to_care_ for_china_s_elderly.html.

28. James Manyika, Michael Chui, Jacques Bughin, Richard Dobbs, Peter Bisson, and Alex Marrs, Disruptive technologies: Advances that will transform life, business, and the global economy, McKinsey Global Institute, May 2013.

29. Ibid.

30. Peter Baker, "Kagan is sworn in as the fourth woman, and 112th justice, on the Supreme Court," New York Times, August 7, 2010, www.nytimes.com/2010/08/08/us/08kagan.html?_r=0

31. Dobbs et al., "The world at work."

32. MGI analysis: Demographics and Employment, 2014.

33. Ibid.

34. Dobbs et al., "The world at work."

35. O'Connor, "World will have 13 'super-aged' nations by 2020."

36. Dobbs et al., "The world at work."

37. Suzanne Daley and Nicholas Kulish, "Germany fights population drop," New York Times, August 13, 2013.

38. "China reforms: One-child policy to be relaxed," BBC.com, November 15,2013, www.bbc.com/news/world-asia-china-24957303; "Women at Work," Fi nance & Development, volume 50, number 2, International Monetary Fund, June2013, www.imf. org/external/pubs/ft/fandd/2013/06/pdf/fd0613.pdf.

39. Dobbs et al., "The world at work."

40. Ibid.

41. Ibid.

42. Ibid.

43. Global aging 2013: Rising to the challenge, Standard & Poor's, March 20, 2013, www. mhfigi.com /societal-trends/global-aging-2013-rising-to-the-challenge.

44. Rafal Chomik and Edward R. Whitehouse, Trends in pension eligibility ages and life expectancy, 1950 -2050, OECD Social, Employment and Migration working papers number 105, 2010.

45. Szu Ping Chan, "Pensions free-for-all 'risks leaving millions in poverty,' Telegraph (L ondon), March 29, 2014, www.telegraph.co.uk/finance/personalfinance/ pensions/10732126/Pensions-free-for-all-risks-leaving-millions-in-poverty.html.

46. Barbara A. Butrica, Howard M. Iams, Karen E. Smith, and Eric J. Toder, "The disappearing defined benefit pension and its potential impact on the retire- ment incomes of baby boomers," US Social Security Administration, Social Security Bulletin 69, no. 3,2009, www.ssa.gov/policy/docs/ssb/v69n3/v69n3p1.html. More recent data from National Compensation Survey, US Bureau of Labor Statistics, March 2013.

47. "Defined benefit pensions: Plan freezes a ect millions of participants and may pose retirement income challenges," US Government Accountability Office,2008, www.gao. gov/new.items/d08817.pdf.

48. "Working longer: Older Americans'attitudes on work and retirement," Associated Press–NORC Center for Public Affairs Research, 2013, www.apnorc.org /projects/Pages/ work ing-longer-older-americans-attitudes -on-work-and-retirement.aspx.

49. "Leading in the 21st century: An interview with HCA CEO RichardBracken," McKinsey & Company, November 2013.

50. Rebecca L. Ray et al., The state of human capital: False summit, McKinsey & Company and The Conference Board, October 2012; Sustainability report2008, Toyota Motor Corporation, July 2008, www.toyota global.com /sustainability/report/sr/08/pdf/ sustainability_report08.pdf.

51. French employment 2020: Five priorities for action, McKinsey Global Insti-tute, May 2012.

52. Ibid.; "Older employees driving value," News and views, Centrica, October1, 2013, www.centrica.com/index.asp?Pageid=1042&blogid=695.

53. Innovative Practices Executive Case Report No. 5, Sloan Center on Aging and Work, 2012.

54. Georges Desvaux and Baudouin Regout, "Meeting the 2030 French con- sumer: How European-wide trends will shape the consumer landscape," McKinsey Consumer and Shopper Insights, May 2010.

55. Ibid.

56. Ibid.

57. Yuval Atsmon and Max Magni, "Meet the Chinese consumer of 2020," McKinsey Quarterly, March 2012.

58. www.eldertreks.com.

59. PT, "Thomas Cook launches 'Silver Breaks'for elderly travellers," The Hindu (Chennai), June 15, 2014, w w w.thehindubusinessline.com/companies/ thomas-cook-launches- silver-breaks-for-elderly-travellers/article6116909.ece.

60. http://info.singtel.com/personal/silverline.

61. www.youtube.com/watch?v=vilUhBhNnQc.

62. "Depend and the great American try on: Repositioning incontinence from the bathroom to the forefront of pop culture," PRWeek Awards 2013, http://awards.pr weekus .com /depend-and-great-american-try-repositioning-incontinence-bathroom- forefront-pop-culture.

63. Olivia Goh, "Successful ageing-a review of Singapore's policy approaches, Civil Service College Singapore, Ethos, no. 1, October 2006, www.cscollege.gov.sg /Knowled ge/ Ethos/Issue%201%20Oct%202006/Pages/Successful-Ageing-A-Review-of-Singapores- Policy-Approaches.aspx.

64. United Nations Department of Economic and Social Affairs, Population Division, "Magnitude and speed of population ageing," chapter 2 in World Population Ageing 1950 –2050 (NY: UN, 2002), www.un.org/esa/population/publications/ worldageing19502050/pdf/80chapterii.pdf.

65. Mansoor Dalal, "Senior living India . . . a need whose time has come!!!" Association of Senior Living India, www.asli.org.in/page-seniorlivingindia.html.

66. Japan retail market, Japan Retail News, www.japanretailnews.com/japans-retail-market. html.

67. Adam Westlake, "Aeon opens senior-focused shopping center," Japan Daily Press, April 25, 2012, http://japandailypress.com/aeon-opens-senior-focused-shopping- center-251330/; Louise Lucas, "Retailers target grey spending power," Financial Times (London), August 14, 2012, www.ft.com/cms/s/0/bb60a5b2-e608-11e1-a430- 00144feab49a.html#axzz3blwglwyg.

68. Christophe Nedopil, Youse and Bradley Schurman, "Age friendly banking: A global overview of best practices," A ARP, June 27, 2014, www.aarpinternational.org/resource- library/resources/age-friendly-banking-a-global-overview-of-best-practices.

69. "Amazon launches 50+ Active and Healthy Living Store featuring hundreds of thousands of items in one single destination" (press release), Business Wire, April 15,

2013, www.businesswire.com/news/home/20130415005498/en/ Amazon-Launches-50-Active-Healthy-Living-Store#.U_s3ycwwkpc.

70. Roger Blitz, "Saga tests the water for stock market debut," Financial Times (London), February 16, 2014, w w w.ft.com/cms/s/0/55288bfc-970f-11e3-809f-00144feab7de.html; Saga market capitalisation, Hargreaves Lansdown, www.hl.co.uk/shares/shares-search-results/s/saga-plc-ordinary-1p.

71. www.cognifit.com.

72. "Raku-Raku phone series reaches 20 million unit sales in Japan" (press release), NTT Socomo, July 22, 2011, www.nttdocomo.co.jp/english/info/media_center/pr/2011/001534.html.

73. David Pierce, "Fujitsu's futuristic cane does so much more than help you walk," The Verge, February 27, 2013, www.theverge.com/2013/2/27/4036228/ fujitsus-futuristic-next-generation-cane-hands-on.

第 4 章

1. Melody Ng, "Shanghai Pudong Airport to build world's biggest satellite concourse," The Moodie Report, February 10, 2014, www.moodiereport.com/ document.php?doc_id=38312.

2. "Ever wondered how everything you buy from China gets here? Welcome to the port of Shanghai—the size of 470 football pitches," Daily Mail (London), October 29, 2013, w w w.dailymail.co.uk /news/article-2478975/Shanghai-port-worlds-busiest-handles-736m-tonnes-year.html.

3. James Manyika, Jacques Bughin, Susan Lund, Olivia Nottebohm, David Poulter, Sebastian Jauch, and Sree Ramaswamy, Global flows in a digital age: How trade, finance, people, and data connect the world economy, McKinsey Global Insti- tute, April 2014.

4. "Leading in the 21st century: An interview with Shell's Ann Pickard," McKinsey & Company, June 2014.

5. IMF e-library; Graeme Wearden, "IMF: World economy to shrink for first time in 60 years in 'Great Recession,'" Guardian (Manchester), March 10, 2009, www.theguardian.com/business/2009/mar/10/imf-great-recession.

6. Manyika et al., "Global flows in a digital age."

7. Ibid.

8. Ibid.

9. Ibid.

10. Ibid.

11. South-South Trade Monitor, no. 2, UNCTAD, July 2013; Manyika et al., Global flows in a

digital age.

12. Dambisa Moyo, "China helps Africa to develop," Hu ngton Post World Post, March 31, 2014, www.hu ngtonpost.com/dambisa-moyo/china-is-helping-emerging_b_5051623. html.

13. Manyika et al., "Global flows in a digital age."

14. Ibid.

15. Ibid.

16. Susan Lund, Toos Daruvala, Richard Dobbs, Philipp Härle, Ju-Hon Kwek, and Ricardo Falcón, Financial globalization: Retreat or reset? McKinsey Global Institute, March 2013.

17. Claire Gatinois, "Portugal indebted to Angola after economic reversal of fortune," Guardian Weekly (London), June 3, 2014, www.theguardian.com/world/2014/jun/03/ portugal-economy-bailout-angola-invests.

18. Pankaj Mishra, "Infosys CEO SD Shibulal owns 700+ apartments in Seattle; now buying in Berlin, Frankfurt," The Economic Times, June 23, 2014, http: //articles .economictimes .indiatimes .com /2014- 06 -23/news /50798685_1_shruti-shibulal-infosys-ceo-sd-shibulal-tamara-coorg.

19. "Bright Food said to pay $960 million for Tnuva stake," Bloomberg News, May 22, 2014, www.bloomberg.com/news/2014-05-22/bright-food-said-to-pay-960-million-for-tnuva-stake.html.

20. Manyika et al., "Global flows in a digital age."

21. Charles Roxburgh, Susan Lund, Richard Dobbs, James Manyika, and Haihao Wu, The emerging equity gap: Growth and stability in the new investor landscape, McKinsey Global Institute, December 2011.

22. Lund et al., Financial globalization.

23. UN Department of Economic and Social Affairs, "Trends in total migrant stock: The 2005 tevision," February 2006, www.un.org/esa/population/publications/migration /U N_Migrant_Stock_ Documentation_2005.pdf ; "Number of international migrants rises above 232 million, UN reports" (press release), United Nations News Centre, September 11, 2013, www.un.org/apps/news/story.asp?Newsid=45819&Cr=migrants&Cr1=#.U9_jcendvp0.

24. Mary Medeiros Kent, "More US scientists and engineers are foreign-born," Population Reference Bureau, January 2011, www.prb.org/Publications/Articles/2011/ usforeignbornstem.aspx.

25. James Fontanella-Khan, "Romanians despair that wealthy Britain is taking all their doctors," Financial Times (London), January 14, 2014, www.ft.com/cms/s/0/f4c0b734-7c70-11e3-b514-00144feabdc0.html#axzz3bwxijwoo.

26. Maram Hussein, "Bangladeshi expats happy to work in Qatar, says envoy," Qatar Tribune, October 7, 2013, www.qatar-tribune.com/viewnews.aspx?N=DD3FCF9D-5E03-47DC-B8AF-EFFDB77AF298&d=20131007; http://unbconnect.com/tofail-

qatar/#&panel1-1.

27. Damien Cave, "Migrants'new paths reshaping Latin America," New York Times, January 5, 2012, www.nytimes.com/2012/01/06/world/americas/migrants-new-paths-reshaping-latin-america.html?Pagewanted=all&_r=0.

28. UNWTO Tourism Highlights, 2013 edition, United Nations World Tourism Organization; Economic Impact of Travel & Tourism 2013 Annual Update, World Travel & Tourism Council, 2013.

29. "US passports issued per fiscal year (2013 –1996)," US Department of State, http://travel.state.gov/content/passports/english/passports/statistics.html; Andrew Bender, "Record number of Americans now hold passports," Forbes.com, Januar y 30, 2012, www.forbes.com /sites/andrewbender/2012/01/30/record-number-of-americans-now-hold-passports.

30. The Economist, "Coming to a Beach Near You," April 2014. http://www.economist.com/news/international/21601028-how-growing-chinese-middle-class-changing-global-tourism-industry-coming.

31. 2012 Open Doors Report, Institute of International Education, 2012.

32. Daniel Gross, "Myth of decline: US is stronger and faster than anywhere else," Newsweek, April 30, 2012, www.newsweek.com/myth-decline-us-stronger-and-faster-anywhere-else-64093.

33. Facebook website, http://newsroom.f b.com/company-info/; Kishore Mah- bubani, "The global village has arrived," IMF, Finance & Development 49, no. 3, September 2012.

34. Manyika et al., "Global flows in a digital age."

35. Matthieu Pélissié du Rausas, James Manyika, Eric Hazan, Jacques Bughin, Michael Chui, and Rémi Said, Internet matters: The Net's sweeping impact on growth, jobs, and prosperity, McKinsey Global Institute, May 2011.

36. Olivia Nottebohm, James Manyika, Jacques Bughin, Michael Chui, and Abdur-Rahim Syed, Online and upcoming: The Internet's impact on aspiring countries, McKinsey & Company, January 2012.

37. eTransform Africa: The transformational use of information and communica-tion technologies in Africa, World Bank and African Development Bank, December 2012; International Telecommunication Union statistics, 2012.

38. James Manyika, Armando Cabral, Lohini Moodley, Safroadu Yeboah- Amankwah, Suraj Moraje, Michael Chui, Jerry Anthonyrajah, and Ache Leke, Lions go digital: The Internet's transformative potential in Africa, McKinsey Global Institute, November 2013.

39. Damian Hattingh, Bill Russo, Ade Sun-Basorun, and Arend Van Wamelen, The rise of the African consumer, McKinsey & Company, October 2012.

40. Manyika et al., Lions go digital.

41. Michelle Atanga, "MTN ready to pour $400m into Africa and Middle East start-ups," VentureBurn, December 20, 2013, http://ventureburn.com/2013/12/mtn-ready-to-pour-

in-400m-into-africa-middle-east-start-ups.

42. David Okwii, "Rocket Internet VC and start-up incubator takes on the Ugandan Internet space," Dignited, June 6, 2014, w w w.dignited.com/7977/ rocket-internet-vc-start-up-incubator-takes-ugandan-internet-space.

43. Jonathan Cummings, James Manyika, Lenny Mendonca, Ezra Greenberg, Steven Aronowitz, Rohit Chopra, Katy Elkin, Sreenivas Ramaswamy, Jimmy Soni, and Allison Watson, Growth and competitiveness in the United States: The role of its multinational companies, McKinsey Global Institute, June 2010.

44. Manyika et al., "Global flows in a digital age."

45. Ibid.

46. Manyika et al., "Global flows in a digital age"; Pankaj Ghemawat and Steven A. Altman, "DHL Global Connectedness Index 2014," www.dhl.com/en/about_us/logistics_insights/studies_research /global_connectedness_index /global_connectedness_index.html#.VHnZWMk Xn4Y.

47. "GE partners with the Millennium Challenge Corporation to provide $500 million in financing to Ghana 1000 project" (press release), August 5, 2014, http://allafrica.com/stories/201408061542.html; "GE to invest $2 billion in Africa by 2018" (press release), Business Wire, August 4, 2014, www.businesswire.com/news/home /2014 0803005030/en/GE -Invest-2-Billion-A frica-2018 #.V DQo Fvk7u-0.

48. Daniel Gross, "Coke applies supply-chain expertise to deliver AIDS drugs in Africa," The Daily Beast, September 25, 2012, www.thedailybeast.com/articles/2012/09/25/coke-applies-supply-chain-expertise-to-deliver-aids-drugs-in-africa.html.

49. Kenneth Rogo, "Can Greece avoid the lion," Project Syndicate, February 3, 2010, www.project-syndicate.org/commentary/can-greece-avoid-the-lion-.

50. Stephen Hall, Dan Lovallo, and Reinier Musters, "How to put your money where your strategy is," McKinsey Quarterly, March 2012.

51. Katy George, Sree Ramaswamy, and Lou Rassey, "Next-shoring: A CEO's guide," McKinsey Quarterly, January 2014.

52. Mike Doheny, Venu Nagali, and Florian Weig, "Agile Manufacturing for a volatile world case studies," McKinsey & Company, 2012.

53. www.solarbrush.co.

54. www.shapeways.com.

55. "Portfolio: B & W Group," Sofina, www.sofina.be/EN/participation/bw.php; Peter Marsh, "UK micro-multinationals'lead the way," Financial Times (London), August 22, 2011, www.ft.com/cms/s/0/5c353610-c67f-11e0-bb50-00144feabdc0.html#axzz39vspj1cz.

56. Marsh, "UK 'micro-multinationals'lead the way."

57. Nottebohm et al., Online and upcoming.

58. "Best new retail launch 2013—Jumia," World Retail Awards, September 30, 2014, ww

w.worldretailawards.com/resources/best-new-retail-launch-2013-%E2%80%93-jumia.

59. www.boeing.com/boeing/commercial/aviationservices/integrated-services/digital-airline.page.

60. Etsy Progress Report 2013, http://extfiles.etsy.com/progress-report/2013-Etsy-Progress-Report.pdf ?Ref=progress_report_download.

61. http://openinnovation.astrazeneca.com.

62. www.unilever.com/innovation/collaborating-with-unilever/challenging-and-wants.

63. www.bosch-pt.com/innovation/home.htm?Locale=en.

64. Manyika et al., "Global flows in a digital age."

65. 2014 Silicon Valley Index, Joint Venture Silicon Valley and Silicon Valley Community Foundation, www.siliconvalleycf.org/sites/default/files/publications/2014-silicon-valley-index.pdf.

66. www.intelligentcommunity.org/index.php?Src=gendocs&ref=Smart21_2012&link=Smart21_2012.

67. Richard Dobbs, Jaana Remes, Sven Smit, James Manyika, Jonathan Woet- zel, and Yaw Agyenm-Boateng, "Urban world: The shifting global business landscape," McKinsey Global Institute, October 2013.

68. Emily Glazer, "P&G unit bids goodbye to Cincinnati, hello to Asia," Wall Street Journal, May 10, 2012, http://online.wsj.com/news/articles/SB1000142405270230407030457739605368808154 4.

69. Beth Brooks, "Unilever opens new global training centre in Asia for its 'future leaders,'" The Grocer, July 8, 2013, www.thegrocer.co.uk/people/unilever-opens-global-training-centre-for-future-leaders/344935.article.

70. Singapore Business News, Singapore Economic Development Board, March 2013, www.edb.gov.sg/content/dam/edb/en/resources/pdfs/publications/SingaporeBusinessNews/march-2013/Singapore-Business-News-March-2013.pdf.

71. R ik Kirkland, "Leading in the 21st century: An interview with Ellen Kullman," McKinsey & Company, September 2012.

72. Mike Doheny, Venu Nagali, and Florian Weig, "Agile Manufacturing for a volatile world case studies," McKinsey & Company, 2012.

73. World Bank database; Isis Gaddis, Jacques Morisset, and Waly Wane, "A well-kept secret: Tanzania's export performance," World Bank, March 4, 2013, http://blogs.worldbank.org/africacan/a-well-kept-secret-tanzania-s-export-performance.

第 5 章

1. "Clarks ends shoemaking in Somerset," BBC.com, January 10, 2005, www.bbc.co.uk/

somerset/content/articles/2005/01/10/clarks_feature.shtml.

2. Mark Palmer, "A great British success: Why the world loves Clarks and its shoes as it nears 200th anniversary," This is Money, April 19, 2013, www.thisismoney.co.uk /money/ markets/article-2311484/Clarks-A-family-firm-kept-polish.html.

3. Patrick Barkham, "How the Chinese fell in love with Clarks shoes," Guard- ian (Manchester), March 8, 2011, www.theguardian.com/lifeandstyle/2011/mar/09/chinese-love-clarks-shoes.

4. Ibid.

5. Olivia Goldhill, "Chinese tourists to spend £1bn in UK by 2017," Telegraph(London), May 2, 2014, www.telegraph.co.uk/finance/china-business/10801908/Chinese-tourists-to-spend-1bn-in-UK-by-2017.html; "Insight and research: UK tourism dynamics," Barclays, www.barclayscorporate.com/insight-and-research/research-and-reports/uk-tourism-dynamics.html.

6. "Chinese visitors surge to grab brands at Clarks Village outlet" (press re- lease), Visit Somerset, January 15, 2014, www.visitsomerset.co.uk/blog/2014/1/15/chinese-visitors-surge-to-grab-brands-at-clarks-village-outlet-a95.

7. Barkham, "How the Chinese fell in love with Clarks shoes."

8. Jo Tweedy, "Shoe travelled far? Clarks museum in Somerset proves unlikely hit with Chinese tourists," Daily Mail (London), March 1, 2011, www.dailymail.co.uk/travel/article-1361696 /Chinese-tourists-flock-Clarks-shoe-museum-Somerset.html#ixzz36nycck20.

9. "Poverty overview," World Bank, October 8, 2014, www.worldbank.org/en/topic/poverty/overview; Richard Dobbs, Jaana Remes, James Manyika, Charles Roxburgh, Sven Smit, and Fabian Schaer, Urban world: Cities and the rise of the consuming class, McKinsey Global Institute, June 2012.

10. "Poverty: Not always with us," The Economist, May 30, 2013, www.economist.com/news/briefing /21578643 -world-has-astonishing-chance-take-billion-people-out-extreme-poverty-2030-not; Dobbs et al., Urban world.

11. "Testimony on eradication of infectious diseases by Claire V. Broome, MD, MPH, acting director, Centers for Disease Control and Prevention, US Depart- ment of Health and Human Services," May 20, 1998, www.hhs.gov/asl/testify/t980520a.html; Annex Table 2, World Health Organization, The World Health Report 2004: Changing History (Geneva: World Health Report, 2004); www.who.int/whr/2004.

12. Dobbs et al., Urban world.

13. United Nations, "Introduction," in The World at Six Billion (NY: UN Department of Economic and Social Affairs, Population Division, October 12, 1999), www.un.org/esa/population/publications/sixbillion/sixbilpart1.pdf.

14. Sanjeev Sanyal, "Who are tomorrow's consumers?," Project Syndicate, August 9, 2012, www.project-syndicate.org/commentary/who-are-tomorrow-s-consumers-by-

sanjeev-sanyal.

15. Yuval Atsmon, Ari Kertesz, and Ireena Vittal, "Is your emerging-market strategy local enough?," McKinsey Quarterly, April 2011.

16. Jonathan Ablett, Aadarsh Baijal, Eric Beinhocker, Anupam Bose, Diana Farrell, Ulrich Gersch, Ezra Greenberg, Shishir Gupta, and Sumit Gupta, The "Bird of Gold" : The rise of India's consumer market, McKinsey Global Institute, May 2007.

17. Dominic Barton, "The rise of the middle class in China and its impact on the Chinese and world economies," chapter 7 in US-China Economic Relations in the Next Ten Years: Towards Deeper Engagement and Mutual Benefit (Hong Kong: China–United States Exchange Foundation, 2013), w w w.chinausfocus.com/2022/wp-content/uploads/Part+02-Chapter+07.pdf.

18. "China's next chapter," McKinsey Quarterly, no. 3, 2013.

19. Michael Yoshikami, "Why Tesla will win in China," CNBC.com, May 1, 2014, www.cnbc.com/id/101634065#.

20. Peter Bisson, Rik Kirkland, and Elizabeth Stephenson, "The great rebal- ancing," McKinsey & Company, June 2010,

21. Yuval Atsmon, Peter Child, and Udo Kopka, "The $30 trillion decathlon: How consumer companies can win in emerging markets," McKinsey Perspectives on Retail and Consumer Goods, spring 2013.

22. Dobbs et al., Urban world.

23. Kaylene Hong, "China's Internet population hit 618 million at the end of 2013, with 81% connecting via mobile," The Next Web, January 16, 2014, http://thenextweb.com/asia/2014/01/16/chinas-Internet-population-numbered-618m-end-2013-81-connecting-via-mobile.

24. Yuval Atsmon, Peter Child, Richard Dobbs, and Laxman Narasimhan, "Winning the $30 trillion decathlon," McKinsey Quarterly, August 2012.

25. Tushar Banerjee, "Five unusual ways in which Indians use mobile phones," BBC.com, February 11, 2014, www.bbc.com/news/world-asia-india-26028381.

26. Nilanjana Bhowmick, "37% of all the illiterate adults in the world are Indian," Time, January 29, 2014, http://world.time.com/2014/01/29/indian-adult-illiteracy.

27. Agustino Fontevecchia, "India's 243 million Internet users and the mobile e-commerce revolution," Forbes.com, July 7, 2014, www.forbes.com/sites/afontevecchia/2014/07/07/indias-massive-e-commerce-opportunit y-and-the-explosion-of-mobile.

28. www.techinasia.com/2013-china-surpasses-america-to-become-worlds-top-ecommerce-market/McKinsey Global Institute analysis.

29. Adrian Covert, "A decade of iTunes singles killed the music industry," CNN Money, April 25, 2013, http://money.cnn.com/2013/04/25/technology/ itunes-music-decline.

30. Nathalie Remy, Jennifer Schmidt, Charlotte Werner, and Maggie Lu, Unleashing fashion growth city by city, McKinsey & Company, October 2013.

31. Dominic Barton, Yougang Chen, and Amy Jim, "Mapping China's middle class," McKinsey Quarterly, June 2013, www.mckinsey.com/insights/consumer_ and_retail/mapping_chinas_middle_class.

32. Atsmon et al., "Winning the $30 trillion decathlon."

33. Sha Sha, Theodore Huang, and Erwin Gabardi, Upward mobility: The future of China's premium car market, McKinsey & Company, March 2013.

34. Remy et al., Unleashing fashion growth city by city.

35. MGI Cityscope database. For more detail, you can explore the evolving urban world though the free Android and Apple iOS app Urban World.

36. Acha Leke, Reinaldo Fiorini, Richard Dobbs, Fraser Thompson, Aliyu Suleiman, and David Wright, Nigeria's renewal: Delivering inclusive growth in Africa's largest economy, McKinsey Global Institute, July 2014.

37. Patti Waldmeir, "China's co ee industry is starting to stir," Financial Times(London), October 22, 2012, www.ft.com /cms/s/0/992ec1e6-1901-11e2-af88-00144feabdc0.html#axzz3f28g6jcq.

38. Atsmon et al., "Winning the $30 trillion decathlon."

39. "Master Kong is the most chosen brand in China," Kantar Worldpanel, May 20, 2014, www.kantarworldpanel.com/global/News/Master-Kong-is-the-Most-Chosen-Brand-in-China.

40. Kai Bi, "Tingyi will maintain its market leadership with a diversified product portfolio," analyst report, Morningstar, April 10, 2014, http://analysis report.morningstar.com /stock /research?T= 00322&region=hkg&culture =en-US&productcode=MLE.

41. Ishan Chatterjee, Jöm Küpper, Christian Mariager, Patrick Moore, and Steve Reis, "The decade ahead: Trends that will shape the consumer goods industry," McKinsey & Company, December 2010.

42. Bisson et al., "The great rebalancing."

43. Atsmon et al., "Winning the $30 trillion decathlon."

44. Chatterjee et al., "The decade ahead."

45. Tom Glaser, "2013 investor day," VF Corporation, June 11, 2013, www.vf17x17.com /pdf/2013%20V FC%20Investor %20Day-Glaser %20Transcript.pdf; Gary P. Pisano and Pamela Adams, VF Brands: Global Supply Chain Strategy, Harvard Business School case number 610–022, November 2009, www.hbs.edu/faculty/Pages/item.aspx?num=38127.

46. Atsmon et al., "Winning the $30 trillion decathlon."

47. Alejandro Diaz, Max Magni, and Felix Poh, "From oxcart to Wal-Mart: Four keys to reaching emerging-market consumers," McKinsey Quarterly, October 2012.

48. Atsmon et al., "Winning the $30 trillion decathlon."

49. Ibid.

50. Ibid.

51. Ibid.

52. Martin Dewhurst, Jonathan Harris, and Suzanne Hey wood, "Understanding your 'globalization penalty,'" McKinsey Quarterly, July 2011.

53. Li Fangfang, "ABB sets sights on 'designed in China,'" China Daily USA, July 19, 2012, http: //usa .chinada ily.com .cn /epaper/2012- 07/19/content_15599833.htm.

54. Rick Newman, "Why US companies aren't so American anymore," U.S. News & World Report, June 30, 2011, http://money.usnews.com/money/blogs/flowchart/2011/06/30/why-us-companies-arent-so-american-anymore; William Lazonick, "A transformative jobs plan: What's good for IBM's top executives is not good for the US," Roosevelt Institute, May 2011, www.rooseveltinstitute.org/new-roosevelt/transformative-jobs-plan-what-s-good-ibm-s-top-executives-not-good-us; Martin Dewhurst, "An interview with Michael Cannon-Brookes, vice president, business development, China and India, IBM Corporation," in Perspec- tives on global organizations, McKinsey & Company, May 2012.

55. Rachel Layne, "GE moves 115-year-old X-ray unit's base to China to tap growth," Bloomberg News, July 25, 2011, www.bloomberg.com/news/2011-07-25/ge-healthcare-moves-x-ray-base-to-china-no-job-cuts-planned.html.

56. Hervé de Barbeyrac and Ruben Verhoeven, "Tilting the global balance: An interview with the CEO of Solvay," McKinsey Quarterly, October 2013.

57. Choe Soon-kyoo, "How LG surpassed Samsung in India," Korea Times, April 6, 2012, www.koreatimes.co.kr/www/news/bizfocus/2012/04/342_108490.html.

58. Atsmon et al., "Winning the $30 trillion decathlon."

59. Ibid.

第 6 章

1. Brian Whitaker, "How a man setting fire to himself sparked an uprising in Tunisia," Guardian (Manchester), December 28, 2010, www.theguardian.com/commentisfree/2010/dec/28/tunisia-ben-ali.

2. ht tp://web.worldbank.org/ W BSITE/EXTERNAL/COUNTRIES/ MENAEXT/0,,contentmd k.20520250 pagepk.140750 pipk.220540 thesitepk.230277,00.html.

3. UN FAO Food Price Index, Food and Agriculture Organization of the United Nations, w ww.fao.org/worldfoodsituation/foodpricesindex/en/; United Nations, "The global food crises," chapter 4 in The Global Social Crisis: Report on the World Social Situation 2011 (NY: United Nations, 2011), w w w.un.org/esa/socdev/rwss/docs/2011/chapter4.pdf.

4. UN FAO Food Price Index; Nafeez Ahmed, "Why food riots are likely to become the new normal," Guardian (Manchester), March 6, 2013, www.theguardian.com/environment/blog/2013/mar/06/food-riots-new-normal.

5. Marco Lagi, Karla Z. Bertrand, and Yaneer Bar-Yam, "The food crises and political instability in North Africa and the Middle East," New England Com- plex Systems Institute, September 28, 2011, necsi.edu/research/social/food_crises. pdf.

6. http://web.worldbank.org/WBSITE/EXTERNAL/NEWS/0,,contentmdk:22833439~pagepk:64257043~pipk:437376~thesitepk:4607,00.html.

7. Charlotte McDonald-Gibson, "Exclusive: Red Cross launches emergency food aid plan for UK's hungry," Independent (London), October 11, 2013, www.independent.co.uk/news/uk/home-news/exclusive-red-cross-launches-emergency-food-aid-plan-for-uks-hungry-8872496.html.

8. "Globally almost 870 million chronically undernourished-new hunger report," Food and Agriculture Organization of the United Nations, October 9, 2012, www.fao.org/news/story/en/item/161819/icode.

9. Je Cox, "Record 46 million Americans are on food stamps," CNBC.com, September 4, 2012, www.cnbc.com/id/48898378.

10. Richard Dobbs, Jeremy Oppenheim, Fraser Thompson, Sigurd Mareels, Scott Nyquist, and Sunil Sanghvi, Resource revolution: Tracking global commodity markets, McKinsey Global Institute, September 2013.

11. IMF sta , "Unparalleled growth, increased inequality: 20th century in- come trends," in Globalization: Threat or opportunity?, International Monetary Fund, April 12, 2000, www.imf.org/external/np/exr/ib/2000/041200to.htm#III.

12. Richard Dobbs, Jeremy Oppenheim, Adam Kendall, Fraser Thompson, Martin Bratt, and Fransje van der Marel, Reverse the curse: Maximizing the poten- tial of resource-driven economies, McKinsey Global Institute, December 2013.

13. Dobbs, et. al. Resource revolution: Tracking global commodity markets.

14. Ibid.

15. Richard Dobbs, et. al. Urban World.

16. Dobbs et al., Resource revolution: Tracking global commodity markets.

17. Richard Dobbs, Jeremy Oppenheim, and Fraser Thompson, "A new era for commodities," McKinsey Quarterly, November 2011.

18. Dobbs et al., Resource revolution: Tracking global commodity markets.

19. World Steel Committee on Economic Studies, Steel Statistical Yearbook (Brussels: World Steel Association, 2001, 2013).

20. Richard Anderson, "Resource depletion: Opportunity or looming catastro- phe?" BBC.com, June 11, 2012, www.bbc.com/news/business-16391040.

21. Dobbs et al., Reverse the curse.

22. Kenneth Rogo , "Who's dependent now?," Project Syndicate, December 7, 2005, www.project-syndicate.org/commentary/who-s-dependent-now-.

23. David Cohen, "Earth audit," New Scientist 194, no. 2605, May 26, 2007; Lester R. Brown, Plan B 2.0: Rescuing a Planet under Stress and a Civilization in Trouble (New

York: W. W. Norton, 2006).

24. Yoshihide Wada et al., "Global depletion of groundwater resources," Geo- physical Research Letters 37, no. 20, October 2010.

25. Colin P. Fenton and Jonah Waxman, "Fundamentals or fads? Pipes, not punting, explain commodity prices and volatility," Commodity Markets Outlook and Strategy, J. P. Morgan Global Commodities Research, August 2011.

26. Javier Blas, "Costs rise for 'technological barrels'of oil," Financial Times (London), May 29, 2013.

27. Dobbs et al., Resource revolution: Meeting the world's energy, materials, food, and water needs.

28. Ibid.

29. Dobbs et al., Resource revolution: Tracking global commodity markets; Randy Schnepf, Energy use in agriculture: Background and issues, Congressional Research Service Reports, BiblioGov, 2013.

30. Dobbs et al., Resource revolution: Tracking global commodity markets.

31. Peter Bisson, Elizabeth Stephenson, and S. Patrick Viguerie, "Pricing the planet," McKinsey & Company, June 2010.

32. "Petroleum & other liquids: Data," US Energy Information Administration, www.eia. gov/dnav/pet/hist/leaf handler.ashx?N=PET&s=RWTC&f=D.

33. Sean Farrell, "Ukraine crisis sends wheat and corn prices soaring," Guardian (Manchester), March 3, 2014, www.theguardian.com/business/2014/mar/03/ukraine-crisis-crimea-hits-price-wheat-corn.

34. Climate change 2013: The physical science basis, Intergovernmental Panel on Climate Change, 2013, www.climatechange2013.org. The report uses four new scenarios for greenhouse-gas concentrations projecting that the global surface temperature is likely to have changed by more than 1.5 degrees Celsius by 2100 compared with the period from 1850 to 1900 in all but the lowest scenario, and by more than 2 degrees Celsius in its two high scenarios. The 2-degree threshold is widely thought of as the dividing line between acceptable warming and danger- ous warming.

35. Edward Wong, "Cost of environmental damage in China growing rapidly amid industrialization," New York Times, March 29, 2013.

36. Amy Harder, "EPA sets draft rule to cut carbon emissions by 30% by 2030," Wall Street Journal, June 2, 2014, http://online.wsj.com/articles/epa-rule-to-cost-up-to-8-8-billion-annually-sources-say-1401710600.

37. Michael Greenstone and Adam Looney, A strategy for America's energy future: Illuminating energy's full costs, The Hamilton Project, Brookings Institution, May 2011, www.brookings.edu/research/papers/2011/05/energy-greenstone-looney.

38. Dobbs et al., Resource revolution: Tracking global commodity markets.

39. Evolution of the super cycle: What's changed and what may, Goldman Sachs equity

research, April 2013.

40. Dobbs et al., Resource revolution: Meeting the world's energy, materials, food, and water needs.

41. "How our cloud does more with less," Google O cial Blog, September 8, 2011, http://googleblog.blogspot.com/2011/09/how-our-cloud-does-more-with-less.html.

42. www.enernoc.com.

43. "Waste prevention policy," Korean Ministry of Environment, http://eng.me.go.kr/eng/web/index.do?menuId=141&findDepth=1; Dobbs et al., Resource revolution: Tracking global commodity markets.

44. www.uplus.co.kr/cmg/engl/coif/pelu/retrievepelucsr04.hpi?Mid=5921.

45. Dobbs et al., Resource revolution: Meeting the world's energy, materials, food, and water needs.

46. Hanh Nguyen, Martin Stuchtey, and Markus Zils, "Remaking the indus- trial economy," McKinsey Quarterly, February 2014.

47. "The circular economy applied to the automotive industry," Ellen MacAr- thur Foundation, July 24, 2013.

48. "Ricoh grows services business expertise" (press release), Ricoh, July 26, 2013, www.ricoh-europe.com/about-ricoh/news/2013/Ricoh_grows_Services_Business_ Expertise.aspx.

49. Nguyen et al., "Remaking the industrial economy."

50. Ibid.

51. Ibid.

52. H&M Conscious Actions: Sustainability Report 2013, http://sustainability.hm.com /content/dam/hm/about/documents/en/CSR /reports/Conscious%20Actions%20Sustainability%20Report%202013_en.pdf.

53. "Natural gas: Data," US Energy Information Administration, www.eia.gov/dnav/ng/hist/n9070us2m.htm.

54. World Energy Outlook 2012 executive summary, International Energy Agency, November 2012, www.iea.org/publications/freepublications/publication/English.pdf.

55. Dobbs et al., Resource revolution: Tracking global commodity markets.

56. Dobbs et al., Resource revolution: Meeting the world's energy, materials, food, and water needs.

57. European Photovoltaic Industry Association; Zachary Shahan, "World solar power capacity increased 35% in 2013 (charts)," CleanTechnica, April 13, 2014, http://cleantechnica.com/2014/04/13/world-solar-power-capacity-increased-35-2013-charts.

58. Global Wind Energy Council, Global Wind Report, Annual Market Update 2013,April 2014, www.gwec.net/wp-content/uploads/2014/04/GWEC-Global-Wind-Report_9-April-2014.pdf.

59. Internationa l Energ y A gency, September 2014, www.iea.org/newsroomandevents/

pressreleases/2014/september/how-solar-energ y-could-be-the-largest-source-of-electricity-by-mid-century.html.

60. Thomas G. Kreutz and Joan M. Ogden, "Assessment of hydrogen-fueled proton exchange membrane fuel cells for distributed generation and cogeneration," Proceedings of the 2000 US DOE Hydrogen Program Review, US Department of Energy, October 2000.

第 7 章

1. "Elevated rail corridor in Mumbai: Project information memorandum," Indian Railways, www.indianrailways.gov.in/railwayboard/uploads/directorate/ infra/downloads/Project_Information_Memorandum.pdf.

2. AFP, "Death on wheels: Commuter anger rises over Mumbai's local trains," Hindustan Times, April 29, 2014, www.hindustantimes.com/india-news/mumbai/death-on-wheels-commuter-anger-rises-over-mumbai-s-local-trains/article1-1213404.aspx.

3. "How the Indian economy changed in 1991-2011," Economic Times (Mumba i), July 24, 2011, http://articles.economictimes.indiatimes.com/2011-07-24/news/29807511_1_market-economy-scooters-india-s-gdp; World Bank databases, including foreign direct investment and net inflows (BoP, cur- rent US$) at http://data.worldbank.org/indicator/BX.KLT.DINV.CD.WD and GDP Per capita (current US$) at http://data.worldbank.org/indicator/NY.GDP.PCAP.CD.

4. PTI, "India to become third largest economy by 2030: PwC," The Hindu(Chennai), July 5, 2014, www.thehindu.com/business/Economy/india-to-become-third-largest-economy-by-2030-pwc/article6180722.ece.

5. Shirish Sankhe, Ireena Vittal, Richard Dobbs, Ajit Mohan, Ankur Gulati, Jonathan Ablett, Shishir Gupta, Alex Kim, Sudipto Paul, Aditya Sanghvi, and Gurpreet Sethy, India's urban awakening: Building inclusive cities, sustaining eco- nomic growth, McKinsey Global Institute, April 2010.

6. Ibid.

7. Julien Bouissou, "Mumbai's rail commuters pay a high human price for public transport," Guardian Weekly (London), October 29, 2013, www.the guardian.com/world/2013/oct/29/india-mumbai-population-rail-accidents.

8. Sankhe et al., India's urban awakening.

9. Ibid.

10. Richard Dobbs, Susan Lund, Charles Roxburgh, James Manyika, Alex Kim, Andreas Schreiner, Riccardo Boin, Rohit Chopra, Sebastian Jauch, Hyun Kim, Megan McDonald, and John Piotrowski, Farewell to cheap capital? The implications of long-term shifts in

global investment and saving, McKinsey Global Institute, December 2010.

11. R ichard Dobbs, Herbert Pohl, Diaan-Yi Lin, Jan Mischke, Nicklas Garemo, Jimmy Hexter, Stefan Matzinger, Robert Palter, and Rushad Nanavatty, Infrastructure productivity: How to save $1 trillion a year, McKinsey Global Insti- tute, January 2013.

12. Lisa Smith, "The truth about real estate prices," Investopedia, www.investopedia.com/ articles/mortages-real-estate/11/the-truth-about-the-real-estate-market.asp.

13. FIPE-ZAP index; Samantha Pearson, "Brazil housing bubble fears as economy teeters," Financial Times (London), February 14, 2014, www.ft.com/cms/s/0/f5348f8c-9558-11e3-8371-00144feab7de.html#slide0.

14. "Halifax House Price Index," Lloyds Banking Group, www.lloydsbanking group.com/ Media/economic-insight/halifax-house-price-index; http://monevator.monevator. netdna-cdn.com/wp-content/uploads/2011/12/house-prices.jpg.

15. "Location, location, location," The Economist, August 29, 2014, www.economist.com/ blogs/dailychart/2011/11/global-house-prices.

16. Martin Feldstein, "When interest rates rise," Project Syndicate, March 30, 2103,www. project-syndicate.org/commentary/higher-interest-rates-and-financial-stability-by-martin-feldstein.

17. Economist Intelligence Unit; Global Insight; McKinsey Global Economic Growth Database; Oxford Economics; World development indicators, World Bank database, http://data.worldbank.org/data-catalog/world-development-indicators; McKinsey Global Institute analysis.

18. Dobbs et al., Urban world.

19. Heinz-Peter Elstrodt, James Manyika, Jaana Remes, Patricia Ellen, and César Martins, Connecting Brazil to the world: A path to inclusive growth, Mc- Kinsey Global Institute, May 2014; "Countries of the world," Worldatlas.com, http://worldatlas.com/aatlas/ populations/ctyareal.htm.

20. The global competitiveness report 2013–2014, World Economic Forum, www.weforum. org/reports/global-competitiveness-report-2013-2014.

21. Elstrodt et al., Connecting Brazil to the world.

22. Dobbs et al., Farewell to cheap capital?

23. World Bank database; Dobbs et al., Farewell to cheap capital? Since the 1970s, global investment as a share of GDP fell from 26.1 percent to a recent low of 20.8 percent in 2002. Total global investment from 1980 through 2008 averaged $700 billion per year less than it would have been had the investment rate of the 1970s persisted a cumulative sum of $20 trillion.

24. 2013 report card for America's infrastructure, American Society of Civil Engineers, www. infrastructurereportcard.org.

25. Dobbs et al., Infrastructure productivity.

26. Ibid.

27. Dobbs et al., Farewell to cheap capital?

28. Benedict Clements, Victoria Perry, and Juan Toro, From stimulus to consol-idation: Revenue and expenditure policies in advanced and emerging economies, IMF, departmental paper no. 10/3, October 6, 2010, www.imf.org/external/pubs/ft/dp/2010/dp1003.pdf.

29. "Gross savings (% of GDP)," World Bank database, http://data.worldbank.org/indicator/NY.GNS.ICTR.ZS.

30. Guonan Ma and Wang Yi, China's high saving rate: myth and reality, Bank for International Settlements working papers number 312, June 2010, www.bis.org/publ/work312.htm.

31. "Gross savings (% of GDP)."

32. Dobbs et al., Farewell to cheap capital?

33. Ibid.

34. Ibid.

35. Richard Dobbs and Susan Lund, "Quantitative easing, not as we know it," The Economist, November 14, 2013, w w w.economist.com/blogs/freeexchange/2013/11/unconventional-monetary-policy.

36. EIU World Database; McKinsey Global Institute analysis.

37. Historical tables, Budget of the US government, Fiscal year 2015, Office of Management and Budget, www.whitehouse.gov/sites/default/files/omb/budget/ fy2015/assets/hist.pdf.

38. Dobbs and Lund, "Quantitative easing."

39. Ibid.

40. Ibid.

41. Fiscal Monitor, International Monetary Fund, April 2014, www.imf.org/external/pubs/ft/fm/2014/01/pdf/fm1401.pdf.

42. Hiroko Tabuchi, "In Japan, a tenuous vow to cut," New York Times, Sep- tember 1, 2011, w w w.nytimes.com/2011/09/02/business/global/japan-seeks-answers-to-debt-load-without-angering-voters.html?Pagewanted=all&_r=0.

43. Ben Chu, "European Central Bank imposes negative rates on banks in historic move," Independent (London), June 5, 2014, www.independent.co.uk/ news/business/news/european-central-bank-imposes-negative-rates-on-banks-in-historic-move-9494027.html.

44. Carmen M. Reinhart and Kenneth S. Rogo , Financial and sovereign debt crises: Some lessons learned and those forgotten, IMF working paper no. 13/266, December 2013, www.imf.org/external/pubs/ft/wp/2013/wp13266.pdf.

45. Global Benchmark of Cost and Schedule Performance for Mega Projects in Mining, McKinsey & Company, 2013.

46. "Explosive growth," The Economist, November 19, 2009, www.economist.com/

node/14931607.

47. Dobbs et al., Infrastructure productivity.

48. McKinsey Capital Productivity Practice case studies.

49. Katy George, Sree Ramaswamy, and Lou Rassey, "Next-shoring: A CEO's guide," McKinsey & Company, January 2014.

50. Andreas Behrendt, Malte Marwede, and Raymond Wittmann, "Building cars with less capital," McKinsey Quarterly, September 2014.

51. www.teslamotors.com/own.

52. US Securities and Exchange Commission Form 10-K, Tesla Motors, Febru- ary 26, 2014, http://ir.teslamotors.com/secfiling.cfm?Filingid=1193125-14-69681& CIK=1318605.

53. US Securities and Exchange Commission Form 10-K, Amazon.com, January 31, 2014, http://phx.corporate-ir.net/phoenix.zhtml?c=97664&p=IROL-secToc& TOC=aHR0 cDovL2FwaS50ZW5rd2l6YXJkLmNvbS9vdXRsaW5lLnhtbD9yZXBvPXRlbmsma XBhZ2U9OTM1MTc0MSZ zdWJzaWQ9NTc%3d&ListAll=1&sXBRL=1.

54. Kelly Ungerman, "The secret of Amazon: Lessons for multichannel retailers," presentation at Chief Marketing and Sales Forum, McKinsey & Company, October 2012.

55. Abdullah Al-Hassan, Michael Papaioannou, Martin Skancke, and Cheng Chih Sung, Sovereign wealth funds: Aspects of governance structures and investment management, IMF working paper no. 13/231, November 2013, ww w.imf.org/ external/pubs/ft/ wp/2013/wp13231.pdf.

56. "Global pension fund assets hit record high in 2013" (press release), Towers Watson, February 5, 2014, www.towerswatson.com/en-GB/Press/2014/02/Global-pension-fund-assets-hit-record-high-in-2013.

57. "Oil-fuelled caution," The Economist, May 22, 2014, www.economist.com/news/ finance-and-economics/21602731-kingdom-does-not-splash-cash-other-gulf-states-oil-fuelled-caution.

58. Hugh Schofield, "PSG's dramatic rise to European giants," BBC.com, May 7, 2014, www.bbc.com/news/world-europe-27314338.

59. Sarfraz Thind, "Oil prices push sovereign wealth funds toward alternative investments," Institutional Investor, February 20, 2014, www.institutionalinvestor.com /Article /3311509/Investors-Sovereign -Wealth -Funds/Oil-Prices-Push-Sovereign-Wealth-Funds-Toward-Alternative-Investments.html#.vaoepcjdxpo.

60. Gus Delaporte, "Norway takes Manhattan," Commercial Observer, Octo- ber 8, 2013; Gus Delaporte, "Norway's wealth fund to acquire stake in Times Square Tower for $684M," Commercial Observer, September 9, 2013.

61. Jeremy Grant, "Temasek's dealmaking reflects big bets on rise of the con- sumer," Financial Times(London), April 14, 2014, w w w.ft.com /cms/s/0/79d9824e-bb9a-11e3-8d4a-00144feabdc0.html#axzz36evevz5a.

62. www.kiva.org/about.

63. "Stats," Kickstarter, www.kickstarter.com/help/stats?Ref=footer.

64. Rob Thomas, "The Veronica Mars movie project," Kickstarter, March 13, 2013, et seq., www.kickstarter.com/projects/559914737/the-veronica-mars-movie-project.

65. "Alibaba sells loan arm to Alipay parent in pre-IPO change," Bloomberg News, August 12, 2014, w w w.bloomberg.com/news/2014-08-12/alibaba-sells-loan-arm-to-alipay-parent-in-pre-ipo-change.html.

66. Je Glekin, "India's reliance on Chinese cash comes with risks," Reuters, January 17, 2012, http://in.reuters.com /article/2012/01/17/reliance-communications-on-chinese-cash-idindee80g0b420120117.

67. Dan Dunkley, "AMP sells stake to Japanese bank," Financial News, December 9, 2011, www.efinancialnews.com/story/2011-12-09/amp -australia-japanese-mitsubishi-bank-fundraising?Ea9c8a2de0ee111045601ab04d673622.

68. Elzio Barreto, "Brazil's BTG Pactual sells $1.8 billion stake," Reuters, December 6, 2010, www.reuters .com/article /2010/12/06 /us -btgpactua l-idustre6b553r20101206.

69. Emily Chasan, "Rising rates good news for corporate pensions," Wall Street Journal, July 24, 2013, http://blogs.wsj.com/cfo/2013/07/24/rising-rates-good-news-for-corporate-pensions.

70. Joe DePaola, "Pension gap—silent crisis in public-private pension fund- ing—dodging the disaster: Reform critically needed or overstated," BizShifts- Trends, July 18, 2013, http://bizshifts-trends.com/2013/07/18/the pension-gap-silent-crisis-in-public-private -pension -pla n -f unding-dodging-t he -disa ster-changes-desperately-needed.

71. Jonathan Moules, "Santander in peer-to-peer pact as alternative finance makes gains," Financial Times (London), June 17, 2014, www.ft.com/cms/s/0/ b8890a26-f62a-11e3-a038-00144feabdc0.html.

72. Dominic Barton and Mark Wiseman, "Focusing capital on the long term," Harvard Business Review, January–February 2014, http://hbr.org/2014/01/focusing-capital-on-the-long-term/ar/1.

73. Report on the management of the government's portfolio for the year 2012/13, GIC Private Limited, 2013, www.gic.com.sg/images/pdf/GIC_Report_2013.pdf.

74. Barton and Wiseman, "Focusing capital on the long term."

第 8 章

1. James Manyika, Susan Lund, Byron Auguste, Lenny Mendonca, Tim Welsh, and Sreenivas Ramaswamy, An economy that works: Job creation and America's future, McKinsey & Company, June 2011.

2. Historical Income Tables: Households, United States Census Bureau, US Department of

Commerce, www.census.gov/hhes/www/income/data/historical/ household/index.html.

3. 2014 global employment trends, International Labor Organization, January 2014; "Specter of a jobless recovery in France," New York Times, February 26, 2005; Heritage employment report: What the US can learn from Canada's recession and recovery, November 2013, US Department of Labor website, www.dol.gov.

4. Richard Dobbs, Anu Madgavkar, Dominic Barton, Eric Labaye, James Min- yika, Charles Roxburgh, Susan Lund, and Siddarth Madhav, "The world at work: Jobs, pay, and skills for 3.5 billion people," June 2012, McKinsey & Company, www.mckinsey.com/insights/ employment_and_growth/the_world_at_work.

5. Danny Palmer, "Not enough data scientists, MIT expert tells Computing," Computing, September 4, 2013, www.computing.co.uk/ctg/news/2292485/not-enough-data-scientists-mit-expert-tells-computing.

6. Thomas Wailgum, "Monday metric: 68% of companies struggle with big data analytics," ASUG News, March 18, 2013, www.asugnews.com/article/ monday-metric-68-of-companies-struggle-with-big-data-analytics.

7. TJ McCue, "Manufacturing jobs changing but no severe job skills gap in USA," Forbes.com, October 18, 2012, www.forbes.com/sites/tjmccue/2012/10/18/manufacturing-jobs-changing-but-no-severe-job-skills-gap-in-usa.

8. Parija Bhatnagar, "Manufacturing boom: Trade school enrollment soars," CNN Money, July 31, 2012, http://money.cnn.com/2012/07/31/news/economy/ manufacturing-trade-schools/?iid=EL.

9. Mona Mourshed, Diana Farrell, and Dominic Barton, Education to employment: Designing a system that works, McKinsey Center for Government, 2013.

10. Gordon G. Chang, "College grads are jobless in China's 'high-growth'economy," Forbes.com, May 26, 2013.

11. Lilian Lin, "China's Graduates Face Glut," Wall Street Journal, August 22, 2012.

12. Voice of the Graduate, McKinsey & Company, May 2013; Bureau of Labor Statistics, United States Department of Labor, www.bls.gov/news.release/ pdf/jolts.pdf.

13. 13. Susan Lund, James Manyika, Scott Nyquist, Lenny Mendonca, and Sreenivas Ramaswamy, Game changers: Five opportunities for US growth and re- newal, McKinsey Global Institute, July 2013.

14. Steve Johnson, "H-1B visa cap reached after just five days as valley executives lobby to expand the program," San Jose Mercury News, April 7, 2014, www.mercurynews.com/business/ci_25516535/h-1b-visa-cap-reached-after-just-five.

15. Sarah Mishkin, "Silicon Valley faces visa scramble for foreign workers," Financial Times (London), March 17, 2014, www.ft.com/intl/cms/s/0/7c14f76a-aa0f-11e3-8497-00144feab7de.html#axzz3FYTuXcWB.

16. John Helyar, "Outsourcing: A passage out of India," Bloomberg Business- week, March 15, 2012, www.businessweek.com/articles/2012-03-15/outsourcing-a-passage-out-of-

india.

17. World development indicators, World Bank database, http://data.worldbank.org/data-catalog/world-development-indicators.

18. Richard Dobbs, Anu Madgavkar, Dominic Barton, Eric Labaye, James Minyika, Charles Roxburgh, Susan Lund, and Siddarth Madhav, "The world at work: Jobs, pay, and skills for 3.5 billion people," June 2012, McKinsey & Com- pany, www.mckinsey.com / insights/employment _and _growth /the _world _at_work.

19. Michael Chui, James Manyika, Jacques Bughin, Richard Dobbs, Charles Roxburgh, Hugo Sarrazin, Georey Sands and Magdalena Westergren, The social economy: Unlocking productivity and value through social technologies, McKinsey Global Institute, July 2012.

20. "Nokia Mobile Mathematics empowers South African learners" (press re- lease), Nokia. sa blog, October 24, 2013.

21. Turning on mobile learning in Africa and the Middle East: Illustrative initia-tives and policy implications, UN Educational, Scientific and Cultural Organization, 2012, ww w.tostan.org /sites/default /files/resources/unesco_turning _on_mobile_learning_in_ africa_and_the_middle_east.pdf.

22. Tahir Amin, "Mobilink announces to expand SMS-based literacy project," Business Recorder, March 26, 2010, www.brecorder.com/top-stories/single/595/0/1035800.

23. Deborah Ball and Ilan Brat, "Spanish supermarket chain finds recipe," Wall Street Journal, October 23, 2012.

24. Mourshed et al., Education to Employment.

第 9 章

1. "California town on sale on eBay," BBC.com, April 4, 2006, http://news.bbc.co.uk/1/hi/world/americas/4875206.stm; Buck Wolf, "Hungry for miracles? Try Jesus on a fish stick," ABC News, November 30, 2004, http://abcnews.go.com/ Entertainment/Wolf Files/story?id=307227&page=1.

2. "eBay India marketplaces fast facts," eBay India, March 31, 2014, Fpages.ebay.in/community/aboutebay/news/infastfacts.html.

3. Pierre Omidyar and Meg Whitman, "A defining year for eBay," eBay: 2002 annual report, http://pages.ebay.com/2002annualreport/shareholderletter.html.

4. Justin Doebele, "Standing up to a giant," Forbes.com, April 25, 2005, www.forbes.com/global/2005/0425/030.html.

5. Kelvin Chan, "Alibaba expands beyond e-commerce," Business Week, May 9, 2014, www.businessweek.com/ap/2014-05-09/alibaba-expands-beyond-e-commerce.

6. William Barnett, Mi Feng, and Xiaoqu Luo, Taobao vs. EBay China, Stanford Graduate

School of Business case no. IB88, 2010, www.gsb.stanford.edu/ faculty-research/case-studies/taobao-vs-ebay-china.

7. Elzio Barreto, "Alibaba IPO ranks as world's biggest after additional shares sold," Reuters, September 22, 2014, w w w.reuters.com/article/2014/09/22/us-alibaba-ipo-value-iduskcn0hh0a620140922.

8. US Securities and Exchange Commission Form F-1, Alibaba Group Hold- ing Limited, May 6, 2014, www.sec.gov/Archives/edgar/data/1577552/000119312514184994/d709111df1.htm.

9. Bloomberg, November 28, 2014.

10. Dane Stangler and Sam Arbesman, What does Fortune 500 turnover mean?Ewing Marion Kau man Foundation, June 2012, www.kau man.org/~/media/kau man_org/research%20reports%20and%20covers/2012/06/fortune_500_turnover.pdf.

11. Richard Dobbs, Jaana Remes, Sven Smit, James Manyika, Jonathan Woetzel, and Yaw Agyenm-Boateng, Urban world: The shifting global business landscape, McKinsey Global Institute, October 2013.

12. Ibid.

13. "Creative destruction whips through corporate America," Innosight Exec- utive Briefing, winter 2012, w w w.innosight.com/innovation-resources/strategy-innovation / upload /creative-destruction-whips-through-corporate-america _final2012.pdf.

14. Microsoft's timeline from 1975–1990, The History of Computing Project, www.thocp.net/companies/microsoft/microsoft_company.htm.

15. Christopher Steiner, "Meet the fastest growing company ever," Forbes.com, August 12, 2010, w w w.forbes.com/forbes/2010/0830/entrepreneurs-groupon-facebook-twitter-next-web-phenom.html.

16. Annual Report 2012–2012, Bharti Airtel Limited, 2013. Annual Report 2012, AT&T, 2013.

17. Tata Fast Facts, Tata, July 21, 2014, www.tata.com/htm/Group_fast_facts.htm; also see Corporate sustainability in the UK: A selection of stories from Tatacompanies and employees, Tata, 2013, www.uk.tata.com/pdf/uk_csr_booklet.pdf.

18. Yuval Atsmon, Michael Kloss, and Sven Smit, "Parsing the growth advantage of emerging-market companies," McKinsey Quarterly, May 2012.

19. Dobbs et al., Urban world: The shifting global business landscape.

20. Meisia Chandra, "Waze touches 50M users globally; Malaysia, Indonesia in top 10 list," e27, February 15, 2014, http://e27.co/waze-touches-50m-users-globally-malaysia-indonesia-in-top-10-list.

21. Steve O'Hear, "Amid reports Facebook is eyeing up financial services, TransferWire hits £1 billion in transfers," TechCrunch, April 14, 2014, http://techcrunch.com/2014/04/14/you-know-whats-cool.

22. Ibid.

23. www.expediainc.com/about.

24. TechCrunch.

25. Enders Analysis, onesource.

26. Rik Kirkland, "Leading in the 21st century: An interview with Carlos Ghosn," McKinsey & Company, September 2012.

27. UK insurance aggregators 2012, Datamonitor, www.datamonitor.com/store/product/uk_insurance_aggregators_2012?productid=CM00192-013.

28. Matt Scott, "Google is a 'real threat' to the insurance industry," Insurance Times, May 1, 2014, www.insurancetimes.co.uk/google-is-a-real-threat-to-the-insurance-industry/1408126.article.

29. Mark Sands, "Telematics: Taking the wheel?" Post Online, April 30, 2013, www.postonline.co.uk/post/analysis/2264472/telematics-taking-the-wheel.

30. Derek Thompson, "Is House of Cards really a hit?" The Atlantic, February 24, 2014, www.theatlantic.com/business/archive/2014/02/is-i-house-of-cards-i-really-a-hit/284035.

31. Garages global tour, GE Garages, www.gegarages.com/global-tour.

32. BMW website:www.bmwblog.com/2014/07/30/see-bmw-i3-parks-driver-aboard.

33. Daimler press release, September 2013, http://media.daimler.com/dcmedia/0-921-614307-1-1629819-1-0-0-0-0-0-11702-0-0-1-0-0-0-0-0.html.

34. AT&T press release, March 2014, http://about.att.com/story/audi_and_att_announce_pricing_for_first_ever_in_vehicle_4glte_connectivity.html.

35. Companies' 2013 annual reports and related press releases.

36. James Manyika, Armando Cabral, Lohini Moodley, Safroadu Yeboah-Amankwah, Suraj Moraje, Michael Chui, Jerry Anthonyrajah, and Ache Leke, Lions go digital: The Internet's transformative potential in Africa, McKinsey Global Institute, November 2013.

37. Pankaj Ghemawat, "Developing global leaders," McKinsey Quarterly, June 2012.

38. Annual Report 2013, Unilever, www.unilever.com/images/Unilever_AR13_tcm13-383757.pdf.

39. Elga Reyes, "Unilever launches € 50M leadership centre in Singapore," Eco-Business, July 1, 2013, w w w.eco-business.com/news/unilever-launches-leadership-centre-Singapore.

40. Stephen Hall, Dan Lovallo, and Reinier Musters, "How to put your money where your strategy is," McKinsey Quarterly, March 2012.

41. www.salesforce.com/customers/stories/burberry.

42. Burberry's digital activism, Enders Analysis, August 2012, www.enders analysis.com/content/publication/burberry%E2%80%99s-digital-activism.

43. Ella Alexander, "Burberry opens Regent Street flagship," Vogue UK, September 13, 2012, www.vogue.co.uk/news/2012/09/13/burberry-regent-street-flagship-opens.

44. Imran Amed, "CEO talk: Angela Ahrendts on Burberry's connected cul- ture," The Business of Fashion, September 3, 2013, www.businesso ashion.com/2013/09/burberry-angela-ahrendts.html.

第 10 章

1. Christoph Bertram, Germany: The Sick Man of Europe? Project Syndicate, September 18, 1997, www.project-syndicate.org/commentary/germany--the-sick-man-of-europe-.
2. World development indicators, World Bank database, http:// data.worldbank.org/data-catalog/world-development-indicators.
3. 3. Ibid.
4. "100,000 protest German reforms in Berlin," Deutsche Welle, November 2, 2003; www.dw.de/100000-protest-german-reforms-in-berlin/a-1019341.
5. Richard Dobbs, Anu Madgavkar, Dominic Barton, Eric Labaye, James Minyika, Charles Roxburgh, Susan Lund, and Siddarth Madhav, The world at work: Jobs, pay, and skills for 3.5 billion people, June 2012, McKinsey & Company.
6. World development indicators.
7. Dobbs et al., The world at work.
8. Attitudes about aging: A global perspective, Pew Research Global Attitudes Project, January 30, 2014, www.pewglobal.org/2014/01/30/attitudes-about-aging-a-global-perspective.
9. The Economist Intelligence Unit.
10. 2009 ageing report: Economic and budgetary projections for the EU-27 mem- ber states (2008–2060), European Commission, February 2009, http://ec.europa.eu/economy_finance/publications/publication14992_en.pdf.
11. James Manyika, Jacques Bughin, Susan Lund, Olivia Nottebohm, David Poulter, Sebastian Jauch, and Sree Ramaswamy, Global flows in a digital age: How trade, finance, people, and data connect the world economy, McKinsey Global In- stitute, April 2014.
12. Julian Ku and John Yoo, "Globalization and Sovereignty," Berkeley Journal of International Law 31, no. 1, 2013, http://scholarship.law.berkeley.edu/bjil/vol31/iss1/6.
13. Chun Han Wong, "Singapore tightens hiring rules for foreign skilled labor," Wall Street Journal, September 23, 2013.
14. "Firms to consider Singaporeans fairly for jobs," Singapore Ministry of Man- power, September 23, 2013, w w w.mom.gov.sg/newsroom/Pages/PressReleases Detail.aspx?listid=523.
15. Growing income inequality in OECD countries: What drives it and how can policy tackle it? OECD, May 2011, www.oecd.org/social/soc/47723414.pdf.
16. World Inequality Database.
17. A new multilateralism for the 21st century: The Richard Dimbleby lecture, Christine Lagarde, International Monetary Fund, February 3, 2014, www.imf.org/external/np/speeches/2014/020314.htm.
18. James Manyika, David Hunt, Scott Nyquist, Jaana Remes, Vikram Malhotra, Lenny

Mendonca, Byron Auguste, and Samantha Test, Growth and Renewal in the United States: Retooling America's economic engine, McKinsey Global Institute, February 2011.

19. James Manyika, Jonathan Woetzel, Richard Dobbs, Jaana Remes, Eric Labaye, Andrew Jordan, Global growth: Can productivity save the day in an aging world?, January 2015, McKinsey Global Institute.

20. OECD, Government at a Glance 2013 (OECD Publishing, 2013), www.oecd.org/gov/govataglance.htm.

21. François Bouvard, Robert Carsouw, Eric Labaye, Alastair Levy, Lenny Men- donca, Jaana Remes, Charles Roxburgh, and Samantha Test, Better for less: Improving public sector performance on a tight budget, McKinsey & Company, July 2011.

22. Rajat Gupta, Shirish Sankhe, Richard Dobbs, Jonathan Woetzel, Anu Madgavkar, and Ashwin Hasyagar, From poverty to empowerment: India'simper- ative for jobs, growth, and effective basic services, McKinsey Global Institute, February 2014.

23. Justin Pritchard, "California pushes to finish driverless car rules," Associated Press, March 12, 2014, bigstory.ap.org /article/california-pushes-finish-driverless-car-rules.

24. "Striking back: Germany considers counterespionage against US," Spiegel Online International, February 18, 2014, www.spiegel.de/international/germany/ germany-considers-counterespionage-measures-against-united-states-a-953985.html.

25. "Merkel and Hollande to discuss European communication network avoiding US," Reuters, February 15, 2014, http://uk.reuters.com/article/2014/02/15/uk-germany-france-idUKBREA1E0IE20140215.

26. Richard Dobbs, Jeremy Oppenheim, Fraser Thompson, Sigurd Mareels, Scott Nyquist, and Sunil Sanghvi, Resource revolution: Tracking global commodity markets, McKinsey Global Institute, September 2013.

27. Richard Dobbs, Jeremy Oppenheim, Fraser Thompson, Marcel Brinkman, and Marc Zornes, Resource revolution: Meeting the world's energy, materials, food, and water needs, McKinsey Global Institute, November 2011.

28. Carmen M. Reinhart and Kenneth S. Rogo , "From financial crash to debt crisis," American Economic Review 101, no. 5, August 2011, www.aeaweb.org/articles.php?doi=10.1257/aer.101.5.1676; also see David Beers and Jean-Sébastien Nadeau, Introducing a new database of sovereign defaults, Bank of Canada, technical report no. 101, February 2014.

29. Delivery 2 0: The new challenge for governments, McKinsey & Company, October 2012.

30. OECD, Government at a Glance 2013.

31. Ibid.

32. Ibid.

33. www.afi-global.org.

34. Ibid.

35. Ulf Rinne, Arne Uhlendor , and Zhong Zhao, "Vouchers and caseworkers in public

training programs: Evidence from the Hartz reform in Germany," IZA discussion paper no. 3910, December 2008, ftp.iza.org/dp3910.pdf.

36. www.trade.gov/nei.

37. Huiyao Wang, "China's return migration and its impact on home development," UN Chronicle L, no. 3, September 2013, http://unchronicle.un.org/article/chinas-return-migration-and-its-impact-home-development.

38. World development indicators.

39. Starting strong II: Early childhood education and care, OECD, September 2006, www.oecd.org/edu/school/startingstrongiiearlychildhoodeducationandcare.htm.

40. "Table 1368: Female labor force participation rates by country: 1980 to 2010," Statistical Abstract of the United States 2012, United States Census Bureau, US Department of Commerce, www.census.gov/compendia/statab/2012/tables/12s1368.pdf.

41. Denmark in Figures 2013, Statistics Denmark, February 2013, www.dst.dk/en/Statistik/Publikationer/VisPub.aspx?cid=17953.

42. Theresa Braine, "Reaching Mexico's poorest," Bulletin of the World HealthOrganization 84, no. 8, August 2006, www.who.int/bulletin/volumes/84/8/news10806/en.

43. Christopher Harress, "Goodbye, oil: US Navy cracks new renewable energy technology to turn seawater into fuel, allowing ships to stay at sea longer," International Business Times, April 8, 2014, www.ibtimes.com/goodbye-oil-us-nav y-cracks-new-renewable-energy-technology-turn-seawater-fuel-allowing-1568455.

44. David E. Bloom, David Canning, and Günther Fink, Implications of population aging for economic growth, NBER working paper no. 16705, January 2011, www.nber.org/papers/w16705.

45. World development indicators; Pensions at a glance 2013, OECD, 2013, www.oecd-ilibraryorg /finance-and-investment/pensions-at-a-glance-2013_pension_glance-2013-en.

46. "Japan long-term care: Highlights from Help Wanted? Providing and Paying for Long-Term Care, OECD Publishing, 2011," May 18, 2011, www.oecd.org/els/health-systems/47891458.pdf, from Francesca Colombo, Ana Llena-Nozal, Jérôme Mercier, and Frits Tjadens, Help Wanted? Providing and Paying for Long- Term Care (OECD Health Policy Studies, OECD Publishing, 2011).

47. Chilean Ministry of Finance.

48. IMF, World Economic Outlook: Transitions and tensions, InternationalMonetary Fund, 2013, www.imf.org/external/pubs/ft/weo/2013/02.

49. Sean Cockerham, "New York ruling on fracking bans might send tremors across US," Miami Herald, June 30, 2014, www.miamiherald.com/2014/06/30/4211388/new-york-ruling-on-fracking-bans.html.

50. "Bulgaria bans shale gas drilling with 'fracking' method," BBC.com, January 19,

2012, www.bbc.co.uk/news/world-europe-16626580; Jan Hromadko and Harriet Torry, "Germany shelves shale-gas drilling for next seven years," Wall Street Journal, July 4, 2014, http://online.wsj.com/articles/germany-shelves-shale-gas-drilling-for-next-seven-years-1404481174.

51. Swedish Institute.

52. Germany Federal Environmental Agency.

53. Mona Mourshed, Diana Farrell, and Dominic Barton, Education to em- ployment: Designing a system that works, McKinsey Center for Government, 2013.

54. 54. Karim Tadjeddine, " 'A duty to modernize': Reforming the French civil service," McKinsey & Company, April 2011.

55. James Manyika, Michael Chui, Diana Farrell, Steve Van Kuiken, Peter Groves, and Elizabeth Almasi Doshi, Open data: Unlocking innovation and per- formance with liquid information, McKinsey Global Institute, McKinsey Center for Government, and McKinsey Business Technology Office, October 2013.

56. Eric Braverman and Mary Kuntz, "Creating a 'coalition of the positive' in India: An interview with Nandan Nilekani" and Elana Berkowitz and Blaise Warren, "E-government in Estonia" in "Innovation in government: India and Estonia," McKinsey & Company, June 2012.

57. Marcos Cruz and Alexandre Lazarow, "Innovation in government: Brazil," McKinsey & Company, September 2012.

58. Smart Cities, Navigant Research, 2014, www.navigantresearch.com/research/smart-buildings/smart-cities.bus%20visi.

59. Vestas Annual Reports, 2005, 2009, and 2013.

60. Draft Grundfos response to the European Commission's public consultation on resource efficiency, Grundfos, February 24, 2012, http://ec.europa.eu/environment/resource_efficiency/pdf/Grundfos.pdf; From solo enterprise to world leader, Dan-foss Trata, www.trata.danfoss.com/xxNewsx/2b005275-98 -4165-a0a5-78efe146264a_CNP1.html.

結語

1. Rik Kirkland, "Leading in the 21st century: An interview with Daniel Vasella," McKinsey & Company, September 2012.

2. "Leading in the 21st century: An interview with Ford's Alan Mulally," McKinsey & Company, November 2013.

3. William Samuelson and Richard Zeckhauser, "Status quo bias in decision making," Journal of Risk and Uncertainty 1, no. 1, March 1988, www.hks.harvard.edu/fs/rzeckhau/SQBDM.pdf.

4.　See Stephen Hall, Dan Lovallo, and Reinier Musters, "How to put your money where your strategy is," McKinsey Quarterly, March 2012; and Mladen Fruk, Stephen Hall, and Devesh Mittal, "Never let a good crisis go to waste," McKinsey Quarterly, October 2013.

5.　Nate Boaz and Erica Ariel Fox, "Change leader, change thyself," McKinsey Quarterly, March 2014.

6.　Suzanne Hey wood, Aaron De Smet, and Allen Webb, "Tom Peters on leading the 21st-century organization," McKinsey Quarterly, September 2014.

7.　Bill Javetski, "Leading in the 21st century: An interview with Larry Fink," McKinsey & Company, September 2012.

8.　Boaz and Fox, "Change leader, change thyself."

非典型破壞：西方不認識、資源大轉移的四個新世界顛覆力量

NO ORDINARY DISRUPTION: The Four Global Forces Breaking All The Trends
by Richard Dobbs, James Manyika and Jonathan Woetzel
Copyright © 2015 by McKinsey and Company
Complex Chinese translation copyright © 2016
by Briefing Press, a Division of AND Publishing Ltd.
Published by arrangement with PublicAffairs, a member of Perseus Books LLC
through Bardon-Chinese Media Agency
博達著作權代理有限公司
ALL RIGHTS RESERVED

大寫出版 Briefing Press
知道的書 Catch on! 書號 HC0057

著者 理查‧道博斯、詹姆士‧曼宜伽、強納生‧渥策爾
譯者 盧佳宜
業務 郭其彬、王綬晨、邱紹溢
行銷 夏瑩芳、張瓊瑜、李明瑾、蔡瑋玲
特約編輯 劉楚慧
大寫出版 鄭俊平、沈依靜
發行人 蘇拾平
地址 台北市復興北路 333 號 11 樓之 4
電話 （02）27182001 傳真：（02）27181258

發行 大雁出版基地
地址 台北市復興北路 333 號 11 樓之 4
24 小時傳真服務 （02）27181258
讀者服務信箱 E-mail: andbooks@andbooks.com.tw
劃撥帳號：19983379
戶名 大雁文化事業股份有限公司

初版五刷 2017 年 5 月
定價 380 元
ISBN 978-986-5695-43-9
版權所有‧請勿翻印
Printed in Taiwan‧All Rights Reserved
本書如遇缺頁、購買時即破損等瑕疵，請寄回本社更換
大雁出版基地官網：www.andbooks.com.tw

國家圖書館出版品預行編目 (CIP) 資料

非典型破壞：西方不認識、資源大轉移的四個新世界顛覆力量
理查‧道博斯（Richard Dobbs）、詹姆士‧曼宜伽（James Manyika）、強納生‧渥策爾（Jonathan Woetzel）合著
膚伴宵 譯
初版／臺北市：大寫出版：大雁文化發行／ 2016.03
352 面；15*21 公分（知道的書 Catch on！；HC0057）
譯自 No ordinary disruption : the four global forces breaking all the trends
ISBN 978-986-5695-43-9(平裝)
1. 國際經濟 2. 國際貿易 3. 全球化
552.1   105000282

Catch on!
知道的書